2판

특수교육 교직실무

서중현 · 김두희 · 유은정 · 유종열 공저

ON-SITE PRACTICE BASED SPECIAL EDUCATION

학지사

2판 머리말

『특수교육 교직실무』 1판이 출판된 지 벌써 3년이 지났습니다. 그동안 크게는 교육과정이 2022 교육과정으로 새롭게 개정되는 등의 법 규정 변화부터, 작게는 학교현장의 업무 지침까지 참 많이도 변했습니다. 그래서 1판 내용을 새롭게 수정할 필요가 있었고, 내용에 따라서는 조금 더 실무적인 내용과 자료를 추가할 필요성도 있었습니다.

이러한 필요성에 따라 저자들은 최신 자료와 현행 교직실무 자료를 바탕으로 2판을 집필하였습니다. '특수교사가 신규로 학교현장에 가면 제일 먼저 무엇을 해야 하고 어떻게 업무를 처리해야 하는지를 이 책은 구체적으로 안내하고 있는가?'라는 물음을 항상 염두에 두고, 교육의 수요자인 예비특수교사에게 조금이라도 도움이 되는 방향으로 집필하고자 노력하였습니다. 하지만 비교적 짧은 시간 내에 개정이 이루어졌고, 저자들의 능력이 부족한 탓에 미진한 부분도 남아 있을 것입니다. 이 부분은 차후에 3판 개정이 이루어진다면 그때 보완하도록 하겠습니다.

이번 2판에서는 총 네 명의 저자가 참여하였습니다. 특히 바쁘신 와중에도 원고를 열심히 써 주신 유은정 교수님과 김두희 교수님, 그리고 유종열 장학관님에게 감사의 말씀을 올립니다. 그리고 많이 부족하지만 이번에도 저자 대표를 맡은 저에게 조언과 격려를 해 주신 여러 선생님께 감사드립니다. 특히 제가 이 자리에 있기까지 물심양면으로 도와주시고, 배우고 받은 것은 학생들에게 다시 돌려주어야 한다는 가르침을 주신 안성우 교수님께 깊은 감사를 드립니다.

그리고 항상 제 마음속에 살아 계시는 아버지, 누구보다 열심히 사셨고 누구보다 우리를 사랑했던 아버지 앞에 또 한 권의 책을 둘 수 있어서 감사드립니다. 어머니와 아내, 그리고 나를 따라 교직의 길을 걷는 아들 수민에게 항상 용기와 사랑을 받고 있음에 감사하며, 글을 마무리하겠습니다.

대표 저자

서중현 배상

1판 머리말

이 책은 교직실무 과목을 10년 동안 강의하면서, 수업 준비 과정 또는 강의 후 수업에 대한 학생들의 피드백을 받으면서 하나씩 쓰기 시작한 원고에서 시작되었습니다. 그리고 시중의 교직실무 책이 일반교육 위주로 서술되어서, 특수교육의 실무를 다룬 책이 적었던 것도 이 책을 쓰기 시작한 동기 중 하나입니다.

이 책은 사범계열이나 교직과정에서 특수교육을 전공하는 학생이 이수해야 하는 교직실무 과목의 교재로 사용하기 위해서 집필되었기에 특수교육현장에서 수업과 행정업무를 원활하게 수행하기 위해 필요한 기본적인 학교 실무를 중점적으로 다루고 있습니다.

학교에 발령받으면 자리에 앉자마자 연간계획서나 개별화 업무를 해야 하고, 공문서 처리나 학급편성 보고 등 학교 업무도 직접 처리해야 합니다. 지금까지 많은 신규 교사를 보면, 첫 학기 내내 실무를 익힌다고 힘들어하는 경우가 많았습니다. 특히 일반학교 학습도움실로 신규 발령이 난 특수교사의 경우에는 특수와 관련된 실무를 혼자서 처리해야 하는 부담감을 자주 토로하였습니다. 이러한 신규 교사의 부담감을 조금이나마 덜어 주기 위해 이 책을 쓰게 되었고, 또한 이 책을 통해서 기본적인 학교 실무를 익혀서 조금이나마 그 어려움을 덜었으면 하는 바람이 큽니다.

혼자서는 많은 부족함을 느껴 공저자들에게 도움을 요청하였습니다.

간단히 공저자와 맡은 파트를 소개하자면, 제1장은 유은정 교수님이 저술하셨고, 제2, 8, 10, 12장은 유종열 박사님이 쓰셨습니다. 제7장은 김두희 교수님, 제3, 4장은 이지현 선생님, 제5장은 오수현 선생님이 집필하셨습니다. 제11장은 서선옥 박사님이 쓰셨고, 제6, 9, 13장은 제가 맡았습니다.

저자들이 좀 더 좋은 원고를 쓰고자 노력했지만, 미진한 부분도 있을 것입니다. 교직실무 교과의 특성상 실무 관련 법률이나 규정이 개정되면 책의 내용도 달라져 개정판을 필수적으로 내야 하기에, 개정판을 출간해야 할 시기가 오면 이 책에서 드러난 미진한 부분까지 보완하도록 하겠습니다.

이 책을 내면서 개인적으로 감사드릴 분이 많습니다. 먼저, 저를 학문적으로 이끌어 주시고 삶의 지표를 세워 주신 부산대학교 안성우 교수님께 감사의 말씀을 전하고 싶습니다. 그리고 공저자로 참여하신 모든 저자분께 감사드리며, 특히 유은정 교수님에게 깊은 감사의 마음을 전합니다. 책의 원고를 검토하고 많은 도움을 준 제주특별자치도교육청 이진한 선생님에게도 고마움을 표하고 싶습니다.

아내와 아들 수민에게도 깊은 사랑을 전하며, 마지막으로 우리 가족을 위해 늘 최선을 다하시는 어머니와 몇 해 전에 돌아가신 아버지께 감사와 그리움을 전하며 이 글을 마무리하겠습니다.

저자를 대표하여

서중현

차례

2판 머리말 _ 3
1판 머리말 _ 5

제1장 교직과 교직윤리 • 13

1. 교사와 교원 그리고 교직의 개념 _ 14
2. 교직관의 유형과 의미 _ 15
3. 교직관과 교원윤리의 성격 _ 24
4. 교원의 권리 및 의무와 교직문화 _ 25

제2장 학교 조직 • 33

1. 학교의 자율성과 엄격성 _ 33
2. 학교규칙(학칙) _ 34
3. 감사(監査)제도의 이해 _ 36
4. 적극행정의 도입 _ 41
5. 학교 내의 조직 _ 43

제3장 특수학교 교육과정 • 71

1. 학교와 교육과정 _ 71
2. 특수학교 교육과정의 편성 및 운영 _ 74
3. 특수학교 교육과정 편성 · 운영의 실제 _ 82
4. 교사 수준의 교육과정 편성 _ 86

제4장 특수학급 교육과정 • 91

1. 특수학급 의의 및 관련 법규 _ 91
2. 특수학급 교육과정 편성 및 운영 _ 97

제5장 특수학급 교육과정의 실제 • 103

1. 특수학급 운영계획서 작성 _ 103
2. 특수학급 운영계획서 작성 절차 _ 104
3. 특수학급 운영계획서의 구성 _ 106
4. 특수학급 운영계획서의 운영 _ 109
5. 특수학급 운영계획서의 예시 _ 111

제6장 특수교육관련 서비스 • 119

1. 특수교육지원센터와 특수교육관련 서비스 _ 119
2. 특수교육관련 서비스의 실제 _ 123
3. 특수교육관련 서비스의 업무 처리 _ 140

제7장 개별화교육계획 • 143

1. 개별화교육계획의 의미 _ 143
2. 개별화교육계획의 법적 근거 _ 144
3. 개별화교육계획의 일반적인 수립 절차 _ 146
4. 개별화교육지원팀의 구성 및 역할 _ 148
5. 개별화교육계획의 작성 절차 _ 152
6. 개별화교육계획의 실행 및 평가 _ 162
7. 개별화교육계획의 보관과 송부 _ 163

제8장 통합교육 운영 • 173

1. 통합교육계획서 작성 _ 173
2. 통합교육의 법적 근거 _ 174
3. 통합교육계획서 작성 절차 _ 177
4. 학기 초 통합교육계획서의 작성 및 실시 _ 179

제9장 교원 인사 실무 • 211

1. 교원 신분 _ 211
2. 교원 인사 _ 222
3. 교원 임용과 승진 _ 226
4. 교원의 휴직과 복직 및 휴가 _ 237
5. 면직과 파면 _ 250
6. 복무와 근무 부담 _ 252
7. 호봉 _ 253

제10장 공문서 업무 • 257

1. 공문서의 의의와 기능, 종류 _ 257
2. 공문서의 성립과 효력발생 _ 259
3. 공문서의 구성 _ 260
4. 공문서의 작성 _ 262
5. 공문서 작성 원칙 _ 275

제11장 학교장학 • 279

1. 장학이란 _ 279
2. 장학의 기능 _ 283
3. 장학담당자의 자질 _ 284
4. 장학의 종류 _ 287

제12장 직업교육과 취업지도 • 299

1. 전환교육의 정의 _ 299
2. 전환교육의 실제 _ 307

제13장 교육실습 및 교수 · 학습계획서 작성 • 317

1. 교육실습 _ 317
2. 교수 · 학습계획서 역할과 양식 _ 321
3. 교수 · 학습계획서 작성 _ 323
4. 본시 교수 · 학습활동 계획 _ 328

제1장

교직과 교직윤리

이 장에서는 예비특수교사가 특수교육실무 과목을 통해 정립해야 하는 교직의 개념과 다양한 상황에서의 교직윤리를 다루고자 한다. 교직관의 유형을 탐색하고 자신이 교직을 선택하게 된 동기를 분석 및 성찰하면서 예비특수교사 자신의 교직관을 정립하게 될 것이다. 또한 생애주기에 따라 교직에 대한 인식이 긍정적이고 발전적인 태도로 성장하면서 교직에 대한 만족도도 높아질 것이라 기대할 수 있다. 교직윤리에는 본질적으로 요구되는 기준과 사회적인 변화에 따라 영향을 받는 기준도 있다. 현대사회뿐 아니라 미래사회에서 요구되는 교직윤리도 주제 토론을 통해 다룰 필요가 있다. 이 장의 구성은 다음과 같다.

첫째, 교사와 교원 그리고 교직의 개념을 정리하고, 특수교사 교직 선택의 동기를 동료들과 공유하면서 그 특성을 분석해 본다.

둘째, 교직관의 의미와 유형에 따른 특징을 이해한다.

셋째, 교직관과 교원윤리의 성격을 살펴본다.

넷째, 교원의 권리와 의무 그리고 교직문화를 알아본다.

1 교사와 교원 그리고 교직의 개념

1) 개념 및 용어의 사용

일반적으로 교사와 교원을 혼용하여 사용하기도 하지만, 사전적 및 법제상의 의미는 다음과 같이 구별된다. 즉, 교사(教師)의 사전적 의미는 주로 초·중·고등학교에서 일정한 자격을 가지고 학생을 가르치는 사람을 말하며, 교육 관련법에서 교원(教員)은 각급 학교에서 학생을 가르치는 사람을 통틀어 이르는 말로서 교사, 교감, 교장, 교수, 총장, 학장, 강사 등이 포함된다. 그러므로 교사는 교원에 속하는 용어이며, 예비교사를 양성하는 대학 및 학과를 교원양성기관이라고 칭하는 것은 적합하지 못하다. 교직(教職)은 학생을 가르치는 직업이나 직무를 말하는데, 교사가 갖추어야 할 윤리를 언급할 때도 교직윤리, 교원윤리 혹은 교사윤리 등으로 맥락에 따라 혼용되고 있다. 마찬가지로 용어 사용이 적절하지 못함을 지적하는 것이 아니라, 각자 개념은 알고 있되 문맥에 따라 의미를 고려하여 선택하고 있음을 이해하면 될 것이다.

2) 특수교사 교직 선택 동기

예비교사가 교직을 선택한 동기와 교직관 및 교직 만족도는 상관이 있을 것이라는 가설에 근거하여 관련 연구들이 이루어져 왔다. Huberman(2022)은 교직 선택의 동기를 능동적·물질적·수동적 동기로 분류하였는데, 능동적 동기는 개인의 흥미, 적성, 호기심 등의 요인에서 동기화되는 것이고, 물질적 동기는 사회적 지위, 급여, 근무조건 및 안정성의 요인에서 동기화되며, 수동적 동기는 자발적인 의지보다 타인이나 환경에 의해 선택하는 동기라고 구분하였다. 강혜진(2015)은 예비특수교사의 특수교사 교직 선택의 동기를 조사 연구하였는데, 수동적 동기에 비해 능동적 동기와 물질적 동기가 유의하게 높았다고 하였다. 그러나 현직교사의 교직관을 탐색한 연구(이재덕, 신철균, 신정철, 2020)에서는 부모와 교사의 권유로 선택하게 되는 경우도 적지 않으며, 시대 및 사회적인 변화로 인해 교직의 사회 공헌성보다는 안정적인 직장에 비중을 두고 교직을 선택한다는 점을 지적하였다. 좋은 특수교사로의 성장과 관련된 요인 및 경험을 탐색한 연구(김정연, 허유성, 임장현, 2013)에서 특수교사로 교직에 입문한 계기는 '가족 및 은사님들의 권유' 외에도 '장애에 관한 직접 혹은 간접 경험' 그리고 '주변의 반대에도 불구하고 자신의 선택'이라고 밝히고 있는데 일반교사들의 경우와 다소 다른 점이라고 볼 수 있다.

교직 선택 동기와 교직관 확립에는 밀접한 연관이 있을 것이므로, 스스로 특수교사 교직을 선택하게 된 동기를 구체적으로 정리해 볼 필요가 있다. 교직으로 초임 발령을 받은 시기, 근무 환경이 변경된 시기 등 교사로 경력을 쌓아 가면서 교직에 대한 자신의 관점을 정리하면서 성찰해 간다면, 결국 교직은 학생들에게 세상을 보는 안목을 가르치면서 자신도 세상을 보는 일을 실천하는 직업이라는 본질적인 특성을 깨달을 수도 있을 것이다.

2 교직관의 유형과 의미

예비교사들이 '교사'라는 직업을 택하려는 이유에는 여러 가지가 있을 것이다. 사범계 대학생들과 대화를 하면서 알게 된 몇 가지의 예를 들면, 공무원이라는 안정적인 신분에 매력을 느끼거나 학생을 가르치는 것을 좋아해서 또는 이 두 가지 모두를 그 이유로 교사가 되고 싶어 하기도 한다.

예비교사들이 교사라는 직업을 어떻게 바라보는지가 중요한 이유는 어떤 교직관을 가지고 교직에 입문하느냐에 따라서 교직의 만족도나 교사효능감에 영향을 줄 수 있기 때문이다. 김정현과 박현옥(2015)은 특수교육을 전공하는 대학생을 대상으로 교직관과 교사효능감 관계를 조사하였는데, 교직관 수준과 교사효능감은 밀접한 관계에 있다고 밝혔다. 사실 현직에 근무하는 교사들도 교직을 어떻게 바라보고 수행하는가에 따라서 교직에서 보람과 만족도가 달라지는 것을 경험하기도 한다.

교직관은 말 그대로 교직을 어떻게 바라보느냐, 즉 교사라는 직업을 어떻게 인식하며 어떠한 태도로 교직을 수행하고자 하는가를 말한다. 이러한 교직관은 시대마다 사람마다 차이가 있고, 그 차이도 변하고 있다. 시대마다 교직관은 그 시대의 정치적 · 경제적 · 사회적 환경에 따라서 변화되어 오고 있으며, 특히 현대사회의 급변하는 환경과 다양한 가치가 존재하는 환경으로 교직관이 크게 변화하고 있다. 또한 교사 중에도 사람마다 교직관이 다르고, 동일 교사의 교직관도 교직생활 동안 계속 고정된 것이 아니라, 경력과 처한 상황에 따라 변하는 것이다.

이렇게 시대적 환경에 따라 교직관은 변화되어 왔는데, 지금까지 나타난 교직관을 여기서는 성직관, 노동직관, 전문직관, 공직관에 대해 설명하고자 한다.

1) 성직관(聖職觀)

학생을 가르치는 교사라는 직업을 성직(聖職)으로 보는 관점으로, 중세시대 기독교사회 전통에서 유래한 것으로 알려진다. 교사라는 직업을 성직자처럼 세속적인 이윤추구를 멀리하며, 사랑, 희생과 같은 정신적인 봉사활동을 주로 하는 이상적이고 도덕적인 직업으로 간주했다. 사실 중세시대의 성직자들은 교사역할을 수행(김경희 외, 2001)하였다는 사실에서도 찾아볼 수 있듯이, 이 관점에서는 교사에게 성직자와 같은 직업적 위치와 역할을 기대하고 있음을 알 수 있다. 즉, 교사라는 직업에 성직자의 직업처럼 자신의 안위를 돌보기보다는 학생들에게 봉사하고 사랑을 베푸는 직업적 역할을 수여하면서, 동시에 학생들은 교사를 성직자처럼 존경하고 따르게 하는 직업적 위치를 부여하고 있다. 이 관점을 가진 교사는 스스로 교사직을 소명(召命)의 직업, 천직(天職)으로 간주하며, 학생들을 보호하고 고결한 인격 형성에 도움을 주고자 하는 역할 행동을 교육의 주 내용으로 생각하는 경우가 많다.

우리나라의 경우는 주로 1970년대 이전에 이러한 관점에서 교사들에게 교사의 권리를 강조하기보다는 교사의 의무로 희생과 봉사 측면을 강조하는 교육자가 많았다(김경희 외, 2001). 특히 특수교육 분야에서는 장애학생에 대한 봉사, 희생을 먼저 강조하는 경우가 많았다. 그래서 특수교육현장에서는 일부 보호자나 학교 관계자들이 전문성을 가진 특수교사의 개별화된 교육적 서비스 개념의 전문성을 갖춘 교직관보다는 장애학생을 보호하고 도와주는 행동을 더 중시하는 경우가 많다.

이런 관점의 교직관은 오늘날 교사라는 직업을 전부 설명하기에 무리가 있으나, 교직을 성직으로 간주하는 경우에는 교육의 주 내용을 학생의 인격체 형성에 도움을 주는 활동으로 간주하고 그것이 교직의 본질이라고 하고 있다. 하지만 이러한 관점은 교사가 행하는 교육내용과 교직이라는 직업을 구별하지 않는 문제점이 있다.

또한 성직관은 교사의 권리와 지위 향상을 주장하는 적극적인 존재이기보다는 학생에게 희생과 봉사를 하는 수동적인 존재로 교사를 파악하고 있다. 그리고 세속적인 것을 멀리해야 하며 이익보다는 정신적인 인격을 연마하는 수도자의 관점으로 교사를 보고 있다. 이렇게 수동적인 존재로, 수도승 같은 고결한 존재로만 교사를 파악하고자 하는 성직관은 현재 교사의 위치와 역할을 설명하기에는 다소 부적합할 수 있다. 특히 오늘날에는 교사가 학교에서 여러 가지 다양한 교육활동을 주체적으로 끌어간다는 점과 다른 직업처럼 근무여건과 권리 확장을 위해서 능동적으로 활동한다는 점을 설명하지 못한다는 점에서 성직관은 제한점을 가진다. 그럼에도 불구하고, 교직은 교육행위가 본질인 직업이고, 이는 교사와 학생 간의 인격적 만남을 바탕으로 한 윤리적 측면이 있으므로, 스승으로서 교사상은 시대와 사회를 초월하여 교사에게 기대되는 관점이기도 하다.

2) 노동직관

노동직관은 교직을 노동자와 같은 직업으로 보는 관점이다. 이 관점에서는 교사는 학교라는 조직에서 학생을 가르치고 생활지도를 하는 노동을 제공하고, 보수를 받는 일종의 노동자라고 간주한다. 다시 말해서 정부나 재단(사립학교의 경우)이 교사를 직접 선발하고 고용하며, 교사는 그 고용계약에 따라 노동을 제공하는 피고용인이라는 것이다.

이 관점은 중세사회에서 근대사회로 이행하면서 산업화가 본격적으로 이루어지는 시기에 나타나기 시작한 관점으로, 중세시대의 성직관에서 비롯된 수동적인 교사상에서 교사가 노동적 권리를 법제화하고자 하는 적극적인 교사상으로 바뀌고 있다. 특히 산업사회로 진입하면서 자본가의 착취에 맞서 노조 활동을 통해 노동자의 권리를 확충하고자 했던 산업 노동자처럼 교사도 봉사와 희생이라는 의무뿐만 아니라 교사로서 당연히 가져야 할 권리 측면을 조명하면서 나타난 관점이다.

우리나라에서도 1980년대 후반 민주 정부가 들어서면서 본격적으로 교사도 「헌법」과 법률에 보장된 권리를 주장하기 시작하면서 나타났다. 특히 오늘날에는 「교원의 노동조합 설립 및 운영 등에 관한 법률」(2022년 개정)에 근거하여 교사는 단체를 구성하여 고용인인 정부 등과 단체협약을 맺을 수 있는 교섭 및 단체협약 체결권(제6조)을 보장받고 있다. 이렇게 법률로부터 보장된 교사의 권리를 실현하기 위해 교사들은 전교조, 교총 등 교직단체를 구성하여 권리를 구체적으로 확충해 나가며, 교육의 실행 주체로서 교육정책의 참여와 같은 역할에도 적극적으로 참여하게 되었다. 이렇게 교사가 자신의 권리를 주장하고 나아가 외부의 간섭을 배제하고 교육의 구성원 하나로서 주체적이며 적극적 역할을 한다는 점에서 성직관과 다른 특징을 보여 준다.

그러나 이렇게 교직을 일반 노동직으로 간주하고자 하는 관점은 현실적으로 교직이 일반 노동직과 다른 특성이 있음을 간과하고 있다. 교직은 일반 노동자들과는 달리 노동의 행위가 미성숙한 학생을 대상으로 이루어지며, 노동 활동의 결과가 학생에게 미치는 영향이 매우 클 수도 있다. 그러므로 교직을 일반적인 '노동'의 기준으로 간주하는 것은 조심스러운 일이다. 이런 점을 고려하여「교원의 노동조합 설립 및 운영 등에 관한 법률」(2022년 개정)에서는 노조의 정치활동의 금지(제3조) 조항과 쟁의행위의 금지(제8조) 조항을 두고 있다.

3) 전문직관

교직을 전문적 직업으로 인식하는 관점이다. 즉, 교사의 직업을 전문성을 가진 직업으로 바라본다는 것이다. 여기서 교사의 '전문성'이란 개념에서 핵심은 일반 사람들이 교사라는 직업을 자유롭게 선택할 수 있는 것이 아니라, 일정한 교육과정의 이수와 검정자격 통과 등의 일정한 기준을 충족하는 경우에 직업으로 가질 수 있다는 것을 의미한다. 전문직관에서 교사의 전문성을 제시하는 근거는 다음과 같다.

첫째, '교사자격(qualification)'을 갖추었는지 여부이다. 우리나라에서 교사의 '자격'은 국가가 정한 교육기관, 즉 교원양성기관에서 주어진 교육과정을 이수해야 획득할 수 있는 것이다. 주로 4년제 사범대학, 교육대학, 사범계 학과, 교육대학원 등 교육기관에서 필요한 교육과 실습을 이수하는 등 교원 검정 자격 기준에서 제시하는 기준을 충족한 경우에만 그 자격을 얻을 수 있다.

둘째, 교사의 전문성 중 가장 중요한 요소로 '수업의 전문성'을 들 수 있다(김찬종, 2009; 손승남, 2005). 손승남(2005)은 구체적으로 수업준비도, 교과전문지식, 학생 이해능력, 수업방법, 수업기술, 매체활용 능력, 평가능력, 피드백, 학급경영 능력 등을 교사가 갖추어야 할 수업의 전문성으로 들고 있다. 이러한 전문성은 교원양성기관의 교육과 훈련에서도 길러지지만 교사로 재직하는 동안 각종 외부연수와 자기 연수 등을 통해서 지속적으로 배양된다. 교사의 주요 활동은 교과에 대한 전문적인 지식을 효과적으로 전달하는 것과 학생의 성취결과를 능숙하게 평가하고 전문적으로 피드백을 제공하는 것이다. 그러므로 교직의 전문성을 대표하는 것은 수업의 전문성이라고 볼 수 있다.

셋째, 교사가 가지는 '높은 자율성과 그에 따른 직업적 윤리성 강조'에서 전문성을 찾을 수 있다. 높은 자율성이란 교사가 교과 전문가로서 업무를 수행할 때, 교사가 스스로 결정하는 부분이 많다는 것을 의미한다. 예를 들어, 영어교사가 중학생들에게 '동사의 불규칙 변화'를 가르칠 때, 학생 수준과 특성, 교수자료 등을 감안하여 '불규칙 동사'를 노래를 이용해서 제시하거나 '플래시카드를 통해서 제시하는' 교수방법을 자율적으로 결정하여 가르칠 수 있다. 교사는 국가가 정한 교육과정 범위 안에서 교과서를 바탕으로 교육내용과 수업목표를 스스로 설정하고, 재구성하며, 목표달성에 알맞은 수업자료 등을 활용하여 자율적인 수업방법으로 수업을 진행할 수 있다. 이러한 높은 자율성은 전문성을 가진 직업 특성으로 간주된다(신기현, 2004). 그리고 '직업적 윤리성'이란 고도의 자율성을 바탕으로 업무를 수행하기 때문에 업무수행 방법에 대한 윤리성과 결과에 대한 책임을 강조하는 것이다. 특히 교직은 미성년인 학생 혹은 인간을 대상으로 하는 활동인 만큼 교육 활동 수행에서 교사가 스스로 지켜야 할 직업적 윤리성이 더욱 강조된다고 볼 수 있다. 몇 가지 예를 들면, 교사는 미리 시험에 나올 문제를 학급의 학생들이나 특정 학생에게만 암시를 주는 행위 등을 해서는 안 된다. 그뿐만 아니라 교사는 학생의 문제행동에 대한 생활지도를 함에 있어서, 학생의 입장을 먼저 생각하도록 유의해야 한다.

넷째, 교직의 전문성은 전문가의 단체로서 전문성의 고취와 전문가 집단의 지위 향상을 위해 노력한다는 점에서 찾아볼 수 있다. 특히 현대사회에서 교사 집단은 교원의 이익을 대변하고 교육활동의 주체로서 교사의 수업권과 학생의 학습권을 보장해야 하며, 정부와 교육정책 협상과정 참여를 통해 교육의 질적 향상에 힘쓰는 전문가 단체이다(김갑성, 2009). 앞서 노동직관에서 설명한 것처럼 우리나라도 전국교원노동조합 등 다양한 교원단체를 결성하고 교원의 전문성 고취 노력과 함께 교원의 권리 향상을 주장하고 있다.

이상과 같이 전문직관은 교직의 전문성에 초점을 두고 주장하고 있는데, 이러한 측면에서 보면 노동직관 및 성직관과 다소 다른 측면이 있다. 그러나 전문직관이 교사에게 고도의 윤리의식과 책임을 강조한다는 측면에서 성직관의 모습도 살펴볼 수 있으며, 또한 교사를 전문성을 가진 노동자로 볼 수 있다는 측면에서 노동직관 인식도 반영된 것이라고 볼 수 있다.

최근 교직을 둘러싼 사회 문화와 교육 정책의 급격한 변화에 따라 요구되는 교사의 전문성을 재개념화할 필요가 있다는 문제의식과 함께 실제로 학교현장에서 교사들에게 요구되는 역할을 '지식전문가'이자 '가르치는 사람'으로서의 교사 정체성은 '연구자로서의 교사' '반성적 주체로서의 교사' '평생 학습자로서의 교사' 등으로 새로운 면모를 부각하고 있다. 한국교육개발원(2018)에서는 교직환경 변화에 따른 교사 전문성 개발 지원 체제 구축 방안 연구를 수행하여, 교사주도 단위학교에서의 전문성 개발과 국가주도 기관 중심의 전문성 개발 그리고 국가주도와 교사주도의 전문성 개발의 간극을 이어줄 수 있는 교원단체의 역할 변화라는 결과를 도출하였다. 무엇보다 중요한 것은 교사 전문성은 시대와 환경의 변화에 맞추어 변화해야 한다는 것이며 교사 전문성에 대한 개념과 이해의 차이를 인정하는 점도 중요하다.

4) 공직관

교직을 국가의 공직 중 하나로 인식하는 관점이 공직관이다. 현대사회의 교사는 '공무원의 신분'을 가지며, 헌법에서 보장된 교육받을 권리를 충족시켜 주기 위한 공적 분야의 '교육 활동' 업무를 수행하는 역할을 맡고 있다.

우리나라에서 '공무원'이란 국가나 지방자치단체의 공무에 종사하는 자로, 임명주체에 따라서 국가공무원과 지방공무원이 있다. 교사는 대통령(소속장관)과 임용권을 위임받은 자에 의하여 선발 임용되고, 국(공)립 교육기관의 사무를 처리하는 공무원이므로 국가공무원이다. 교사는 국가공무원 중 경력직 공무원의 하나인 교육직 공무원으로 분류된다.

'교육공무원'은 교육을 통하여 국민 전체에게 봉사하는 직무와 책임의 특수성을 가진 공무원으로서 그 자격, 임용, 보수, 연수 및 신분보장 등에 관하여

「국가공무원법」 및 지방공무원법에 대한 특례를 규정한 「교육공무원법」 적용을 받는 자를 말한다(교육공무원 인사실무편람, p. 2). 「헌법」(제7조 1항)과 「국가공무원법」(제1조)에서 교육공무원을 국민 전체에 대한 봉사자라고 신분을 규정하고 있어서, 일반 국민에게 허용되는 여러 가지 권리가 교육공무원에게는 제한되거나 혹은 특별한 의무가 부여되기도 한다. 권리의 제한에는 정치 활동의 금지 규정이나 쟁의행위 금지 등 근로 3권의 일부를 제한한 것이 예가 되며, 성실 · 청렴 · 비밀엄수 의무 등이 교육공무원에게 특별히 요구되는 의무이기도 하다.

교사는 국가기관에 의해서 고용되어, 국가가 정해둔 공적 활동 중 하나인 교육활동을 주로 하는 공무원으로 법적인 신분이 정해져 있으므로 교직을 공직으로 파악하는 것에는 큰 무리가 없을 것이다. 그러나 이 교직관은 다른 교직관과는 달리 교사가 국가기관에 고용되어 국가기관의 지시에 따라 업무를 수행해야 하는 수동적인 위치를 가지는 점과, 교육공무원으로서 주 업무인 교육활동의 특성상 기본권의 제한이 따르는 점을 지적하고 있다.

이와 같이 교직을 바라보는 관점을 성직관, 노동직관, 전문직관, 공직관으로 나누어서 살펴보았다. 그러나 오늘날 교직은 한 가지 교직관으로 그 직업적인 특성을 설명하기는 어려울 만큼 현실적으로 다양한 업무를 수행하는 직업이 되었다. 현실적으로 교직은 성직관에서의 높은 직업적 윤리와 봉사정신, 노동직관에서 엿볼 수 있는 교원단체의 노동행위, 전문직관의 교직 전문성 그리고 국가적 공무 중 공교육의 공적인 업무를 담당하는 공무원이라는 성격을 가지고 있기 때문이다.

전통사회에서는 교직을 소명으로 받아들이며 개인의 이익보다는 사명감과 봉사정신에 기반을 두었으나, 근대사회에서는 전문 직업인의 인식이 생겨났고, 현대사회에서는 고도의 지식과 윤리 그리고 자율성을 요구하는 전문직(profession)으로 변화하였다. 그러므로 오늘날의 교사 업무가 과거 몇 십 년 전에 비해서 업무량도 많아졌을 뿐만 아니라, 업무의 범위도 넓어졌다. 예를 들면, 교사의 주된 활동인 교수·학습활동 외에도 진로체험 활동, 직업체험 교실 등과 같은 진로교육업무에서부터 학교 부적응과 정서적인 문제를 가진 학생의 상담과 멘토링 활동까지 교사들이 수행하고 있다. 특히 일반학교에 근무하는 특수교사는 개별화교육을 통한 장애학생의 보호와 교육활동 그리고 통합학급 일반교사 지원 활동과 비장애학생 및 학부모 그리고 학교 관리자를 대상으로 하는 장애학생이해교육도 담당해야 한다. 그러므로 다양하고 복잡해진 교직을 하나의 관점으로만 인식하거나, 어떤 관점이 옳은 것이라고 말하는 것은 적절하지 못하며, 교직의 다중성을 적극적으로 이해하고 교직 만족도를 향상하는 것이 중요하다.

5) 특수교사의 교직관

최근 연구에 의하면, 예비교사가 교직이라는 직업을 처음 선택할 때는 사회공헌성, 전문직적 성격보다는 '직장'으로서 우수성 때문에 부모 및 교사의 권유가 많다고 보고되었다(이재덕, 신철균, 신정철, 2020). 이후 교원양성의 교육과정에서 교직에 대한 전문직적 관점의 교육을 받게 되고, 교사가 되고 나서는 '성직'으로서의 교사의 역할을 기대하는 사회의 시선과 학교현장의 교사생활에서는 전문직 특성 외의 다중직 역할로 인해 혼동을 겪게 된다. 이상으로서의 성직, 당위로서의 전문직, 현실로서의 직장이라는 교직관의 다중성과 유동성이 현직교사들이 가지는 교직에 대한 인식이다.

예비특수교사는 어떤 교직관을 가지고 있을까? 교사의 효능감은 교직을 선택하게 된 동기와 교직관에 영향을 받는다는 연구배경으로 이루어진 강혜진(2015)의 연구 결과에서 능동적 동기와 물질적 동기가 수동적 동기보다 유의미하게 높으며 교직관으로는 전문직관, 성직관, 노동직관 순으로 높게 나타났다고 하였다. 그러나 학교급별(유아, 초등, 중등)과 근무 환경(통합유치원, 특수학교, 통합학급)에 따라 특수교사의 교직관과 교직문화는 다를 수 있다. 교직은 바람직한 인간형성이라는 독특한 목적을 가지며 이를 통해서 사회적 봉사

기능을 수행하는 것이며, 교원이 되기 위해서는 자격을 획득해야 하고 권위와 윤리적 책임이 뒤따라야 하므로, 교직을 전문직관으로 보는 관점이 가장 우세하다. 그러나 특수교사는 일반교사보다 교직을 볼 때 전문직관과 함께 성직관 관점을 좀 더 내포하는 경향을 알 수 있다. 장애학생을 지도하고 교육하는 것에서 보람을 가지는 교직관을 가지고 있다.

3 교직관과 교원윤리의 성격

우리 사회에서는 교사에게 높은 도덕성과 윤리의식을 요구하고 있다. 시대와 문화가 변화함에 따라 교원의 자질과 윤리에 대한 기준이 달라지기도 하지만, 교육은 가치 있는 내용을 가르치고 좋은 인간을 기르고자 한다는 점에서 도덕적 혹은 윤리적 활동이다. 홍은숙(2011)은 교원윤리에 영향을 주는 많은 요소가 있는데, 개인의 인간관, 사회관, 세계관, 가치관, 그리고 그것에 기초한 교직관에 따라 달라질 것이라고 하였다.

교원윤리의 현실적이며 합리적인 기준을 위해서 교직에 대한 성직의 특징을 반영하되 노동적 관점도 포함하여야 한다. 현대사회에서의 교직은 전문직 교육관의 성격이 가장 두드러지므로 리버만(Liberman)이 제시한 전문직의 특성은 다음과 같다. ① 유일하고 독특한 사회적 봉사기능의 수행, ② 고도의 지적 기술 요구, ③ 장기간의 준비기간 필요, ④ 개인적 · 집단적으로 광범위한 자율권 행사, ⑤ 자율의 범위 안에서 행사한 행동과 판단에 대한 책임, ⑥ 경제적인 이득보다는 사회봉사 우선, ⑦ 자치조직의 결성, ⑧ 윤리강령의 준수 등이다(홍은숙, 2011에서 재인용). 이 특성에 의하면 전문직에는 자율적인 윤리강령을 제정하고 준수한다고 되어 있다. 그 이유를 신득렬(2002)은 전문직은 특성상 비전문인이 평가하거나 조절할 수 없는 지식과 힘을 가지므로, 교원 스스로 자질과 행동을 검열할 수 있는 자율적이며 자정적인 윤리규정의 필요성으로 들고 있다. 그러므로 손봉호, 김혜성과 조영제(2001)는 일상적인 윤리를 기초로 해서 강한 전문직 윤리와 더불어 성직자적인 소명의식까지를 포함하는 것이 교직윤리라고 주장한다.

의사, 간호사 등과 마찬가지로 교사도 윤리강령을 익히고 선서식을 갖는다. 전문직종에 종사하는 공동체의 내재적이며 자율적인 규범을 실천하고자 하는 의지라고 볼 수 있다. 예비특수교사도 교원의 윤리강령을 체화한다면 가치관이 대립되는 상황에서도 전문직의 기준에 따를 수 있을 것이다.

4 교원의 권리 및 의무와 교직문화

1) 교원의 권리

(1) 교육권

교육의 자주성 · 전문성은 법률이 정하는 바에 의하여 보장된다고 한 「헌법」 제31조 제4항에 따라 「초 · 중등교육법」 제20조 제4항에서는 교사는 교육할 권리를 지닌다고 밝히고 있다. 교육권은 교원이 교육활동을 하는 데 있어서 자율성과 창의성을 발휘하여 교육목표를 효율적으로 달성할 수 있도록 헌법과 법률에 의해서 보장된 권리이다.

그러나 현실적으로 교육의 자주성과 자율권은 국가의 교육행정적인 통제나 국가 교육과정에 따른 학생 평가제도나 입시제도, 그리고 학부모의 간섭 등으로 인하여 제한되고 있다.

(2) 근무여건 보장권

「교원의 지위 향상 및 교육활동 보호를 위한 특별법」 제2조 제1항, 제2항, 제3항에는 교육활동에 전념할 수 있는 교육여건 조성 및 교원에 대한 예우에 대해서 규정하고 있다. 교원은 교육활동에 전념할 수 있도록 생활보장과 복지후생 등 근무조건 개선을 권리로 보장받도록 하고 있다.

(3) 신분보장권

교원은 「국가공무원법」에 의해서 신분보장이 될 뿐만 아니라 「교육공무원법」 제43조 제1항, 제2항, 제3항에서도 다시 한번 더 교사로서의 신분보장에 관한 권리를 규정하고 있다. 특히 불체포특권, 권고사직 금지 등에서 신분보장에 대한 강력한 규정을 엿볼 수 있다. 사립학교 교원 경우에도 사립학교와는 사법적인 관계이나 신분상으로는 국 · 공립 교원과 같은 신분보장권이 있다.

2) 교사의 의무

(1) 교육 및 연구 활동의 의무(「교육기본법」(2025 개정) 제14조 제3항)

교사로서 학생을 가르치고, 자질을 향상시킬 의무를 의미한다. 교육 및 연구 활동의 의무는 교사의 기본적인 의무로, 학생의 교육권을 보장하기 위해서도 중요하다.

(2) 성실 · 복종의 의무(「국가공무원법」 제56조, 제57조)

성실의 의무 위반은 직무태만, 회계질서 문란, 시험문제 유출, 학생성적조작 등이며, 복종의무 위반은 상급자의 지시 불복종, 복무규정 불이행, 출장의 불이행 등을 들 수 있다. 복종의무 위반 시는 「국가공무원법」 등에 따라 징계가 이루어진다.

(3) 청렴의 의무(「국가공무원법」 제61조 제1항, 제2항)

「국가공무원법」 제64조 제1항에 따라서 공무원은 공무 이외의 영리를 목적으로 하는 업무에 종사하지 못하며 소속기관의 장의 허가 없이 다른 직무를 겸할 수 없다. 하지만 예외적으로 당사자의 직무수행에 지장이 없는 범위 내에서 소속기관장은 겸직을 허가할 수 있다.

(4) 정치활동 금지(「교육기본법」 제14조 제5항, 「교원의 노동조합 설립 및 운영 등에 관한 법률」 제3조)

교원에 대해서 「국가공무원법」 제65조와 「교육기본법」 제14조에 의해서 정치 활동을 금지하고 있다.

(5) 품위유지의 의무

「국가공무원법」 제63조에서는 공무원은 직무의 내외를 불문하고 그 품위를 손상하는 행위를 하여서는 아니 된다고 규정하고 있다. 품위유지의 의무는 교원의 의무 중 유일하게 개인적인 사생활에 대한 규정이라고 할 수 있다.

(6) 비밀엄수의 의무

「국가공무원법」 제60조에서 공무원은 재직 중은 물론 퇴직 후에도 직무상 알게 된 비밀을 엄수하여야 한다고 규정하고 있다. 교사는 학생의 개인적인 정보를 많이 알게 되는 위치에 있고, 특히 특수교사는 장애학생의 장애 특성이나 병력 등에 대한 개인적인 정보를 취득할 수 있어 항상 이 규정을 유의해야 한다.

3) 교직단체와 교직문화

(1) 교직단체의 의의와 종류

교직단체는 교사들이 중심이 되어 교사의 자질향상과 교사의 경제적 · 사회적 지위향상을 위해서 만들어진 자생적인 단체이다.

우리나라 교직단체는 「교육기본법」에 따른 전문직 교원단체인 '한국교원단체총연합회'와 「교원의 노동조합 설립 및 운영 등에 관한 법률」에 따른 '전국교직원노동조합, 한국교원노동조합, 자유교원조합' 등이 있다.

교직단체와 교원노조를 비교하면, 다음 〈표 1-1〉과 같다(송기창, 2015; 이영내, 주철안, 2014 참조).

표 1-1 교원단체와 교원노조의 비교

구분	교원단체	교원노조
교직관	전문직에 가까움	노동직에 가까움
설립 근거	교육기본법	교원의 노동조합 설립 및 운영 등에 관한 법률
가입 대상	초·중·고·대학 (교감, 교장 포함)	초·중·고(교감, 교장 제외)
설립단위	전국 및 시·도 단위	전국 및 시·도 단위
교섭 대상자	교육부장관 및 교육감	교육부장관 및 교육감, 사립학교 설립자 및 경영자

(2) 교직단체의 역할

송기창(2015)은 교직단체의 역할을 다음과 같이 설명하고 있다. 첫째, 교사의 경제적 이익과 사회적인 지위 향상을 위한 활동이다. 교사의 근무여건이나 보수, 복지환경 개선 등을 위해서 활동한다. 둘째, 교사의 전문성 향상을 위하여 교원단체가 스스로 전문성 향상 연수과정을 마련하거나 전문성 향상을 위한 재원 마련을 위해 정부와 협의 활동을 한다. 셋째, 교사가 교육의 주체로서 교육정책의 입안과 집행과정에 참여하는 활동을 한다.

(3) 교원단체의 설립과 활동

일반노동단체와 달리 교직이라는 특수성으로 인해서 교원노조는 설립단위나 쟁의행위 등에 제한점을 가지고 있다.

첫째, 교원노조는 전국 단위 또는 특별시, 광역시 · 도 단위에 한하여 설립되며, 단위학교 차원에서 노조 설립을 허용하지 않고 있다. 이렇게 단위 학교에서 노조 설립을 금지하는 것은 교원의 임금 · 근무 조건 등이 전국적으로 동일한 기준으로 법정화되어 있고, 교원의 임용권을 시 · 도 교육감이 갖고 있기 때문이다. 만약, 단위학교에 교원노조 설립을 허용하는 경우 노조활동이 단위학교운영에 영향을 미쳐 학생의 학습권을 저해할 수 있다는 점도 고려하고 있다.

둘째, 교원노조는 쟁의행위(파업, 태업, 그 밖에 업무의 정상적인 운영을 방해하는 일체의 행위)를 금지하고 있다. 왜냐하면 교직은 학생을 가르치는 직업적인 특성을 지니기 때문에 학생의 학습권을 보장하기 위함이다.

셋째, 교육의 중립성과 교육의 자주성이 훼손될 우려가 있기 때문에 교원노조의 정치활동은 금지되고 있다.

(4) 교직문화

학생과 인격적인 만남을 전제로 학생을 가르치고 지도하는 교사의 직업은 이른바 이윤추구가 제일의 목표인 일반 기업에 근무하는 일반 회사원과는 많은 문화 차이를 보인다. 다음 〈표 1-2〉에서는 독특한 학교 문화를 이해하기 위해서 일반 기업의 문화와 비교하였다.

표 1-2 일반 기업과 학교의 문화 비교

	기업	학교
조직의 목표	• 이윤 추구	• 학생의 발달
목표의 성격	• 확실하고 구체적 · 단기적인 효과를 중시	• 불확실하고 장기적인 효과를 중시
조직구성원 간 관계	• 수직적 관계 • 성인만의 조직구조	• 수평적 + 수직적 관계 혼용 • 성년과 미성년자(학생)의 조직구조
조직문화	• 공식적 조직 중심 • 경쟁적인 조직 • 결합력이 강한 조직 • 미래지향적인 조직	• 공식적인 조직 • 비공식적인 조직 매우 활성화 • 비경쟁적인 조직 • 이완된 느슨한 조직 • 과거와 현재를 중시하는 보수적 조직

참고문헌

강혜진(2015). 예비특수교사의 교직 선택 동기와 교직관 및 교사효능감 특성에 관한 연구. 인문사회 21, 6(4), 63-78.

고전(2000). 교직관의 법제적 수용과 과제. 교육행정학 연구, 18(3), 209-242.

김갑성(2009). 교원단체 역할 재정립에 관한 연구. 교육발전연구, 25(2), 5-22.

김경열(2019). 특수교육전공 이후 교사의 교직관 변화 탐색. *Asia-pacific Journal of Multimedia Services Convergent with Art, Humanities, and Sociology*, *9*(10), 25-34.

김경희, 한창현, 권진희, 이성국(2001). 대구지역 일부 중학생이 건강증진행위와 관련 요인. 한국보건교육건강증진학회, 18(2), 65-82.

김세루(2020). 예비유아교사의 사회적 지지 및 교직 선택 동기, 교직관의 관계. 교육문화연구, 26(1), 697-709.

김정연, 허유성, 임장현(2013). 좋은 특수교사로의 성장과 관련된 요인 및 경험. 특수교육, 12(1), 5-30.

김정현, 박현옥(2015). 특수교육전공 대학생의 교직관 및 교직적성이 교사효능감에 미치는 영향. 발달장애연구, 19(4), 171-188.

김찬종(2009). 교사 연수와 수업 전문성 발달. 교육연구와 실천, 75, 67-90.

김현수, 이윤식(2014). 교장의 변혁적 리더십과 부장교사의 리더십, 초임교사의 교직관 및 교직 적응 간의 구조관계. 한국교원교육연구, 31(2), 105-130.

박재범(2011). 공립특수학교 교사들의 교직문화에 대한 질적 사례연구: 중등특수교사 중심으로. 특수교육연구, 18(2), 1-22.

손봉호, 김혜성, 조영제(2001). 교직윤리관 정립을 위한 기초연구. 시민교육연구, 33, 191-222.

손승남(2005). 교사의 수업 전문성 관점에서 본 교사교육의 발전 방향. 한국교원교육연구, 22(1), 89-108.

송기창(2015). 학교재정에 대한 5.31 교육개혁의 성과와 과제. 한국교육행정학회 제173차 학술대회논문집, 65-104.

신기현(2004). 미국학교의 행정가, 장학사, 교사의 전문직 프로젝트와 장학 패러다임의 변화양상, **교육행정학연구**, 22(1), 249-270.

신득렬(2002). 교직을 위한 윤리연구. **교육철학**, 20, 101-116.

이영내, 주철안(2014). 지방교육 복지재정의 실태 분석 연구: 부산광역시 교육청 교육비특별회계를 중심으로. **수산해양교육연구**, 26(6), 1245-1260.

이재덕, 신철균, 신정철(2020). 교사들의 교직관 탐색: 교직관의 다중성과 직장관의 보편화. **교육문화연구**, 26(3), 191-213.

한국교육개발원(2018). 교직환경 변화에 따른 교원 정책 혁신과제(II): 교사전문성 개발 지원체제 구축방안 연구. 충북: 경성문화사.

홍은숙(2011). 교직관에 따른 전문직 교원윤리의 성격 재음미. **교육철학연구**, 33(3), 187-212.

홍은숙, 우용제, 이한규, 김재춘, 김영화, 김재웅(2016). **교육학에의 초대**. 경기: 교육과학사.

Huberman, M. (2022). The professional life cycle of teachers. *Teachers College Record*, *91*(1), 31-57.

제2장

학교 조직

1 학교의 자율성과 엄격성

학교라는 조직은 독립성과 자율성이 보장되는 한편, 관련 규정에 의한 엄격한 법치주의적인 방식을 따르고 있다. 독립성과 자율성이 허용되는 것은 주로 교육활동 분야에서이고 엄격한 규정에 의한 업무 처리가 필요할 때는 학교교육계획을 수립하거나 성과를 정리하는 과정에서일 것이다.

교사마다 교육철학이 다를 수 있으며 교육과정을 해석하여 가르치는 방식이 다를 수 있고 또한 그것을 받아들이는 학생들의 현재 수준이 다르고 각자의 재능과 흥미가 다를 수 있기 때문에 교육활동을 똑같은 방식으로 실시하도록 강요할 수 없고, 또 교육의 성과라고 하는 것이 모든 학생에게 획일적으로 나타나는 것도 아니다. 예컨대, 공통교육과정에서 제시하는 국어과 교육목적은 상당히 추상적이며, 그 교육목적과 실제 고등학교에서 공부하는 이유와 교육성취도는 상당한 차이를 보일 수 있다. 이러한 학생들에게 일률적인 목표와 지침을 내릴 수는 없다. 그렇기 때문에 교사의 교육권과 자율권, 독립성은 보장될 수 있는 것이다.

그러나 수업장면을 벗어나서 수업을 계획하고 지원하고 그 성과를 정리해야 하는 업무 처리의 과정에서는 상식적으로 처리할 수 없으며 반드시 관련 규정에 의하여 처리해야만 한다. 공교육운영의 적정성, 공정성 및 국민에 대한 책임성 등을 확보하기 위함이다. 규정을 무시하고 교사가 임의로 판단하여 학교교육을 운영하였을 경우 학교조직의 정체성 및 일관성을 유지할 수 없을 뿐더러 효율적으로 관리하기가 어렵게 된다.

2 학교규칙(학칙)

국가는 모든 학교에서 구성원이 지켜야 할 학교규칙을 만들도록 법률로서 정해 놓았다(「초 · 중등교육법」 제8조). 그 내용은 「초 · 중등교육법 시행령」 제9조 제1항의 '학교운영에 관한 사항'과 '학생생활에 관한 사항'이 그것이다.

표 2-1 학교규칙에 포함된 내용

학교규칙	학교운영에 관한 사항	1. 수업연한, 학년, 학기 및 휴업일 2. 학급편제와 학생정원 3. 교과 · 수업일수 및 고사와 과정수료의 인정 4. 입학 · 재입학 · 편입학 · 전학 · 휴학 · 퇴학 · 수료 및 졸업 5. 조기진급 · 조기졸업 및 상급학교 조기입학 자격부여 6. 수업료 · 입학금 기타 비용징수
	학생생활에 관한 사항	7. 학생포상, 징계, 교육목적상 필요한 지도방법, 학업중단예방 및 학교 내 교육 · 연구활동 보호에 관한 사항 등 학생 학교생활에 관한 사항 8. 학생자치활동의 조직 및 운영 9. 학칙개정절차 10. 기타 법령에서 정하는 사항

학칙은 학교를 민주적이고 공정하게 운영할 수 있도록 기준과 지침을 제공함으로써 학교생활을 원활하게 운영하게 한다. 학교를 운영하는 데 필요한 학교규칙이 있듯이 초등교육과 중등교육 전반에 대해서 「초 · 중등교육법」에서는 교육의 각 분야에 필요한 기준을 제시하고 있다.

표 2-2 「초 · 중등교육법」의 구성(2025. 5.)

<table>
<tr><td rowspan="6">초 · 중등교육법</td><td>1. 총칙</td><td>1조 목적
2조 학교의 종류
7조 장학지도
8조 학교규칙
9조 학생 · 기관 · 학교평가
10조 수업료 등</td></tr>
<tr><td>2. 의무교육</td><td>12조 의무교육
13조 취학의무
14조 취학의무의 면제 등
15조 고용자의 의무
16조 친권자 등에 대한 보조</td></tr>
<tr><td>3. 학생과 교직원</td><td>17조 학생자치활동의 보장
18조 학생의 징계
21조 교원의 자격
22조 산학겸임교사 등</td></tr>
<tr><td rowspan="2">4. 학교</td><td>23조 교육과정 등
24조 수업 등
25조 학교생활기록
27조 조기진급 및 조기졸업 등
28조 학업에 어려움을 겪는 학생에 대한 교육
28조의2 다문화학생 등에 대한 교육지원
31조 학교운영위원회의 설치
33조 학교발전기금
34조 학교운영위원회의 구성 · 운영
39조 초등학교 수업연한
43조 중학교 입학자격 등
44조 고등공민학교
47조 고등학교의 입학자격 등
55조 특수학교
56조 특수학급
59조 통합교육
60조 각종학교(외국인학교, 대안학교, 온라인학교)</td></tr>
<tr><td>60조의5 교육비 지원
60조의12 통학지원</td></tr>
<tr><td>5. 보칙 및 벌칙</td><td>61조 학교 및 교육과정운영의 특례
62조 권한의 위임
65조 학교 등의 폐쇄
67조 벌칙</td></tr>
</table>

「초 · 중등교육법」으로 규정하지 못한 분야에 대해서는 「초 · 중등교육법 시행령」과 「시행규칙」뿐만 아니라 교육관련법, 즉 「고등교육법」 「유아교육법」 「직업교육훈련 촉진법」 「교육기본법」 「학교안전사고 예방 및 보상에 관한 법률」 「교육정책법」 「학교폭력예방 및 대책에 관한 법률」 「학생인권조례」 「사립학교법」 「교육공무원법」 「장애인 등에 대한 특수교육법」 「국립 유치원 및 초 · 중등학교 회계규칙」 「교육공무원 승진규정」 「교원자격검정령」 「교원 등의 연수에 관한 규정」 「학교도서관진흥법」 「학교보건법」 「학교체육 진흥법」 「학교급식법」 등으로 규정하고 있고 모든 학교와 교육기관이 일관된 규정에 의해서 운영되기를 원하고 있다. 세월이 흐르면서 사회가 변화하고 이러한 제도가 현실을 반영하지 못하여 새로운 규정이 필요할 때에는 그때그때 개정되고 신설되기도 한다.

3 감사(監査)제도의 이해

이러한 규정들을 제정해 놓은 이유는 국가가 일관된 교육정책을 추진하고 모든 교육기관이 일관성 있고 효율적으로 관리되어 전국의 균형발전을 이루기 위함일 것이다. 그래서 교육감에게 관할구역의 학교를 대상으로 장학지도를 할 수 있도록 권한을 주었으며(「초 · 중등교육법」 제7조) 교육부장관에게는 학생의 학업성취도를 측정하기 위해 평가를 실시할 수 있으며 교육행정이 효율적으로 이루어지게 하기 위해서 각 시 · 도 교육청과 학교를 평가할 수 있게 하였다(「초 · 중등교육법」 제9조). 이러한 지도와 평가기능을 위임받아 학교가 정해진 규정대로 운영되고 있는지 정기적으로 점검하고 관리해 나가는 기능을 감사(監査)라고 한다. 「공공감사에 관한 법률」(약칭 「공공감사법」)에 따르면, 감사란 각 기관 및 그 기관에 속한 자의 모든 업무와 활동 등을 조사 · 점검 · 확인 · 분석 · 검증하고 그 결과를 처리하는 것을 말한다.

표 2-3 감사의 종류(「공공감사에 관한 법률 시행령」 제10조)

감사의 종류	종합감사	감사 대상기관의 주 기능 · 주 임무 및 조직 · 인사 · 예산 등 업무 전반의 적법성 · 타당성 등을 점검하기 위하여 실시하는 감사
	특정감사	특정한 업무 · 사업 · 자금 등에 대하여 문제점을 파악하여 원인과 책임 소재를 규명하고 개선대책을 마련하기 위하여 실시하는 감사
	재무감사	예산의 운용실태 및 회계처리의 적정성 여부 등에 대한 검토와 확인을 위주로 실시하는 감사
	성과감사	특정한 정책 · 사업 · 조직 · 기능 등에 대한 경제성 · 능률성 · 효과성의 분석과 평가를 위주로 실시하는 감사 (※ 다원화된 사회에서 새로운 기관이 신설되고 새로운 사업이 추진됨에 따라 신설취지와 목적에 부합하는 성과를 보이고 있는지에 대한 감사 예 무안공항 신설타당성 감사 등)
	복무감사	자체감사 대상기관에 속한 사람의 복무의무 위반, 비위(非違) 사실, 근무실태 점검 등을 목적으로 실시하는 감사

일반적으로 학교에서의 정기종합감사는 3년마다 한 번씩 진행되고 있고 수시로 긴급하고 필요한 사안에 대해서는 복무감사, 특정감사 등을 실시하고 있다. 그런데 감사대상 학교나 기관이 너무 많고 최근에는 공무원 범죄, 갑질 신고, 성비위 사안조사 등 각종 감사수요가 증가하고 있어서 3년마다의 정기종합감사가 점점 힘들어지고 있다. 대안으로 제시되고 있는 방안이 학교자율형종합감사 제도이다. 학교자율형종합감사란 학교에서 각종 비리를 예방하고 업무를 개선할 목적으로 자체적으로 감사반을 편성하여 감사시기, 방법 등을 계획한 후 업무 전반에 대하여 자율적으로 감사를 실시하고 그 결과에 대한 처분, 개선 등을 이행하는 것을 말한다. 감사는 잘못을 지적하고 응징하는 목적이 아니고 스스로 문제점을 찾아서 자율적으로 고쳐 나가는 것이 목적이라고 한다면 자율형 종합감사가 오히려 감사의 본 취지에 부합한다고 할 수 있다.

감사 때마다 공통적으로 자주 지적되는 학사 및 복무관리 분야가 있다면 다음과 같다.

- **보수지급 소홀(기간제교사 호봉획정 소홀)**: 가산연수, 경력환산율적용 오류 등
- **학생생활기록부 기재오류**: 출결, 봉사활동, 진로활동, 교외체험학습
- **의무교육관리 소홀**: 학교 전학절차 미준수, 취학독촉 의무 미준수(입학, 전학, 편입학 기일 후 2일 이내에 출석하지 않은 경우 취학독촉 해야 함, 정당한 사유 없이 계속해서 2일 이상 결석하는 경우 취학독촉 해야 함), 의무교육관리위원회 미설치 등
- **학원폭력관리위원회 구성 및 운영소홀**: 학부모위원 위촉절차, 동의서 미징구 등
- 교원 공무외국여행 관리 등 복무관리 소홀
- 학교규칙, 학생생활(징계업무 등) 교육 제 규정 개정 미비
- 학교급식 납품 시 특정 브랜드 지정금지 미준수
- 병설유치원 방과 후 과정 운영 미비
- 성과상여금, 교원능력평정업무 오류 등

다음은 감사의 결과로 확인된 지적사항의 예시이다.

확인서

□ 제목: 개별화교육 계획 수립 업무 소홀

□ 내용:

「장애인 등에 대한 특수교육법」 제21조, 제22조, 같은 법 시행령 제4조에 특수교육대상자가 배치된 학교의 장은 매 학년의 시작일로부터 2주 이내에 특수교육대상자에 대한 개별화교육지원팀을 구성하여야 하고, 개별화교육지원팀은 매 학기의 시작일로부터 30일 이내에 개별화교육계획을 작성하며, 특수교육과정의 조정, 보조 인력의 지원, 학습보조기기의 지원, 교원연수 등을 포함한 통합교육계획을 수립 시행하게 되어 있다.

그런데도 교사 ○○○은 개별화교육 운영과 관련하여 개별화교육지원팀을 학년도 시작 후 4월경에 지체하여 구성하는 등 구성기한을 준수하지 않았고, 특수교육 통합교육 계획을 수립하지도 않았고, 교사 ○○○은 매 학기 개별화교육계획을 수립 운영해야 함에도 2학기에는 계획을 수립하지 않았고, 학년 초(3월)에 수립 추진한 개별화교육계획을 연간계획으로 적용하여 추진하였다.

□ 관련자

직 · 성명	관리 기간	담당 업무	현 근무처

□ 관련자 의견

성명	확인(서명)	위 사실에 대한 의견(※ 단, 의견 있을 시 작성)

상기 내용은 사실과 다름이 없음을 확인합니다.

20○○. ○. ○.

감사관	소속)	○○○○학교	직)	교감	성명)	○○○(서명)
확인자	소속)	○○○○학교	직)	교감	성명)	◎◎◎(서명)
확인자	소속)	○○○○학교	직)	교장	성명)	☆☆☆(서명)

그림 2-1 감사확인서 1

확인서

□ 제목: 학교운동부 운영 소홀

□ 내용:

「초 · 중등교육법」 제32조(학교운영위원회 기능)에 국립 · 공립 학교에 두는 학교운영위원회는 학교운동부의 구성 · 운영에 관한 사항을 심의하도록 되어 있고, 「경상남도교육청 학교체육 기본계획」(3-3-3. 학교운동부 운영 계획수립 및 투명한 운영)에 단위학교에서 학교운영위원회 심의를 거쳐 학교운동부 운영 계획을 별도 수립하거나, 학교교육계획서에 포함시켜 수립하여야 하며 주요 내용으로는 학생선수 · 학교운동부지도자 등 일반현황, 학교운동부 운영 예산 확보 · 집행, 학습권 보장 및 인권보호, 훈련 · 대회 참가, 안전대책, 학부모 부담금 회계처리 준수 등에 관한 사항 포함하도록 되어 있으며 학교운동부의 대회 및 훈련 참가에 따른 예산 집행 결과를 학교 홈페이지에 게시하여 투명성을 확보하도록 되어 있다.

그런데도 교장 ○○○ · ○○○, 교감 ○○○, 교사 ○○○은 학교운동부(육상부) 운영 시 〈표〉와 같이 20○○학년도에는 학교운동부 운영 계획을 학교운영위원회의 심의를 받지 않았고, 20○○ · 20○○학년도에는 학교운동부 운영 계획을 늦게 심의받았으며, 각 학년도 학교운동부 운영 계획에 학생 학습권 및 인권보호, 학생안전 계획 등을 학교운영위원회에 심의받지 않았고, 각종 대회 및 훈련 참가에 따른 예산 집행 결과를 학교 누리집에 게시하지 않았다.

표 학교운동부 운영 업무 현황

학년도	학운위 심의 현황	주요 내용 포함 여부 (학생 학습권 및 인권보호 등)	운동부 예산 집행 결과 홈페이지 게시 여부
20○○	미심의	미포함	미게시
20○○	심의 지연 (20○○. 7. 17. 심의)	미포함	미게시
20○○	심의 지연 (20○○. 4. 12. 심의)	미포함	미게시

□ 관련자

직 · 성명	관리 기간	담당 업무	현 근무처

□ 관련자 의견

성명	확인(서명)	위 사실에 대한 의견(※ 단, 의견 있을 시 작성)

상기 내용은 사실과 다름이 없음을 확인합니다.

20○○. ○. ○.

감사관	소속)	○○○○학교	직)	교감	성명)	○○○(서명)
확인자	소속)	○○○○학교	직)	교감	성명)	◎◎◎(서명)
확인자	소속)	○○○○학교	직)	교장	성명)	☆☆☆(서명)

그림 2-2 감사확인서 2

학교에서 업무 처리의 성공기준은 감사에 걸리느냐, 걸리지 않느냐고 해도 과언이 아닐 정도로 감사에 민감하다는 것이다. 따라서 감사에 걸리지 않으려면 관련 규정을 정확하게 이해하고 그 규정에 맞도록 절차와 기한을 지켜야 한다. 이러한 절차와 기한을 지키기가 쉽지 않은 이유는 업무 처리에 급급하다 보면 관련 규정을 찾아보고 확인할 여유가 없다는 것이고, 또한 이러한 감사가 업무 처리 때마다 이루어지는 것이 아니라 업무가 끝나고 몇 년이 지난 후(3년마다 이루어지는 정기종합감사)에나 이루어지기 때문이다. 행정실의 업무는 모든 것이 규정업무이기 때문에 행정실에 근무하는 직원들은 감사를 항상 염두에 두면서 근무를 하지만 교사들은 감사에 대해서 무감각한 경우가 많다. 감사에 대해서 소홀하게 생각하며 지내다가 인사발령이 나고 다른 학교에 근무하고 있는데 느닷없이 몇 년 전에 처리했던 일이 감사의 지적사항이 되어 소견서를 제출하라는 통보가 왔을 때는 무척 당혹스러울 수밖에 없다. 감사를 항상 염두에 두고 업무 처리를 한다는 것은 관련 규정을 정확하게 숙지하고 있다는 것이며 감사에 걸리지 않고 일처리하는 교사는 신중하면서 세련된 직장인으로 보일 수 있다. 반면에 감사에 지적된다는 것은 그만큼 일처리가 투박하고 신중하지 못하다고 평가받을 수 있다.

4 적극행정의 도입

감사에 걸리지 않는 가장 좋은 방법은 아무것도 하지 않는 것이다. 투박한 흔적과 결과를 남기면서 사업을 무리하게 추진하는 것보다는 기본적인 업무만 하다가 적당히 사업을 마무리하면 감사에 지적당할 이유가 없다. 그러다 보니 관례적으로 해 오던 사업들만을 답습하거나 새롭게 도입되는 사업을 꺼리기도 한다. 시대적 변화에 대해 쉽게 대응하지 못하는 경직된 자세를 보이기 때문에 공무원이 창의적이지 못하고 틀에 박힌 답답한 집단으로 보이기도 한다. 감사에 지적당할 것 같거나 지적당하기 쉬운 업무일 것 같으면 아예 시도조차 하지 않고 이런저런 핑계를 대면서 회피하기 일쑤이다. 괜히 추진했다가 감사에 걸리기라도 하면 본전도 못 찾는다는 의식이 팽배해 있는 것이다.

이러한 소극적인 자세를 개선하고 적극적인 업무추진 자세를 권장하기 위하여 도입된 것이 적극행정제도라고 할 수 있다. 적극행정이란 공무원이 불합리한 규제를 개선하는 등 공공의 이익을 위해 창의성과 전문성을 바탕으로 적극적으로 업무를 처리하는 행위를 말한다. 대통령령 제34825호(2024. 8. 14.)로 제정된 적극행정 운영규정에 의하면 적극행정을 장려하고 소극행정을 예방, 근절하도록 하였다. 즉, 소속공무원이 업무를 추진하는 과정에서 적극적으로 업무를 처리했지만 결과가 잘못되었을 경우 고의나 중대한 과실이 없다면 그 책임을 면제 또는 감경해 주는 제도이다. 또한 반드시 처리해야 할 문제임에도 관련 제도나 규정이 불분명하거나 선례가 없어 행정처리가 주저되는 경우, 감사기관이나 적극행정위원회에서 컨설팅을 해 주고 그에 따라 업무를 처리하면 책임을 면해 주는 것이다. 적극행정의 형태는 업무관행을 반복하지 않고 가능한 최선의 방법을 찾아 업무를 처리하는 행위, 새로운 행정수요나 행정환경변화에 선제적으로 대응하여 새로운 정책을 발굴 · 추진하는 행위, 불합리한 규정과 절차 · 관행을 스스로 개선하는 행위, 신기술발전 등 환경변화에 맞게 규정을 적극적으로 해석 · 적용하는 행위, 규정과 절차가 마련되어 있지 않지만 가능한 해결방안을 모색하여 업무를 추진하는 행위 등이다. 요즘은 적극행정 우수사례를 발굴하고 우수공무원을 정기적으로 선정하여 포상하고 그들에게 인사상의 우대조치를 취하는 등 적극행정을 권장하는 추세이다.

5 학교 내의 조직

학교 내의 조직으로는 교장—교감—학년부장—학급담임으로 이어지는 교육지도조직과 교장—교감—업무부장—업무담당교사로 이어지는 교무분장조직, 그리고 교장이나 교감의 자문기구로서 각종위원회나 협의회를 구성하는 운영협의조직 등이 있다. 교사들은 학교조직의 일원으로서 교육지도조직, 교무분장조직, 각종 위원회조직에 동시에 소속되어 복합적인 업무를 담당하게 된다. 특수학교의 경우 유치원, 초등부, 중학부, 고등부, 전공과 등으로 묶이는 교육지도조직이 될 것이고, 교무부, 연구부, 정보부, 체험부, 체육부, 교육지원부, 환경부 등이 교무분장조직이 될 것이며, 교육과정위원회, 장학금선정위원회, 다면평가위원회, 인사자문위원회, 학원폭력전담기구, 도서관운영위원회, 행동중재관리위원회, 전공과전형위원회, 통학버스운영위원회, 학업성적관리위원회, 인력관리심의위원회, 현장실습운영위원회, 진급사정위원회 등은 위원회조직이 된다.

이러한 학교 내의 조직은 교직원의 요구, 관리자의 경영방침 등에 따라 학교마다 다른 모습을 띨 수 있다. 조직의 모습은 다를 수 있겠지만 효율적인 학교경영을 위해서는 교원의 흥미나 적성, 능력 등을 고려하여 교원을 이러한 조직의 적재적소에 배치하고 학교의 자원을 적절히 배분하여 업무의 효율을 기하고 학교구성원 간의 의사소통과 상호작용이 원활하게 이루어질 수 있는 협동 체제를 구축해야 한다.

1) 교육지도조직

교육지도조직은 학교조직의 근간이 되는 조직이라고 할 수 있다. 중등학교의 경우 교장 → 교감 → 교과부장교사 → 교과교사로 이어지는 교과지도조직과 교장 → 교감 → 학년부장교사 → 학급담임의 형태로 이어지는 학년지도조직이 있다. 이외에도 필요에 따라 특별활동조직, 교외활동 지도조직 등도 있다.

학년지도조직은 학년부장을 중심으로 동 학년의 활동목표를 효율적으로 달성하기 위해 학급경영 및 학생생활지도, 체험활동, 평가 등의 활동을 하게 된다. 교과지도조직은 주로 국어과, 영어과, 수학과와 같이 각 교과별로 구성하기도 하고, 인문사회 계열, 자연과학 계열, 외국어 계열, 예체능 계열과 같이 계열별로 조직하기도 한다. 교과교육조직에서는 교과협의회를 구성하여 각 교과별 교과내용에 대한 연구, 평가도구 개발, 교재 개발 등을 담당하고 있다. 특수학교의 경우 초등부, 중학부, 고등부, 전공부 등으로 조직이 구성되기도 하며 장애영역별로 청각부, 지체부, 지적부 등으로 조직되기도 한다.

교육지도조직의 근간은 학급이라고 할 수 있으며 학급당 교사 1명 배치가 원칙이지만 교사의 적정한 수업시수 확보나 교육과정의 정상운영을 위해서 학급당 교사배치 기준은 다음 〈표 2-4〉와 같다. 급당 교사배치 수는 해마다 교육부의 교사정원, 각 지역의 인사상황 등을 고려하여 약간씩 달라질 수 있다.

표 2-4 각급학교 교원 정원배정기준[공문 경상남도교육청 중등교육과-28146 (2024. 11. 29.)]

(단위: 명)

구분	유치원	초등	중학	고등		
				일반고	특성화고	특목고 및 마이스터고
급당 배치교사 수	1	학급수+ *교과 전담배치율	1.52	1.74	1.76	2.16

* 교과전담 배치율: 3~6학년 학급 수÷3×0.75의 반올림

교육지도조직을 구성하고 배치하기 위해서 다음과 같은 점들을 고려해야 한다.

(1) 학급담임의 배정

- 학급담임의 배정은 경력, 성별, 건강상태, 담당교과, 학습지도, 생활지도, 학급경영, 업무 처리 능력 등을 고려한다.

- 원로교사, 부장교사, 건강이 양호하지 못한 교사는 학급담임의 임명을 고려할 수 있다.
- 학년부장도 담임을 겸할 수 있다.
- 분만예정인 교사, 장기적 요양을 요하는 교사는 비담임으로 할 수 있다.
- 학급담임은 교육담당시수와 교무분장 시 우대할 수 있다.
- 학년전임제나 연속담임제 등을 고려하여 담임을 편성할 수도 있다.

(2) 교과담임의 배정

- 초등학교에서는 교과 운영, 학급운영 등을 위하여 학년전임제 등을 고려해 볼 수 있다.
- 본인의 전공과목을 우선하여 능력과 적성 및 경험을 고려하여 배정한다.
- 특히 예체능교과의 운영을 위하여 교과전담제를 정착시킬 필요가 있다.
- 교과교실제를 운영하고 교사 중심의 지도를 한다. 이를 위하여 학생은 교과시간에 따라 이동하고 교사는 자기 교실을 갖는다.
- 교과교실제의 운영 속에서 시청각교구, 교재를 갖추고 학습자료를 풍부히 하여 자료 중심의 교과지도를 가능하게 한다.
- 학교예산을 교과 중심으로 배정하여 운영한다.

(3) 특별활동 담임의 배정

- 본인의 희망을 우선으로 한다.
- 학반신청이 중복되었을 때는 연장자 우선으로 한다.
  (*학교사정에 따라 다를 수 있음)
- 희망하는 학생 수가 많을 경우에는 반을 분반하여 운영할 수 있다.

2) 교무분장조직

교무분장조직이란 학교를 경영하는 데 필요한 전반적인 사무를 분담하여 처리하기 위한 조직을 말한다. 교무분장조직은 학교의 교육과정 운영을 지원하는 조직으로서 교장 → 교감 → 업무부장 → 업무담당교사로 이어지는 조직 계통을 갖는다. 교무부, 연구부, 학생부 등은 학사업무를 수행하는 업무들이라면 인성부, 과학부, 체육부, 환경부 등은 교과지원업무에 속한다.

요즘 학교조직에서 가장 중시되고 비중 있는 조직은 이 교무분장조직이다. 교수·학습활동이 주요 목적인 학교에서 교육지도조직이 주류가 되지 못하고 교무분장조직이 더 중요시되고 있는 것이다. 이것은 교육의 전문성보다도 사무처리능력이 더 중시되고 있다고 할 수 있다. 이는 교사가 잘못 가르치는 데는 문제가 되지 않는 데 비하여 사무처리를 잘못하는 데는 문제가 있다고 해석할 수 있다. 교과를 연구하고 가르치는 데에는 소홀해도 잘 드러나지 않지만 사무처리를 철저히 하지 않으면 그에 대한 책임이 돌아오기 때문에 생기는 현상이라고 하겠다.

교무분장조직에서 가장 중요한 직책이 보직교사이다. 보직교사는 학교조직의 중간층에 있는 교사 중에 교장과 교감의 업무를 위임받아 처리하는 중간관리자라고 할 수 있다. 보직교사는 부서 소속교사들에 대한 지도적인 역할을 하며 1급정교사가 보직교사로 근무한 경력에 대해서는 「교육공무원 승진규정」 제41조 제5항 제3호에 의거 가산점을 부여하고 있다.

(1) 보직교사의 임무 및 역할

- 보직교사는 학교관리자(교장, 교감)를 보좌하며 교장 및 교감으로부터 위임받은 직무를 수행한다.
- 보직교사는 학교조직의 운영 실무자로서 학교장의 방침을 구현하고, 경영계획을 수립하며, 교무분장을 조직한다. 그리고 각 부서 간의 업무를 조정하는 역할을 수행한다.
- 보직교사는 교사들에게 전문적 지도·조언을 하여 교사들이 자발적인 협동체제, 협동하는 분위기를 조성할 수 있도록 돕는다.
- 보직교사는 학교구성원 간의 의사소통을 활발히 하는 조화로운 인간관

계를 조성한다.

- 보직교사는 학교의 중간관리자로서, 의사소통의 메신저와 인간관계의 선도적인 역할을 수행한다.
- 보직교사는 학교 관리자를 보좌하는 참모 역할을 수행하며, 학교의 제반 활동에서 연결자의 역할을 수행한다.
- 보직교사는 학교의 각 부서에서 팀장 역할을 수행하며, 자신의 소속 부서별 업무에 대해 검토하고 확인하는 역할을 수행한다.
- 보직교사는 교사들의 의견을 수렴하여 학교 운영에 적절히 반영하며, 교사의 의견과 요구를 파악하여 학교장에 대한 자문활동에 적극 반영한다.
- 보직교사는 교과활동에서 교사들의 조력자 및 상담자 역할을 수행하며, 높은 전문성을 가지고 학교 문화를 선도하는 역할을 수행한다.
- 보직교사는 학교의 변화에 능동적이고 긍정적인 자세로 임하여 교사를 선도해 주는 역할을 수행한다.
- 보직교사는 학교의 주요 사업 및 관리업무 등 학교교육의 변화와 발전을 위해 적극 노력하는 역할을 한다.

(2) 교무분장의 배정원칙

교무분장을 할 때에는 다음과 같은 원칙이 있다(정태범, 1998).

- 학교의 경영방침에 따라 업무를 분장하고 교과와 관련 있는 부서를 고려하여 적재적소에 배치한다.
- 각 부 보직교사의 의견과 본인의 희망부서를 존중하고 업무량의 형평을 기한다.
- 보직교사의 결원에 대한 보충은 인사원칙에 준한다(예 전입교사는 해당 년도의 보직교사 임용을 유보할 수 있다 등).
- 업무량의 형평을 기하고 건강상태를 고려하여 배치한다.

(3) 교무분장의 절차

교사는 「교육공무원법」 제17조(보직관리의 원칙)에 따라 학기 초 자격에 상응한 부장교사, 담임교사, 비담임교사 등의 일정한 직위와 직책을 부여받고, 단체협약 및 학칙의 업무분장 규정에 따라 각자의 업무분장이 이루어진다.

2025학년도 담임 및 업무분장 희망서

○○특수학교

성명	성별	나이	교육경력	본교 근무경력
			년 월	년 월
전화번호			생활 근거지	

1. 희망학반

구분	(예시)	최근 근무경력			2025학년도 희망		
		2022	2023	2024	1희망	2희망	3희망
담임 희망	담임, 부담임, 전담						
희망 학반	중학교 1–1						

2. 희망업무

구분	(예시)	최근 근무경력			2025학년도 희망		
		2022	2023	2024	1희망	2희망	3희망
부서 업무	교무부 학적 및 출결						
보직교사 여부 (O, ×)		희망함( ), 희망하지 않음( )				희망 보직	
요구사항 및 개인사정							

그림 2-3 담임 및 업무분장 희망서 양식

- 학교장은 '업무분장 희망원'을 2학기 말(일반적으로 2월 초)에 배부한다.
- 교사들의 '업무분장 희망원' 취합
- 업무분장 조정: 희망원이 수합되면 업무분장규정에 의한 업무분장 등에 따라 인사자문회의 등을 통해서 업무의 조정과 배분이 이루어진다.
- 학교장의 최종결재로서 업무분장이 완결되고, 3월 초 학교교육과정 운영계획에 등재된다.

(4) 보직교사의 배치기준

보직교사는 학교규모에 따라 배치수가 달라진다. 2024학년도 경상남도교육청에서 배치하는 보직교사의 배치기준은 다음 〈표 2-5〉와 같다.

표 2-5 보직교사 배치기준

구분	배치기준
유치원 (충남)	1. 3학급 이상 5학급 이하 **1명** 2. 6학급 이상 11학급 이하 **2명** 3. 12학급 이상 **4명**
초등학교 (충남)	1. 5학급 이하의 교감이 없는 학교 **1명** 2. 5학급 이하의 분교장 **1명** 3. 6학급 이상 11학급 이하의 학교 **2명** 4. 12학급 이상 17학급 이하의 학교 **4명** 이내 5. 18학급 이상 23학급 이하의 학교 **6명** 이내 6. 24학급 이상 29학급 이하의 학교 **8명** 이내 7. 30학급 이상 35학급 이하의 학교 **10명** 이내 8. 36학급 이상 **12명** 이내 ※ 36학급 이상인 경우 6학급당 1명 추가
중학교 (경남)	중학교에는 교사 중에서 다음 각호의 구분에 따른 수의 보직교사를 둘 수 있다. 다만, 교육부장관이 지정하는 연구학교와 거점기숙형 중학교에는 다음 각호의 구분에 따른 수보다 보직교사 1명을 더 둘 수 있다. 1. 3학급 이상 5학급 이하의 학교에는 **2명** 2. 6학급 이상 8학급 이하의 학교에는 **3명**

<table>
<tr><td></td><td>3. 9학급 이상 11학급 이하의 학교에는 5명 이내
4. 12학급 이상 17학급 이하의 학교에는 8명 이내
5. 18학급 이상의 학교에는 11명 이내
6. 2학급 이하의 분교장에는 1명</td></tr>
<tr><td>고등학교
(경남)</td><td>고등학교에는 교사 중에서 다음 각호의 구분에 따른 수의 보직교사를 둘 수 있다. 다만, <u>특성화고등학교(실업과를 설치한 학교 포함) 및 통합학교는 각각 다음 기준에 따라 증치</u>할 수 있다.
1. 3학급 이상 5학급 이하의 학교에는 2명
2. 6학급 이상 8학급 이하의 학교에는 3명
3. 9학급 이상 17학급 이하의 학교에는 8명 이내
4. 18학급 이상의 학교에는 11명 이내
5. 2학급 이하의 학교에는 1명</td></tr>
<tr><td>특수학교
(경남)</td><td>중학교, 고등학교, 전공과 학급 수는 가산하여 일반고 배치기준에 따라 배치한다. 다만, 기숙사를 운영하는 학교, 교육부장관이 지정하는 연구학교에는 위의 각호의 구분에 따른 수보다 보직교사 1명을 증치할 수 있다.</td></tr>
</table>

구분	보직교사 증치 학급수	보직교사 증치 인원	비고
특수학교 (경남)	3~5	2명	중 · 고 · 전문부 통합 (고등학교 기준에 적용)
	6~8	3명	
	9~17	8명 이내	
	18학급 이상	11명 이내	

보직교사의 수는 학교규모에 따라 통일된 모습을 보일 수 있지만 보직업무부서는 학교의 실정에 따라서 학교마다 다를 수 있다. 경남지역 특수학교의 업무부서의 현황을 보면 〈표 2-6〉과 같다.

표 2-6 경남지역 공립특수학교의 업무부서 현황

학교명 / 순	○○특수학교 (학급수: 56)	○○특수학교 (학급수: 54)	○○특수학교 (학급수: 44)	○○특수학교 (학급수: 28)	○○특수학교 (학급수: 61)	○○특수학교 (학급수: 17)	○○특수학교 (학급수: 19)	○○특수학교 (학급수: 26)	○○특수학교 (학급수: 51)
1	초등교무부	초등교무부	초등교무부	교무행정부	초등교무부	초등교무부	교무부	교무행정부	초등교무부
2	중등교무부	중등교무부	중등교무부	교무부	중등교무부	중등교무부	교육과정부	교무부	중등교무부
3	교육연구부	교육연구부	연구부	교육과정부	초등부	교육연구부	교육연구부	교육과정부	교육연구부
4	교육과정부	교육과정부	교육과정부	진로교육부	중학부	교육과정부	체험안전부	교육연구부	교육과정부
5	인성교육부	교육평가부	교육정보부	건강 · 체험 활동부	고등부	교육정보부	예술체육부	교육정보부	학사운영부
6	안전교육부	인성교육부	교육자료부	교육연구부	전공부	학생안전부	전공교육부	전공교육부	안전교육부
7	특기적성 교육부	안전교육부	체육부	교육정보부	교육과정부	교육지원부		건강교육부	인성교육부
8	체험교육부	교육정보부	인성교육부	교육지원부	교육평가부	생활체육부		인성안전 교육부	체험교육부
9	교육환경부	적성교육부	안전교육부	인성안전 교육부	교육자료부	진로교육부		교육지원부	교육지원부
10	체육교육부	체육교육부	진로교육부		교육연구부			체험활동부	직업교육부
11	파견교육부	체험교육부	특기적성 교육부		인성부				교육정보부
12	교육홍보부	평생교육부	초등과정부		안전부				전공교육부
13	정보교육부	직업교육부	중학과정부		정보부				교육자료부
14	교육자료부	전공교육부	고등과정부		체육부				체육교육부
15	진로직업부	자유학년부	전공과정부		교육문화부				특색교육부
16	전공교육부	교육지원부			특기적성부				특기적성부
17	학교기업부	환경 · 자료부			직업부				환경교육부
18					체험부				
19					교육지원부				

(5) 각 부서의 주요 역할

학교에서 교사들이 하는 일은 크게 두 가지로 나뉠 수 있다. 수업과 업무이다. 업무란 학교의 본업인 수업이 정상적으로 잘 진행될 수 있도록 계획하고 지원하고 실행하고 평가하는 과정에서 이루어지는 모든 활동이라고 할 수 있다. 크게 보면 수업과 업무는 많은 공통점을 갖고 있고 본질적으로는 하나의 활동이라고 볼 수도 있다. 그런데도 일반적으로 업무에 대해서 부정적인 선입견이 있는 듯하다. '잡무'라고 폄하되기도 하고 '잡무를 줄여 달라'는 등 자주 언급되고 있으며 ○○교육감은 '교사를 학생들의 곁으로 돌려보내겠다' 하며 교사의 업무를 대폭 줄여 주겠다고 공약하기도 하였다. 이러한 업무를 추진하기 위해 만든 조직이 교무분장조직이다. ○○특수학교의 각 업무부서에서 추진하는 주요 업무부서와 업무 내용을 정리해 보면 〈표 2-7〉과 같다.

표 2-7 각 부서의 주요 업무내용

순	부서명	주요 업무내용
1	교무부 (초등, 중등)	교무와 학사 전반의 업무를 기획, 총괄하고 각 업무의 조정 및 조율
		• 연 · 월 · 주간 교육계획수립, 일과운영, 행사의식 주관, 업무분장, 정현원관리, 학교일지 • 학칙 및 위원회 관리(인사자문위원회, 통합위원회 구성 및 운영), 교육청협력업무 • 학적(초, 중), 출결(초, 중), 전입학관리, 진급졸업사정, 졸업대장, 신입생오리엔테이션 • 시간표 작성(초등, 중등), 대강계획수립(초등, 중등) • 표창 및 수상대장관리, 업무배정에 빠졌거나 학기 중 생겨난 업무
2	교육연구부	교내외 자율연수 및 연구활동 권장과 교내장학활동으로 교원의 전문성 신장
		• 장학활동(자율, 컨설팅, 특별 등) 교육실습, 교내연구활동 및 연수활동, 각종설문조사 • 교직원연수, 다문화교육, 수업연구(동료공개, 학부모초청공개), 전문적 학습공동체 • 정책공모사업 신청 및 운영, 교원능력개발평가 및 학부모 만족도 조사

순	부서명	주요 업무내용
3	교육과정부	교육과정편성 운영지침과 학교실정, 학생들의 장애상태에 따른 교육과정 편성과 운영
		• 학교교육계획 수립 및 평가, 교육과정 설명회, 학교요람 제작 및 발간 • 교육과정위원회(과목별 시수편제), 학업성적관리위원회 • 계기교육, 고교학점제 운영, 고교학점제 환경재구조화
4	교육평가부	교육활동의 계획에 대한 평가업무 전반
		• 개별화교육 및 평가(초, 중), 나이스 및 생활기록부(초, 중), 생활통지표(초, 중) • 생활기록부 기재요령(연수, 정정대장) • 동아리활동, 창의적체험활동 평가
5	인성교육부	학원폭력 예방 및 근절 예방교육 등 안전하고 즐거운 학교환경 조성
		• 학생선도 및 생활지도, 인성과 인권 및 양성평등교육, 자살예방 및 생명존중교육 • 학교폭력, 아동학대사안 관련업무, 학교폭력 가산점 • 학생자치활동 운영(학생회)
6	안전교육부	학교에서 일어날 수 있는 안전사고를 예방함으로써 안전한 학교조성
		• CCTV 모니터링, 안전교육(화재대피, 지진대피, 수상안전 등), 안전물품 구입 및 관리 • 통학버스 운영, 통학비 지급, 배움터지키미 관리, 등하교지도 • 행동중재관련업무
7	교육정보부	교내정보환경을 잘 관리하고 정보통신윤리(개인정보보호, 정보보안 등) 교육으로 건전한 정보사회 조성
		• 나이스 권한관리, 홈페이지 관리, 정보화기자재 구입 관리 및 유지보수 • 정보공시 및 교내외 정보화대회, 정보통신윤리교육, 스마트 단말기 관리 • 상상체험실, 창의교육실, 컴퓨터실 관리, 교내 방송실 및 방송관리
8	방과후교육부	학교의 방과 후 활동을 관리하고 지원하는 부서
		• 방과 후 돌봄교실 운영계획수립, 방과 후 물품구입 • 교내 방과 후 강좌 운영(강사채용, 물품구입, 인건비) • 교외 방과 후 특기적성카드 신청 및 관리

순	부서명	주요 업무내용
9	체육교육부	다양한 체육활동으로 신체를 단련하고 체력을 증진시켜 건강한 생활 유지
		• 체육선수육성 및 대회참가, 교내체육대회(운동회), 학생건강체력검사(PAPS-D) • 체육시설 관리 및 대여, 교내 스포츠클럽 운영 • 직원체육, 급식관리, 보건관리
10	체험교육부	다양한 체험교육의 기회마련과 다양한 체험활동으로 여가와 문화생활의 기회제공
		• 현장체험학습위원회, 수학여행, 수련활동, 봄/가을 현장체험활동 • 과학의날, 통합교육, 뒤뜰캠핑, 물놀이 체험 • 특수교육원 체험활동
11	평생교육부	학부모회 운영과 학부모 교육 등으로 평생교육의 이념실현
		• 학부모회 관리, 학부모 선진지견학, 학부모 동아리 운영, 학부모 자원봉사 • 가사실, 생활예절실 관리 • 도서관 관리(도서구입 등), 정기간행물 관리(학교소식지, 문집, 사진촬영, 교내앨범)
12	직업교육부	직업교육과 훈련 등으로 취업에 필요한 기술과 지식을 습득하게 하는 부서
		• 전환교육프로그램 운영, 교내외 직업경진대회 훈련 및 참가, 직업평가 및 상담 • 직업교육 물품구입 및 관리, 모의면접대회
13	전공교육부	현장중심 직업체험과 교육으로 취업처를 발굴하고 취업에 성공할 수 있는 능력신장
		• 전공과 교육과정운영 전반, 현장실습, 취업처 발굴, 추수지도, 진로직업설명회 • 전공과 개별화교육, 신입생선발전형, 진로상담실, 복지일자리 관리 • 직업경진대회 훈련 및 참가, 실습실 관리(제과제빵, 스마트팜, 카페, 뷰티케어 등) • 전공과 수익금 관리

순	부서명	주요 업무내용
14	자유학기부	학업의 부담을 줄이고 다양한 경험을 제공하여 진로탐색에 도움을 주는 부서
		• 자유학기 관련 업무총괄, 자유학기 관련 연수, 자유학기 학부모설명회 • 자유학기 관련 교내·외체험, 동아리 운영 • 직업평가, 진로체험의 날
15	교육지원부	교육활동이 원활하게 진행될 수 있도록 교사, 학생을 지원하는 부서
		• 지원인력운영 계획수립, 지원인력 복무관리(사회복무요원, 자원봉사자) • 지원인력 배치, 공무직 근무평가, 사회복무요원 복무포털관리 • 외부인 교내봉사활동 지원
16	환경·자료부	교내환경개선과 수업자료를 구입하고 관리하는 부서
		• 교내 환경정리 및 게시판 관리, 특별실 청소관리, 쓰레기 분리수거 지도 • 교재교구 구입
17	학교기업부	학교기업이 구축되어 있는 학교에서 학생들에게 실제 기업활동을 경험할 수 있게 함
		• 학교기업 계획수립, 기업운영(재료구입, 생산, 판매), 기업관리(인사, 재무, 홍보 등) • 마케팅, 회계관리, 위생안전

3) 위원회조직

위원회조직은 학교업무의 의사결정 조직으로서 구성원의 의사소통과 의사결정의 통로가 되어 민주적인 협의와 합의가 이루어지게 하는 역할을 담당한다. 위원회조직을 교내 인사로만 구성되는 교내 위원회조직과 교외 인사가 참여하는 위원회조직으로 구분하여 살펴보도록 한다(정태범, 1998).

(1) 교내위원회

교내위원회는 대표적인 협의조직인 교무회의를 비롯하여, 기획위원회(부장

회의), 인사자문위원회, 학교교육과정편성 · 운영위원회, 교과협의회, 학업성적관리위원회, 동학년협의회, 학생복지관련위원회, 학교분쟁조정위원회, 교재교구선정협의회, 학생선도위원회, 진로교육운영위원회, 장학생선발위원회, 체육특기자심사위원회, 급식관리위원회, 특기적성교육활동운영위원회, 봉사활동운영위원회, 금연운동추진위원회 등 다수의 위원회가 조직되어 있다.

- 교무회의: 교무회의(직원회의)는 학교 교육목표와 방침, 교육과정의 운영, 학생의 진급과 징계, 생활지도 방침, 교직원 연수, 학교행사, 기타 학교의 주요 사항에 관해 합의하는 과정을 거치는 교직원 전체 회의를 말한다.
- 기획위원회: 기획위원회는 학교운영의 기본적인 주요 사항에 대한 사전 협의와 연구, 직원회의에서 논의할 사항의 사전입안, 학교교육의 전반적 계획의 수립 등의 기능을 수행하는 교장 자문기구이다. 기획위원회는 교장과 교감, 그리고 교무분장상의 각 부서를 대표하는 실무 책임자이자 학교의 중간관리층인 보직교사를 주축으로 구성되는 것이 일반적이다.
- 교원인사자문위원회: 교원인사자문위원회는 합리적이고 민주적인 인사행정을 구현하기 위하여 「교육공무원법」 제3조의 규정에 의하여 설치 · 운영할 수 있다. 교감을 위원장으로 하고, 교사위원은 교사의 의견을 다양하게 수렴하여 모두 7인으로 구성한다. 교원인사자문위원회에서는 주로 학급담임 배정 및 보직교사 임명에 관한 사항, 교무분장조직에 관한 사항 등을 협의한다.
- 교육과정운영위원회: 교육과정운영위원회는 학교 교육과정의 편성과 운영을 위하여 구성된 조직으로, 학교장의 교육과정 운영에 대한 의사결정에 도움을 주는 자문 역할을 담당한다. 교육과정운영위원회에서는 주로 학교교육과정의 편성 및 운영 관련 사항 심의, 교육과정 운영에 대한 자문 등을 협의한다.
- 학교학업성적관리위원회: 학교학업성적관리위원회는 '학교생활기록부 작성 및 관리 지침'에 근거하여 학업성적 평가 및 관리의 객관성, 공정성,

투명성, 신뢰성을 제고하기 위하여 구성되며, 학교의 형편에 따라 타 위원회와 통합 운영할 수 있다. 학교학업성적관리위원회에서는 주로 학교 학업성적 관리 규정의 제 · 개정, 특별활동 상황의 평가 기준 및 방법 등을 협의한다.

- 개별화교육지원팀: 개별화교육지원팀은 「장애인 등에 대한 특수교육법」에서 특수교육대상자의 교육적 요구에 적합한 교육을 제공하기 위하여 보호자, 특수교사, 일반교사, 진로 및 직업교육교사, 특수교육관련서비스 담당 인력 등으로 구성하도록 규정하고 있다. 특수교육 대상 아동은 지능과 정서, 학습 능력과 학습 습관, 생활유형 등이 각자 다르고 다른 사람과는 비교할 수 없는 독특한 행동특성을 보이기 때문에 학습에서도 개인의 능력이나 심리적 특성에 맞추어서 교육을 실시해야 한다. 개별화교육지원팀은 학기 초 2주 이내에 구성하고 4주 이내에 개별화교육계획을 작성하도록 되어 있다.

(2) 학교운영위원회

학교운영위원회는 「초 · 중등교육법」 제31조 및 동법 시행령 관계 법규에 근거하여 설치 · 운영되는 법정위원회로서, 학교운영의 자율성을 높이고 지역의 실정과 특성에 맞는 다양하고도 창의적인 교육을 할 수 있도록 학교운영위원회를 구성하도록 하였다. 학교구성원인 교원대표, 학부모대표 및 지역사회 인사 등으로 구성하며 학교규모에 따라 5명 이상 15인 이하의 범위에서 위원회를 구성할 수 있다. 학교운영위원회에서 심의하는 주요 안건(「초 · 중등교육법」 제32조)은 학교헌장과 학칙의 제정 또는 개정, 학교의 예산안과 결산, 학교교육과정의 운영방법, 교과용 도서와 교육자료의 선정, 교복 · 체육복 · 졸업앨범 등 학부모경비 부담사항, 정규학습시간 종료 후 또는 방학기간 중의 교육활동 및 수련활동, 공모교장의 임용평가, 초빙교사의 추천, 학교운영지원비의 조성 및 운용, 학교급식, 대학입학 특별전형 중 학교장 추천, 학교운동부의 구성 · 운영, 학교운영에 대한 제안 및 건의사항, 학교발전기금의 조성 및 사용 등이다.

다음은 ○○특수학교의 학교운영위원회 공고문과 회의록이다.

【공고 제2024-○호】

제22회 학교운영위원회 임시회 소집 공고

○○특수학교운영위원회 규정 18조에 따라 다음과 같이 제22회 임시회 소집을 공고합니다.

1. 일시: 20○○. ○○. ○○. (목) 09:30
2. 장소: 본교 학교운영위원회실
3. 안건
   가. ○○특수학교 교권보호위원회 구성 및 운영에 관한 규칙 폐지(안)
   나. 국군의 날(10월 1일) 임시공휴일 지정에 따른 학사일정 변경(안)
   다. 2024학년도 가을 현장체험학습 운영 계획(안)
4. 참관 안내

학교운영위원회 회의에 참관하실 분은 회의 당일 학교운영위원회 회의실에 마련된 참관인석에서 참관하실 수 있으며, ○○특수학교운영위원회 회의 운영 규칙 제50조(방청인의 준수 사항)의 사항을 준수하여 주시기 바랍니다.

※ 학부모, 교직원, 학생, 지역주민 방청 가능

20○○년 ○○월 ○○일

○○특수학교장(관인생략)

【회의록】

가. 개회선포 및 국민의례

- **간사(신○○)**: 지금부터 **제22회 ○○특수학교운영위원회 임시회**를 개회하겠습니다.
  먼저 국민의례가 있겠습니다. 모두 국기를 향해 일어서 주시기 바랍니다. 국기에 대한 경례! 바로. 자리에 앉아 주시기 바랍니다.

- 교장선생님의 인사 말씀 및 주요 학교 운영 현황 설명이 있겠습니다.

- **교장(송○○)**: 바쁜 일정 가운데에도 회의에 참석해 주신 위원장님, 위원님 감사합니다. 올해는 학예회 대신 학부모, 학생, 교직원이 함께하는 운동회 형식의 놀이한마당을 운영을 하였는데 학부모님들도 적극적으로 참여해 주시고 교육공동체가 함께하는 유익하고 뜻깊은 시간이 되었습니다. 모두의 만족도가 높은 행사여서 앞으로는 학예회와 운동회를 격년으로 운영해 볼 예정입니다. 늘 학생과 교사를 위로해 주시고 격려해 주셔서 감사의 말씀을 드리며, 계속해서 학교 발전을 위해 위원님들의 많은 의견 부탁드립니다.
- **간사(신○○)**: 네. 이어서 위원장님의 인사말씀과 개회선포가 있겠습니다.
- **위원장(이○○)**: 반갑습니다. 오늘은 제22회 ○○특수학교운영위원회 임시회의 날입니다. 이번 놀이한마당을 위해 애써 주신 교장선생님과 선생님들 고생 많으셨고 뜻깊은 시간이었습니다. 앞으로도 학생들이 행복한 학교생활을 할 수 있도록 부탁을 드리겠습니다. 위원님들께도 학교 발전을 위해 많은 의견 부탁드립니다.
  (개의선포) 운영위원 6명 중 6명이 참석하시어 성원이 되었으므로 제22회 ○○특수학교운영위원회 임시회를 개의하겠습니다.

- 간사님께서는 보고사항을 말씀해 주십시오.

- **간사(신○○)**: 네. 보고사항을 간단히 말씀드리겠습니다. 지난 제21회 학교운영위원회 심의 안건 2024학년도 학사일정 변경 운영(안) 외 8건은 원안대로 처리되었으며, 이번 임시회는 학교장으로부터 20○○. ○○. ○○. 임시회 소집 요구가 있어 제22회 학교운영위원회 임시회를 소집하게 되었습니다.

금회 안건은

1. ○○특수학교 교권보호위원회 구성 및 운영에 관한 규칙 폐지(안)
2. 국군의 날(10월 1일) 임시공휴일 지정에 따른 학사일정 변경(안)
3. 2024학년도 가을 현장체험학습 운영 계획(안)

총 3건입니다.

이상 보고를 마치도록 하겠습니다.

- **위원장(이○○)**: 행정실장님 수고하셨습니다.

나. 의사 일정 상정 및 표결

- **위원장(이○○)**: 지금부터 **제22회 ○○특수학교운영위원회 임시회 회기결정 건**을 상정합니다.

이번 임시회의 회기는 금일 1일로 하고 그 의사일정은 배부해 드린 일정과 같이 진행하고자 하는데 위원 여러분께서는 이의가 없으십니까?

(전 위원 이의가 없음을 확인)

이의가 없으므로 제22회 운영위원회 임시회는 금일 1일로 가결되었음을 선포합니다.

- **위원장(이○○)**: 다음은 의사일정 **제1안 안건번호 154번 '○○특수학교 교권보호위원회 구성 및 운영에 관한 규칙 폐지(안)'**을 상정합니다.

제안자로부터 제안 설명을 듣도록 하겠습니다.

- **제안자(장○○)**: 안녕하십니까? ○○특수학교 교권보호위원회 구성 및 운영에 관한 규칙 폐지 심의 안건에 대해 말씀드리겠습니다. 교원의 지위 향상 및 교육활동 보호를 위한 특별법 개정에 따라 교권보호위원회 설치 기관이 학교에서 교육지원청으로 변경이 되었습니다. 그에 따라 ○○특수학교 교권보호위원회 구성 및 운영에 관한 규칙을 폐지하고자 합니다. (이하 제안 설명)
- **위원장(이○○)**: 네. 제안 설명 잘 들었습니다. 위원님께서는 의문사항이나 궁금한 사항이 있으면 질의하여 주시기 바랍니다.

- **위원장(이○○)**: 그러면 학교에 교원보호위원회는 없어진 것이죠?
- **학교장(송○○)**: 학교에 설치가 되어 있어 교원들이 얘기를 해도 위원회를 잘 열어 주지 않는다는 인식이 있었습니다. 그래서 학교 안에서 은폐 축소를 할 수 없게끔 교육지원청으로 넘어간 것입니다.
- **위원장(이○○)**: 잘 알겠습니다. 다른 의견은 없으십니까?
- **전 위원**: 없습니다.
- **위원장(이○○)**: 그럼 다른 질문이 없기에 본안은 원안대로 심의 가결되었음을 선포합니다.

- **위원장(이○○)**: 다음은 의사일정 **제2안 안건번호 155번 '국군의 날(10월 1일) 임시공휴일 지정에 따른 학사일정 변경(안)'**을 상정합니다.
제안자로부터 제안 설명을 듣도록 하겠습니다.
- **제안자(장○○)**: 제안 설명을 시작하겠습니다. 정부는 국민의 안보 의식을 고취하고, 국군의 자긍심 고취 및 사기 진작 등을 위하여 국군의 날(10월 1일)을 임시공휴일로 지정하였습니다. 이에 안정적인 학사 운영을 위해 수업일수가 조정됨에 따라 학사일정 변경안을 학교운영위원회에 심의안건으로 제안합니다. (이하 제안 설명)
- **위원장(이○○)**: 네. 제안 설명 잘 들었습니다. 위원님께서는 의문사항이나 궁금한 사항이 있으면 질의하여 주시기 바랍니다.
- **학교장(송○○)**: 국군의 날이 임시공휴일로 갑자기 되면서 재량휴업일을 하루 조정해도 되나, 우리 학교의 경우 여름방학이 너무 짧아 교직원들의 피로도가 높은 상황에서 재량휴업일을 빼는 대신 방학을 하루 늦추는 것으로 조정을 하였습니다.
- **위원장(이○○)**: 잘 알겠습니다. 다른 의견은 없으십니까?
- **전 위원**: 없습니다.
- **위원장(이○○)**: 그럼 다른 질문이 없기에 본안은 원안대로 심의 가결되었음을 선포합니다.

- **위원장(이○○)**: 다음은 의사일정 **제2안 안건번호 156번 '2024학년도 가을 현장체험학습 운영 계획(안)'**을 상정합니다.
  제안자로부터 제안 설명을 듣도록 하겠습니다.
- **제안자(황○○)**: 제안 설명을 시작하겠습니다. 장애 특성과 생활 연령에 맞는 다양한 체험학습을 통해 심신을 단련하고 공동체 의식을 함양하여 건강한 사회 구성원으로서의 자질과 장애 극복 의지를 기르기 위하여 2024학년도 가을 현장체험학습 운영 계획안에 대한 심의를 받고자 합니다. 당초안에서는 통학버스 3대와 임차버스 1대로 이동을 할 예정이었으나 원활한 운영을 위해 임차버스를 2대로 운행하고자 하며, 임차버스 1대 추가 증차, 출장여비, 운영물품 구입 예산이 추가되어 당초 5,873,300원에서 7,366,800원으로 예산 지출 계획도 증액됨에 따라 당초안에서 수정을 하고자 합니다. (이하 제안 설명)
- **위원장(이○○)**: 네. 제안 설명 잘 들었습니다. 위원님께서는 의문사항이나 궁금한 사항이 있으면 질의하여 주시기 바랍니다.
- **위원(임○○)**: 전교생이 현장체험학습을 가면 보건선생님은 학교 잔류를 하시나요?
- **제안자(황○○)**: 보건선생님도 의료 키트를 가지고 같이 갈 예정입니다.
- **위원장(이○○)**: 놀이공원을 갔는데 놀이기구를 많이 타지 못하고 오면 학생들이 아쉬워하겠습니다.
- **학교장(송○○)**: 맞습니다. 종일 입장권을 구매했는데 체험을 많이 못 하고 돌아와야 한다면 학생들이 아쉬워할 거 같아 통학버스 주무관님들의 협조를 통해 전교생 하교를 이번에는 3시에서 4시로 늦추어, 하교 노선대로 학생들을 통학버스에 태워서 역방향으로 하교를 할 수 있도록 시간 변경을 하고자 합니다. 차질 없이 될 수 있도록 시간 변경을 하도록 하겠습니다. 또한 전공과 학생들은 졸업여행을 대신하여 이번 체험학습을 가게 되었기에 아쉬움 없이 체험학습을 할 수 있도록 별도의 임차버스를 한 대 더 증차하고자 합니다. 그동안 체험학습을 가게 되면 점심을 학교에서 제공을 했는데 가격 대비 식단의 질이 떨어지거나 단체도시락 주문의 경우 개별 맞춤이 안 되는 등의 문제가 있어 내년 봄 현장체험학습에는 학생들 입에 맞는 도시락을 가정에서 한번 준비해 주시는 건 어떨까 합니다.
- **위원(임○○)**: 편식 학생들 파악이 되어 있을 텐데 거기에 맞추어 점심 제공

이 안 될까요?

- **학교장(송○○)**: 각각 다른 메뉴로 점심을 먹는 게 현실적으로 준비도 어렵지만 점심 먹는 데에 시간이 많이 소요되어 현장체험학습의 의미가 없어집니다. 점심시간을 단축하면 체험 활동에 더 많은 시간을 쓸 수 있고 도시락을 준비하지 못하는 학생들은 학교에서 대체 급식을 준비하는 방향으로 해 봤으면 합니다.
- **위원(임○○)**: 시도해 보시고 문제점이 발생하면 조정하는 것으로 하면 좋을 거 같습니다.
- **위원장(이○○)**: 놀이공원에서는 학생들의 흥분도가 올라가 돌발행동이 많이 나올 수 있는데 아무쪼록 사고 없이 안전하게 잘 다녀오시기를 바랍니다.
- **위원장(이○○)**: 잘 알겠습니다. 다른 의견은 없으십니까?
- **전 위원**: 없습니다.
- **위원장(이○○)**: 그럼 다른 질문이 없기에 본안은 수정안대로 심의 가결되었음을 선포합니다.

다. 기타 토의

- **위원장(이○○)**: 위원님 기타 토의시간입니다. 의문사항이나 궁금한 사항이 있으면 질의 및 토의하여 주시기 바랍니다.
- **전 위원**: 없습니다.
- **위원장(이○○)**: 별다른 기타 토의 사항이 없다면, 이상으로 기타 토의를 마치도록 하겠습니다.
- **전 위원**: 네, 수고 많으셨습니다.

라. 폐회

- **위원장(이○○)**: 이번 제22회 ○○특수학교운영위원회 임시회의에도 참석하시어 열띤 토의를 해 주신 점 감사합니다. 그리고 회의를 위해 여러 자료를 준비하신 교직원 여러분 수고가 많으셨습니다. 이상으로 제22회 ○○특수학교운영위원회 임시회를 모두 마치도록 하겠습니다. 위원 여러분! 그리고 관계 교직원 여러분! 수고 많으셨습니다. 폐회를 선포합니다.

(3) 학교폭력전담기구

「학교폭력 예방 및 대책에 관한 법률」 제14조에 의거하여 학교장은 학교폭력 예방과 대책 관련 사항을 규정함으로써 피해학생 보호, 가해학생 선도・교육 및 피해학생과 가해학생 간의 분쟁조정을 통하여 학생의 인권을 보호하고 학생을 건전한 사회구성원으로 육성하기 위하여 학교에서 학교폭력 문제를 담당하는 학교폭력전담기구를 구성하여야 한다. 학교폭력전담기구의 구성원은 교감, 전문상담교사, 보건교사, 학교폭력담당교사, 학부모 등이 되며 이때 학부모위원은 학교운영위원회의 추천을 받아 학교장이 위촉하며 학부모위원은 구성원의 1/3 이상이어야 한다. 학교에서 폭력사안이 발생하면 학교폭력전담기구에서 사안을 조사하고 지역교육청 내의 학교폭력대책심의위원회에 보고한다. 지역교육청 학교폭력대책심의위원회는 교장, 교감, 생활지도 부장, 담당자 외에도 교외 인사인 학부모대표(학교운영위원장, 학부모회장 등)와 관할 경찰서의 담당경찰, 법조인, 의사 등이 참여하게 된다.

학교폭력전담기구에서 조사해 본 결과 사안이 경미하거나 피해학생 및 그 보호자가 상급기관인 심의위원회의 개최를 원하지 아니하는 경우에는 학교장은 자체적으로 해결할 권한을 가질 수 있다. 학교장 자체해결로 사안이 종결된 경우 즉시, 심의위원회에 보고하여야 한다. 학교에서 일어나는 모든 폭력사안이 범죄로 분류되는 것은 아니다. 발달기에 있는 청소년은 심리적으로 불안하고 혼란을 겪을 수 있는 시기이므로 사소한 문제가 폭력사안으로 나타날 수 있으며 충분히 생활지도와 선도로써 계도가 가능할 수 있다. 이러한 교육적 선도와 생활지도의 역할을 강화하는 측면에서 학교장 자체해결의 출구를 개설해 놓은 것이다.

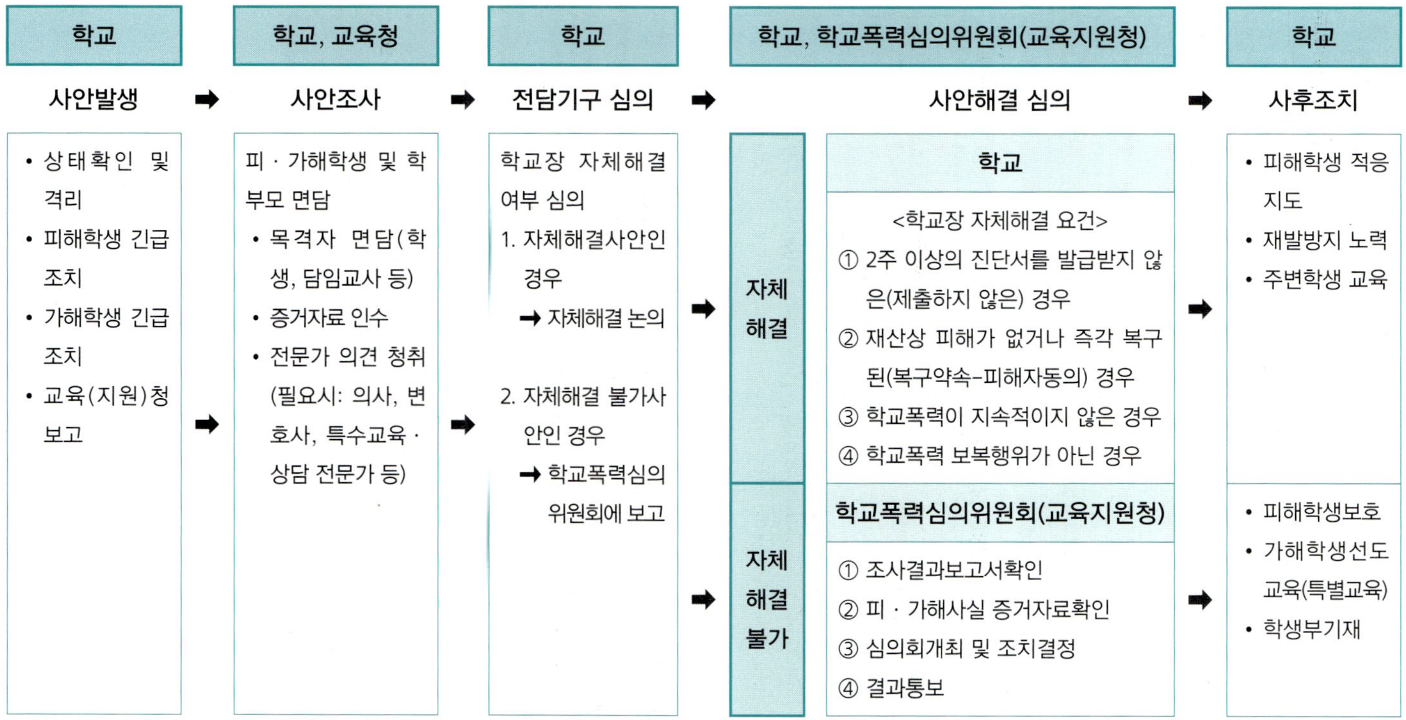

그림 2-4 학교폭력 사안처리 전체 흐름도

학교장 자체해결 동의서(피해학생이 여러 명일 경우 개인별 작성)

* 접수번호: ○○학교 24-○호

피해(추정)학생	소속학교	학년반	학생성명	보호자성명
가해(추정)학생	소속학교	학년반	학생성명	보호자성명
사안 유형	간단히 기입			

학교장 자체해결 가능 요건	충족	미충족
1. 2주 이상의 신체적·정신적 치료를 요하는 진단서를 발급받지 않은(제출하지 않은) 경우		
2. 재산상 피해가 없는 경우 또는 재산상 피해가 즉각 복구되거나 복구 약속이 있는 경우		
3. 학교폭력이 지속적이지 않은 경우		
4. 학교폭력에 대한 신고, 진술, 자료제공 등에 대한 보복행위(정보통신망을 이용한 행위를 포함)가 아닌 경우		

본 사안 조사 내용을 확인하였으며, 이 사안에 대해서
학교폭력대책심의위원회를 개최하지 않고 학교장이
자체해결하는 것에 대해 동의합니다.

20 년 월 일

피해학생: (서명 또는 인)

피해학생 보호자: (서명 또는 인)

○○학교장 귀중

그림 2-5 학교폭력 사안처리 관련 양식 1

학교폭력대책심의위원회 개최 요청서
(학교장 자체해결 후 개최 요청하는 경우)

* 접수번호: ○○학교 24-○호

<table>
<tr><td rowspan="3">신청인</td><td>소속학교</td><td>학년반</td><td>학생성명</td><td>보호자성명</td></tr>
<tr><td></td><td></td><td></td><td></td></tr>
<tr><td>주소</td><td colspan="3"></td></tr>
<tr><td>신청사유</td><td colspan="4">(예시)
1. 해당 학교폭력사건으로 인한 재산상 손해를 가해학생 및 그 보호자가 복구하기로 약속하였으나 이행하지 않은 경우
2. 해당 학교폭력 사건의 조사과정에서 확인되지 않았던 사실이 추가적으로 확인된 경우 등의 사유를 구체적으로 기술</td></tr>
<tr><td colspan="5">「학교폭력예방 및 대책에 관한 법률」 제13조 제2항에 따라
위와 같이 신청합니다.</td></tr>
<tr><td colspan="5">20○○. ○○. ○○.

피해학생 (서명 또는 인)
보호자 (서명 또는 인)

○○○○학교장 귀중</td></tr>
</table>

※ 본 요청서는 학교장 자체해결 사안으로 처리된 후, 가해학생 및 그 보호자가 약속한 재산상 피해가 복구되지 않았거나, 복구 약속을 이행하지 않았거나, 조사과정에서 확인되지 않았던 새로운 사실이 추가적으로 확인된 경우 심의위원회 개최를 요구하는 서식이다.

※ 해당 요청서는 학교장이 접수하여 심의위원회 개최 요구 공문에 첨부함.

그림 2-6 학교폭력 사안처리 관련 양식 2

학교폭력전담기구 구성원 명부(예시안)

연번	성명	소속	연락처	위촉기간	자격
1	○○○	○○○학교	(생략 가능)	20○○. ○○. ○○.~ 20○○. ○○. ○○.	교감
2	○○○	○○○학교			책임교사
3	○○○	○○○학교			상담교사
4	○○○	○○○학교			보건교사
5	○○○	○○○학교 ○학년			학부모
6	○○○	○○○학교 ○학년			학부모
7	–	이하	여백	–	
8					
9					
10					

※ 교감이 없는 학교의 경우는 교감 업무대행자 등 가능

20○○. ○○. ○○.

○○○○학교장

그림 2-7 학교폭력 사안처리 관련 양식 3

학교폭력전담기구 학부모구성원 추천서

연번	성명	자녀		연락처	기간	자격
		학년	이름			
1 (예시 1)	○○○	○학년	○○○	(1년 경우)	2024. 03. 01.~ 2025. 02. 28.	학부모
2 (예시 2)				(2년 경우)	2024. 03. 01.~ 2026. 02. 28.	
3 (예시 3)				중간 교체 경우	2024. 09. 01.~ 2025. 02. 28.	
4						

※ 2월 말경에 추천하는 경우 입학이 확정된 1학년 학생의 학부모도 가능

운영위원회 확인

자격	성명	날인	자격	성명	날인
위원장	○○○		위원	○○○	
위원			위원		
위원			위원		
위원			위원		
위원			위원		

20○○. ○○. ○○.

○○○○학교 운영위원회

※ 운영위원회에서 본 양식으로 추천하고, 학교장이 위촉

※ '학교운영위원회 추천'이 반드시 운영위원회 개최를 의미하는 것은 아님. 전담기구 학부모구성원 추천서에 운영위원들이 추천하는 학부모 구성원을 적고 날인을 하는 것도 가능함.

※ 운영위원회에서 복수로 추천 가능(1명 필요시 1명/2명/3명 추천 가능): 운영위원회가 선출하는 것이 아니라 추천하고, 학교장이 최종 위촉하는 것임.

※ 중간에 학생 전학 등으로 교체되는 경우(추천서 필요)는 전임 구성원의 잔여 임기

※ 2월 말에 구성을 마쳐 3월 1일부터 운영될 수 있도록 하여야 함.

※ 전담기구 교사 구성원의 경우는 추천 형식 필요 없음(학교장이 위촉하면 됨).

※ 본 추천서를 '학교폭력전담기구 구성 및 운영' 내부 결재 시 첨부할 것. 운영위원회가 추천했다는 증빙서류가 됨.

그림 2-8 학교폭력 사안처리 관련 양식 4

참고문헌

경상남도교육청(2021). 2022자율형종합감사 감사사례집(경남교육 2022-060).

경상남도교육청(2021). 2022자율형종합감사 운영매뉴얼(경남교육 2022-058).

경상남도교육청(2024). 2024 경남학교폭력사안처리 가이드북(경남교육 2024-070).

김명한, 박명량, 박종렬, 이문용(1988). 교육행정 및 경영. 서울: 형설출판사.

김종철, 진동섭, 허병기(1990). 학교학급경영론. 서울: 한국방송통신대학교출판문화원.

이순형(1999). 교육학대백과사전(학교경영론). 서울대학교교육연구소. 서울: 하우동설출판사.

정태범(1994). 교육행정학 기초와 발전. 서울: 정민사.

정태범(1998). 학교경영계획론. 서울: 양서원.

진동섭(1999). 교육학대백과사전(학교조직론). 서울대학교교육연구소. 서울: 하우동설출판사.

경상남도교육청: HOME > 감사관 > 자율형 종합감사 > 주요지적사례 > (교무·학사)주요지적사례.

경상남도교육청: HOME > 민원·참여 > 민원안내 > 적극행정 > 적극행정이란, 적극행정자료실.

제3장

특수학교 교육과정

1 학교와 교육과정

1) 특수교육대상자와 특수학교

우리나라는 「초 · 중등교육법」 제13조에 따라서 초등학교 6년과 중학교 3년간 의무교육을 보장하고 있다. 초등학교는 만 6세 아동부터 입학이 가능하며, 중학교는 일반적으로 초등학교를 졸업 후 만 12~15세에 해당하는 학생이 입학한다. 반면에 고등학교는 원칙적으로 중학교를 졸업했거나 중학교 졸업과 동등 이상의 학력이 인정되는 경우 입학이 가능하다. 특수교육대상자에게도 이 규정은 동일하게 적용된다. 다만, 특수교육대상학생에게는 「장애인 등에 대한 특수교육법」 제3조에 따라 고등학교 과정도 의무교육으로 하고 있다.

일반학생과는 달리 특수교육대상자로 진단과 평가를 받은 아동은 학부모의 희망을 바탕으로 지역교육청 특수교육 선정 및 배치 위원회를 거쳐서 어느 학교로 배치될지가 결정된다. 보통의 경우 특수교육대상학생은 거의 일반학교(특수학급 포함)나 특수학교로 배치된다.

여기서 특수학교는 「초 · 중등교육법」 제12조에서는 우리나라 교육기관 중 하나로, 특수교육대상자에게 유치원, 초등학교, 중학교, 고등학교(전공과를 포함)의 교육을 실시하는 국립, 공립 및 사립 학교를 의미한다. 또한 「장애인 등에 대한 특수교육법」 제2조에서는 특수교육대상자에게 유치원, 초등학교, 중학교 또는 고등학교(전공과 포함)의 과정을 교육하는 특수학교 및 특수학급을 특수교육기관이라고 정의하고 있다.

2) 교육과정과 관련 법규

학교는 「초 · 중등교육법」 제23조에 따라 학교교육과정을 반드시 편성하고 운영하여야 한다. 그러면 학교교육과정을 편성하기 위해서 교사 입장에서는 무엇을 어떻게 해야 하나? 여기서는 교사 입장에서, 국가나 지역청 수준의 교육과정으로부터 학교 수준 교육과정과 교사 수준의 교육과정을 어떻게 마련해 나가는지 개괄적으로 살펴보겠다.

일반적으로 교육과정은 편성자의 주체에 따라서 다음과 같이 네 가지 수준으로 나눌 수 있다(서울특별시교육청, 2021).

(1) 국가 수준 교육과정(national based curriculum)

「초 · 중등교육법」 제23조 제2항에 따라 교육부가 편성한 교육과정으로, 우리나라 교육과정의 기준과 내용에 관한 기본적인 사항을 담고 있다.

이 교육과정은 학생들에게 '무엇을, 어떤 수준과 범위로 가르치고 어떻게 평가'할 것인가에 대해 가장 기본적으로 지켜야 하는 사항을 포괄적으로 제시하고 있다. 우리나라는 2025년 현재 국가 수준 교육과정으로 '2022 개정 교육과정'을 교육부에서 공시하고 있다.

(2) 지역 수준의 교육과정(local based curriculum)

「초 · 중등교육법」 제23조 제2항에 따라 각 시 · 도 교육청이 국가 수준 교육과정을 바탕으로 각 지역별 특성과 지역사회의 교육적 요구를 반영하여 만들어진 교육과정이다.

현실적으로 지역 수준 교육과정은 매년 2월에 시 · 도 교육청 홈페이지에

'시 · 도 교육청 교육과정 편성 · 운영 지침'이라는 이름으로 공시가 된다.

(3) 학교 수준 교육과정(school based curriculum)

「초 · 중등교육법」 제23조 제1항에 따라 각 학교마다 학교의 실정과 특색, 그리고 학생과 학부모의 요구를 반영하여 만들어진 교육과정이다. 구체적으로 말하자면, 위에서 살펴본 '국가 수준 교육과정'과 '시 · 도 교육청 교육과정 편성 · 운영 지침'이라는 큰 틀 안에서 각 학교의 특색, 학생의 특성 및 교육적 요구 등을 반영하여 학교마다 자율적으로 편성하는 교육과정이다.

이렇게 학교마다 자율적으로 편성하는 교육과정 수립과정은 다음에서 자세히 살펴보기로 한다.

(4) 교사 수준 교육과정(classroom based curriculum)

학교 교육과정에서 규정하는 교육목표와 교육내용을 달성하기 위해서 교사의 실제 수업에 적용되는 교육과정이다. 이 교육과정은 교사가 실제로 교실 수업에 적용하기 위해 학교교육과정을 각각 해석하고, 학생의 학습적 요구나 수준, 특색 등을 고려해 필요한 수정 및 변경, 통합 등의 재구성을 거친 교육과정이다. 그러므로 교사 수준의 교육과정은 학교현장에서 실행되는 교육과정이며, 학생들이 배우기를 기대하는 또는 기능하기를 기대하는 구체적인 차시별 목표와 내용 그리고 평가방법을 포함하는 실행 중심의 구체적인 교육과정이다. 또한 교사 수준의 교육과정은 교사의 전문성과 자율성을 바탕으로 만들어지는 자율적인 교육과정이라고 할 수 있다.

대표적인 예로, 교과별 연간지도계획서, 연간 개별화교육계획서, 차시별 교수 · 학습 계획서, 자유학기제 운영 프로그램, 교과융합 프로젝트 등을 들 수 있다.

예비교사는 국가 수준의 교육과정에서 단시 교수 · 학습지도안까지 연결된다는 사실을 잘 알지 못한다. 그러나 예비교사라면 자신의 과목 수업에서 학교교육과정이 어떻게 적용되어 차시별 교수 · 학습계획표 등이 마련되는지를 반드시 알아야 한다. 이 과정은 다음에서 자세히 설명하고자 한다.

3) 특수교육 교육과정 관련 법규

특수교육대상자가 배치되는 특수학교나 일반학교 특수학급도 일반학교처럼 「초 · 중등교육법」 제23조에 따라서 국가 수준 교육과정과 시 · 도 교육청 교육과정 편성 · 운영 지침을 바탕으로 교육과정을 편성하고 운영하여야 한다. 다만, 일반학교 교육과정과는 달리 특수학교 교육과정은 특수교육대상자의 장애 수준과 특색을 고려하여 편성 및 운영하여야 하므로 약간 다르게 규정하고 있다.

그리고 편성 주체가 특수학교냐 또는 일반학교의 특수학급이냐에 따라서도 교육과정이 약간 다를 수도 있다. 특수학교는 2022 개정 특수교육 교육과정에 제시된 기본교육과정, 공통교육과정, 선택교육과정을 기반으로 편성 · 운영되는 반면, 특수학급은 특수교육 교육과정뿐만 아니라 장애학생의 장애특성, 교육적 요구, 학습수행능력 등을 고려하여 해당 학교 일반학생에게 적용되는 일반학교 교육과정도 같이 적용할 수 있다는 점에서 다르다.

2 특수학교 교육과정의 편성 및 운영

1) 특수학교 교육과정

위에서 특수학교를 포함하여 모든 학교는 「초 · 중등교육법」 제23조 등에 따라 반드시 학교교육과정을 편성해 운영하여야 한다는 것을 알아보았다. 그래서 대부분 학교는 국가 및 지역청 수준의 교육과정이라는 큰 틀을 준수하면서, 지역마다 학교마다 학생마다 다를 수 있는 다양한 교육적 요구를 반영하는 특색 있는 학교교육과정을 마련하려고 한다.

특수학교도 마찬가지이다. 특히 특수학교마다 편성하는 학교교육과정은 국가 수준 교육과정에서 밝히고 있는 '특수교육 교육과정'을 바탕으로 이루어진다. 이러한 특수학교 교육과정은 「장애인 등에 대한 특수교육법」 제20조에 다음과 같이 규정하고 있다.

제20조(교육과정의 운영 등)

① 특수교육기관의 유치원 · 초등학교 · 중학교 · 고등학교 과정의 교육과정은 장애의 유형 및 정도를 고려하여 국가교육위원회가 정하고, 영아교육과정과 전공과의 교육과정은 교육감의 승인을 받아 학교장이 정한다. 〈개정 2008. 2. 29., 2013. 3. 23., 2019. 12. 10., 2021. 7. 20.〉

② 특수교육기관의 장 및 특수교육대상자가 배치된 일반학교의 장은 제1항에 따른 교육과정의 범위 안에서 특수교육대상자 개인의 장애유형과 정도, 연령, 현재 및 미래의 교육요구 등을 고려하여 교육과정의 내용을 조정하여 운영할 수 있다. 〈개정 2019. 12. 10.〉

③ 특수학교의 장은 교육감의 승인을 받아 유치원 · 초등학교 · 중학교 · 고등학교과정을 통합하여 운영할 수 있다.

이 규정에 따라 국가교육위원회에서는 교육과정의 기준과 내용에 관한 기본적인 사항을 정하여 국가 수준의 교육과정인 특수교육 교육과정을 교육부 고시로 공시하고 있다. 또한 「초 · 중등교육법」 제23조에 따라 교육감도 국가교육위원회가 정한 교육과정의 범위에서 지역의 실정에 맞는 기준과 내용을 정할 수 있다.

특히 2022 개정교육과정을 중심으로 특수교육 교육과정 규정을 살펴보면, 주로 다음과 같은 특징을 알 수가 있다.

첫째, 일반학교 교육과정처럼 특수학교 교육과정도 유치원 교육과정과 공통교육과정 그리고 선택교육과정으로 나눠 운영되고 있다. 여기서 유치원 교육과정은 만 3세부터 초등학교 취학 전까지의 아동을 대상으로 하며, 「유아교육법」 제13조에 따라 국가교육위원회가 정하는 유치원 교육과정에 준하여 편성된 교육과정으로 규정하고 있다. 또한 공통교육과정은 초등학생 및 중학생을 대상으로, 「초 · 중등교육법」 제23조에 따라 국가교육위원회가 정하는 초등학교 및 중학교 교육과정에 준하여 편성된 과정으로 규정하고 있다. 그리고 선택교육과정은 고등학생을 대상으로, 「초 · 중등교육법」 제23조에 따라 국가교육위원회가 정하는 고등학교 교육과정에 준하여 편성된 과정이라고 밝히고 있다.

둘째, 일반학교 교육과정과는 다르게 특수학교 교육과정에는 해당 지역 교육감의 승인 아래 각 특수학교마다 필요시 영아교육과정과 전공과의 교육과정의 내용과 수준을 정하여 운영할 수 있다.

셋째, 일반학교 교육과정에는 없지만 특수학교 교육과정에는 기본교육과정을 별도로 운영하고 있다. 이 기본교육과정은 발달지체를 포함한 지적장애, 중도중복장애 등을 지닌 특수교육대상자를 대상으로 장애 특성 및 교육적 요구 등을 고려하여 적용하는 맞춤형 교육과정이다. 이런 이유로 기본교육과정에서는 교과와 창의적 체험활동뿐만 아니라, 일상생활활동 교과를 신설해 교과 수업에 어려움이 많은 중도중복장애학생에게 교육과정으로 편성 · 운영하도록 허용하고 있다.

넷째, 일반학교 교육과정 시수 운영과는 다르게 특수학교에서는 교과(군)별, 창의적 체험활동, 일상생활활동 간 50% 범위 내에서 시수를 자율적으로 증감하여 편성 · 운영할 수 있다. 단, 체육, 예술(음악/미술) 교과는 기준 수업시수를 감축하여 편성 · 운영할 수 없다. 또한 기본교육과정을 운영하는 경우 장애 정도가 심한 중도중복장애 등 지닌 학생을 위해서 교과(군)별 50% 범위 내에서 시수를 감축하여 일상생활활동으로 편성할 수도 있다.

2) 특수학교 교육과정의 편성 절차

특수학교 교육과정 편성 및 운영 절차도 일반학교와 유사하다. 일반학교처럼 특수학교도 교육과정의 준비, 편성, 운영 그리고 평가의 4단계로 나눠서 이루어진다. 각 단계별 주요 내용은 〈표 3-1〉과 같다.

표 3-1 학교교육과정 편성 · 운영 절차

단계	시기	주요 내용
준비 단계	11~1월	• 학교교육과정위원회 조직 • 기초조사 실시를 통한 결과분석 및 시사점 반영
편성 단계	1~2월	• 학교교육과정 기본 방향 설정에 따른 편성안 작성 • 학교교육과정 편성안 심의 및 확정
운영 단계	3월~익년 2월	• 교과 운영: 교과시수 증감, 자유학기(년)제, 진로교육, 집중이수제, 블록타임제 운영 등 • 창의적 체험활동 운영
평가 단계	12월~익년 1월	• 학생 평가: 교과 평가, 창의적 체험활동 평가 • 학교교육과정 평가: 계획, 실행, 활용

(1) 준비 단계

학교교육과정을 편성하기 위해서는 먼저 교육부 고시(2017-108호)에 따라 '학교교육과정위원회'를 구성하여야 한다. 학교교육과정위원회는 대체로 당해 연도 11~1월경 구성되어 다음 연도에 적용할 학교교육과정을 준비한다. 그리고 학교 교육과정을 구성하면서 다음 연도 교육과정 수립을 위한 기초조사 활동을 실시하면서 당해 연도의 평가가 함께 이루어져 다음 연도의 준비와 동시에 진행된다.

① 학교교육과정위원회 구성 및 활동

학교교육과정위원회는 교육과정의 편성과 운영에 대한 주요 사항을 결정하는 위원회로, 학교공동체의 의견을 반영하기 위해서 해당 학교 관리자, 관련 교과목 교원, 학부모 등으로 구성된다.

학교교육과정위원회는 일반적으로 기획조정분과, 교과 혹은 학년분과, 교재개발분과, 평가분과 등으로 구성된다. 농어촌 학교나 소규모 학교 등에서는 학교교육과정위원회의 규모보다 지역이나 학교의 특색을 살리는 특색 있는 학교교육과정 운영 계획을 수립할 수 있도록 학내 교과연구회 등 실질적인 조직이 교과분과 등을 대신할 수도 있다.

일반적인 학교교육과정위원회의 조직도는 [그림 3-1]과 같다. 하지만 지역적 특성이나 학교의 규모, 교육과정의 중점사항을 어디에 두느냐 등에 따라서 조직도가 달라질 수 있다는 점을 명심하기 바란다.

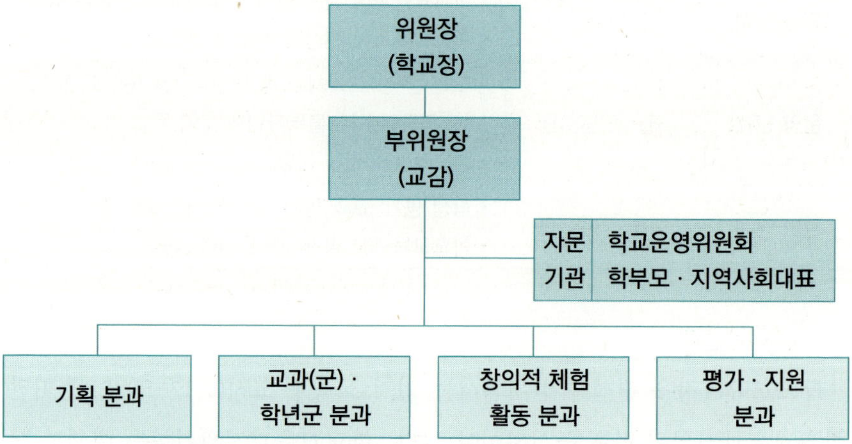

그림 3-1 학교교육과정 편성 · 운영 위원회 조직도(예시)

참고 학교운영위원회 vs. 학교교육과정위원회

1. 학교운영위원회

학교운영위원회는 「초 · 중등교육법」 제31조에 따라 특수학교를 포함한 모든 학교에 구성 · 운영되어야 하는 자치기구이다. 학부모, 교원, 지역 인사가 참여하여 학교운영에 관한 중요한 사항을 결정하는 역할을 한다. 이러한 학교운영위원회는 심의기구로서 「초 · 중등교육법」 제32조의 규정에 따라 다음을 심의(사립학교: 자문)하는 기능을 갖는다.

※「초 · 중등교육법」 제32조

① 국 · 공립학교에 두는 학교운영위원회는 다음 각 호의 사항을 심의한다.

1. 학교헌장 및 학칙의 제정 또는 개정에 관한 사항
2. 학교의 예산안 및 결산에 관한 사항
3. 학교 교육과정의 운영 방법에 관한 사항 등

2. 학교교육과정위원회와 비교

	학교운영위원회	학교교육과정위원회
설립근거	「초 · 중등교육법」	국가 수준 교육과정
위원회의 역할	학교 교육과정의 운영 방법에 관한 사항을 심의: 교육과정 운영 방안, 교과용 도서 및 교육자료 선정, 정규 학습 종료 후 또는 방학 기간의 교육 활동 및 수련 활동에 관한 사항에 대하여 심의하는 기능	학교장이 교육과정 운영에 관한 의사결정을 하는 데 도움을 주는 자문 역할을 수행

② 기초조사

교육과정 편성을 위한 기초조사는 지역이나 학교공동체의 요구를 교육과정에 반영하기 위하여, 학교공동체의 구성원인 학생, 학부모, 교원 등을 대상으로 필수적으로 거쳐야 하는 절차이다.

기초조사 자료를 얻기 위해 일반적으로 교과협의회나 학년협의회, 전체교사 워크숍 등을 통해 전체 교사의 의견을 듣기도 하고, 학부모회나 학부모와의 간담회, 설문지 교부 등을 통해서 학부모 의견을 반영한다. 그리고 학생의 요구나 필요를 파악하기 위해서 학생자치회나 대의원회 등 모임을 활용하기도 한다. 이렇게 모은 학교공동체의 기초조사자료를 바탕으로 교육과정에 그 교육적 요구를 어떻게 반영할지를 의논하면서 위원회 활동이 시작되는 것이다.

이렇게 수집한 자료는 다음 학년도 교육과정 편성 단계에서 기본적인 분석자료로 활용된다.

[그림 3-2]에서는 교육과정 수립을 위한 기초조사 단계에서 이루어지는 활동을 잘 나타내고 있다(경상남도교육청, 2019).

계획 수립	➡	조사 실시	➡	결과 분석	➡	시사점 반영
• 11월 • 문헌 검토 - 국가 수준, 시·도 지침 • 조사 대상, 내용 선정 - 학생, 학부모, 교원, 지역사회 등 • 조사방법 결정 - 설문지, 면접 등 - 설문지 작성	➡	• 11~12월 • 설문조사 - 학생, 학부모, 교원 • 면담 - 학교구성원, 지역사회 • 협의회 의견 수렴 - 워크숍, 학부모 협의회 등 • 우수학교사례 벤치마킹	➡	• 12월 • 분석방법 - 설문지 분석 - 관찰, 면접결과 등 • 학교교육과정 평가자료 • 시사점 도출	➡	• 각 영역별 학교교육과정 반영 사항 종합 • 학교교육과정에 관련 부분 반영 전략 선정 • 교육과정위원회 검토, 자문 • 반영 사항의 영역별 구체화 • 학교교육과정 기본 방향 설정

그림 3-2 교육과정 수립을 위한 기초조사 단계 활동

(2) 편성 단계

학교교육과정의 편성은 주로 새 학기가 시작되기 전 1~2월이며, 이 시기 동안 학교교육과정 편성안 작성과 편성안에 대한 심의 및 확정 활동이 이루어진다.

① 학교교육과정 편성안 작성

편성 단계는 기초조사 자료의 분석 결과를 바탕으로 학교교육과정에 반영해야 할 사항을 선택하고 구체화하는 단계이다. 구체적인 편성안 작성은 주로 교육과정위원회의 기획 분과가 중심이 되어 이루어진다. 일반적으로 편성안은 한 번의 작성으로 끝나지 않고 수차례의 수정과 보완을 거쳐서 작성된다.

다음은 특수학교에서 학교교육과정을 편성하기 위해 기본적으로 포함하여야 할 내용이다.

- 장애 유형과 특성에 따른 교육적 요구를 반영하는 교육계획 수립
- 각 학년별 편제와 시간배당, 수업 일수 및 수업 시수 확보 계획 수립
- 각 교과 및 창의적 체험활동의 연간 운영 계획 수립
- 개별화교육 및 진로교육 계획 수립
- 유치원 및 전공과 운영 계획 수립
- 교육평가 계획 수립(평가시기, 평가방법, 기록, 결과 활용, 통지 방법 등)
- 운동장, 강당, 체육관, 특별실 등의 활용 계획 수립

② 학교교육과정 편성안 심의 및 확정

편성안이 완성되면, 학교교육과정위원회의 검토, 수정 및 보완하여 학교운영위원회의 심의를 거쳐 확정된다. 이때 학교운영위원회 심의 과정에서 수정이나 보충 사항이 있으면 다시 학교교육과정위원회를 통해서 재작성이 이루어진 후 재심의할 수 있다.

이렇게 학교운영위원회에서 당해 연도 교육과정에 대한 심의가 확정되면,

대개 3월 학년 초에 학교별로 학교교육과정 설명회를 개최하여 학교구성원에게 안내한다. 또한 학교 홈페이지에 학교교육과정 또는 학교교육계획이라는 이름으로 탑재하여 공개한다.

(3) 운영 단계

교육과정의 운영 단계 시기는 3월부터 다음 해 2월까지이다. 교육과정의 운영은 크게 교과활동 운영과 창의적 체험활동 운영으로 나눠서 이루어진다. 교과활동 운영은 각 교과별 시수의 증감 운영, 교과별 집중이수제 운영, 블록타임제 운영, 수준별 수업 운영, 자유학기(년)제 운영 등과 같은 활동이 특색적으로 이루어진다. 반면에 창의적 체험활동 운영은 자율활동, 동아리활동, 봉사활동, 진로활동으로 나누어 운영된다.

(4) 평가 단계

교육과정의 평가시기는 11월부터 다음 해 1월까지이며, 평가는 주로 당해연도 학교교육과정의 편성과 운영에 대한 평가로 이루어지고, 단위학교는 연 1회 이상 의무적으로 자체 평가를 실시하여 문제점과 개선점을 추출하여 그 결과를 다음 학년도의 교육과정 편성과 운영에 환류하여 반영한다. 평가방법은 학교구성원인 교사, 학생, 학부모를 대상으로 설문지와 면담 등의 방법으로 이루어진다. 평가결과는 다음 학년도 교육과정의 기초자료로 활용되며, 학교 홈페이지나 학교정보공시인 '학교알리미' 사이트를 통해서 공개된다.

3 특수학교 교육과정 편성 · 운영의 실제

일반학교 교육과정처럼 특수학교 교육과정도 국가 수준 교육과정인 '특수교육 교육과정'과 '시 · 도 교육청 특수교육 교육과정 편성 · 운영 지침'을 바탕으로 각 특수학교별로 편성하여 운영한다. 하지만 일반학교 교육과정과 비교해서 특수학교 교육과정은 교육대상이 특수교육대상자라는 점에서 큰 차이가 있어 일반학교 교육과정과는 다른 점이 있다.

여기서는 특수학교 교육과정에서만 찾아볼 수 있는 주요한 몇 가지를 설명하고자 한다.

1) 특수교육대상자의 장애 유형과 특성을 고려한 교육과정

특수학교 교육과정은 일반학교 학교교육과정과는 달리, 특수교육대상자의 장애 종류와 특성 및 그 수준을 감안하여 편성하고 운영하도록 되어 있다. 장애 종류별로 학교를 운영하는 경우는 지적장애, 청각장애, 시각장애 등 각 장애 특성에 맞는 교육과정을 마련하여야 한다. 또한 중도 · 중복장애 학생이 있는 경우, 중도 · 중복장애 학생을 위한 교육과정도 같이 마련하여야 한다. 또한 지적장애 등 특수교육대상자의 특성을 감안하여 일반학교 교육과정에는 없는 '기본교육과정'을 운영할 수도 있다.

또한 특수교육 교육과정에서는 교육목표, 교과 및 교과별 내용 체계뿐 아니라 교육방법과 평가방법에 있어서도 각 장애 유형과 장애 정도를 충분히 고려하여 편성하도록 규정하고 있다. 예를 들어, 청각장애학생이 재학 중인 청각장애학교에서는 청각장애의 유형과 정도를 충분히 고려한 교육목표, 교과와 시간 편제 그리고 교수방법 및 평가방법을 학교 교육과정에 마련하여야 한다. 이를 위해 특수학교 교육과정에서도 청각장애학생에게 적용 가능한 '언어'나 '수어' 교과를 별도로 제시하고 있는 것이다.

2) 개별화교육 실시를 위한 교육과정의 편성과 운영

일반학생과는 다르게 특수교육대상학생은 장애 유형이나 특성에 따라 별도의 교육과정을 마련하지만, 같은 장애 유형을 가진 학생이라도 개별적인 장애 정도나 수준, 학습 특성 등이 매우 다른 경향이 높다. 그래서 각 학생마다 서로 다른 장애 수준과 특성에 따라 교육적 요구도 달라지므로, 개별적인 교육적 요구를 만족시키는 개별적인 교육계획이 필요하다.

이러한 필요성을 바탕으로, 특수학교 교육과정에서는 반드시 학생 개인의 특성과 교육적 요구에 맞는 개별화교육계획을 포함시키도록 하고 있다.

또한 개별화교육계획을 원활하게 수립 · 운영할 수 있도록 개별화교육지원팀의 구성 및 운영, 개별화교육의 내용과 평가 방법 등 개별화교육과 관련된 전반적인 내용을 필수적으로 학교교육과정에 반영하도록 되어 있다.

3) 기본교육과정의 편성 및 운영

일반 초 · 중등학교 교육과정은 초등학교 1학년부터 중학교 3학년까지의 공통교육과정과 고등학교 1학년부터 3학년까지의 선택 중심 교육과정으로 편성 · 운영하지만, 특수교육 교육과정은 '공통교육과정(국어, 영어, 체육)'과 '선택 중심 교육과정(전문교과Ⅲ-직업, 이료)' 외에 '기본교육과정'을 별도로 마련하고 있다. 기본교육과정은 장애로 인하여 특수교육 공통교육과정과 선택 중심 교육과정을 적용할 수 없는 경우 사용할 수 있는 일종의 대안적인 교육과정이다. 이 교육과정에서는 그 적용 대상을 중도의 지적장애를 가진 특수교육대상자로 초등학교 1학년부터 고등학교 3학년까지로 한다. 그러므로 중도의 지적장애를 가진 특수교육대상자를 배치받은 학교에서는 공통교육과정, 선택 중심 교육과정, 기본교육과정 중에서 선택하여 편성 · 운영하여야 한다.

또한 학교나 학생의 특성에 따라 교과(군)별 시수를 증감 편성 · 운영할 수 있는데, 기본교육과정은 교과(군)별 30%, 공통교육과정은 20% 범위 내에서 시수 증감이 가능하다. 단, 체육, 예술(음악/미술) 교과목은 기준 수업 시수를 감축하여 편성할 수 없다.

4) 중도 · 중복장애학생 교육과정의 편성

특수학교에 중도 · 중복장애학생이 배치되면, 중도 · 중복장애학생의 특성과 교육적 요구를 고려한 생활기능 중심의 교육과정을 편성 · 운영할 수 있다. 이는 중도 · 중복장애학생이 포함된 학급에서 예체능을 제외한 교과(군)별 50% 범위 내에서 시수를 감축하여 창의적 체험활동으로 편성 · 운영할 수 있다.

5) 진로교육, 순회교육 등을 고려한 교육과정의 편성

일반교육과정과는 달리 특수학교 교육과정에서는 장애학생의 진로교육, 순회교육 등의 요소를 필수적으로 편성하여 운영한다. '진로와 직업' 교과 내에서 또는 일반교과 및 창의적 체험활동과 연계한 학교교육 활동 전반에 걸친 진로 중점 교육과정을 운영하거나 진로집중학년제를 운영할 수 있으며, 중학교 과정에서는 학생들의 미래 진로를 위해 꿈과 끼를 키울 수 있는 자유학기(년)제도 운영한다. 또한 순회교육의 교육과정 편성에 관한 사항은 시 · 도 교육청에서 정하는데, 대체로 장 · 단기 결석이 불가피한 특수교육대상자의 교육을 위해 필요한 경우 순회교육 또는 원격수업을 지원하게 된다.

6) 유치원, 전공과 교육과정의 편성

특수학교에 따라서는 유치원 학급이나 전공과를 운영할 수 있다. 이에 대해 유치원 학급이나 전공과 등의 운영 방향과 내용을 학교교육과정에 기재하여야 한다. 유치원에서부터 초등학교, 중학교, 고등학교, 전공과까지 학생들의 학령기 전반에 걸친 교육이 특수학교에서 효과적으로 이루어지기 위해서는 학교교육과정상 운영 기본방향과 방법 등의 내용이 명확히 표시되어야 한다.

4 교사 수준의 교육과정 편성

앞서 실제로 교실에서 구현되는 학교교육과정은 교사 수준의 교육과정으로 재구성된 것이라고 설명하였다. 여기서는 학교현장에서 교사가 어떻게 국가 및 지역청 수준 교육과정과 학교 수준 교육과정을 자신만의 교육과정으로 재구성하는지를 단계별로 살펴본다(서울특별시교육청 교육연구정보원, 2021).

- 1단계: 교육부 교육과정과 지역청 교육과정을 찾아서 총론과 각론 부분인 교과 교육과정을 살펴서 내용을 이해한다. 특히 총론에서는 모든 학교가 꼭 지켜야 하는 부분인 교과 편제나 필수 이수 단위 등을 규정하고 있는데, 이는 모든 학교가 반드시 지켜야 할 중요한 내용이므로 반드시 숙지하도록 하여야 한다.

  참고로 각 수준별 교육과정과 교과 교육과정은 국가교육과정정보센터(www.ncic.re.kr) 사이트에서 찾을 수 있다. 지역청 수준의 교육과정은 각 지역 교육청 사이트에서도 찾을 수 있다.
- 2단계: 해당 연도에 적용될 학교교육과정을 살펴서 담당 교과의 내용체계와 성취기준을 파악한다. 먼저 내용체계를 살펴서 각 교과 영역별로 어떤 '핵심 개념'을 어떤 '내용요소'로 초등학교부터 고등학교까지 가르치려는지를 확인한다. 특히 수업 후에 할 수 있거나 할 수 있기를 기대하는 능력을 의미하는 '기능' 부분도 살펴야 한다.

  다음으로는 교과마다 제시된 성취기준을 살핀다. 성취기준은 교사가 학생들이 어떤 내용을 배워야 하는지 또는 학생들이 수업 후 어떤 기능을 할 수 있도록 하는지에 대한 기준이다. 즉, 성취기준은 교사가 수업을 통해서 반드시 달성하여야 할 수업 목표의 기준이며 학생 입장에서는 수업을 통해서 배워야 할 또는 갖추어야 할 기준이라고 할 수 있다. 대부분 성취기준은 번호와 내용으로 구성되는데, 예시를 들면 다음과 같다.

교육과정 성취기준 예시

■ **기본교육과정**

[4국어01-01] 일상생활이나 자신과 관련된 단어를 사용하여 의사를 표현한다.

■ **공통교육과정**

[9국05-01] 문학은 심미적 체험을 바탕으로 한 다양한 소통 활동임을 알고 문학활동을 한다.

예시에서 기본교육과정의 성취기준 번호는 [4국어01-01]로 표시되어 있다. 여기서 '4'는 초등학교 4학년을 의미하고 국어과목의 '01'은 말하기와 듣기 영역(02는 읽기, 03은 쓰기, 04는 문법, 05는 문학 영역)이라는 것을 표시한다. 또한 그 맨 뒤의 '01'은 내용 기술 순서를 나타낸다. 번호 뒤에 나오는 성취기준의 내용은 수업 후 학생이 도달해야 하는 목표를 기술하고 있다. 그러므로 이 성취기준은 특수교육대상자가 초등학교 4학년까지 국어교과 말하기와 듣기 영역에서 성취할 것으로 기대되는 수준을 내용으로 설명하고 있는 것이다.

또한 공통교육과정의 성취기준을 살펴보면, '9'는 중학교 최종학년(중학교 3학년)을 의미하고, '05'는 국어 영역 중 문학 영역을 나타낸다. 여기서도 성취기준의 내용은 중학교 3학년 때까지 성취할 것으로 기대되는 문학 영역의 기준을 기술하고 있다.

- 3단계: 교사는 담당 학년과 영역에 따라 해당되는 성취기준 중에서 1년 또는 학기별로 달성해야 할 핵심 성취기준을 선택하고 성취기준에 따라 그 순서를 정리해 본다. 이때 성취기준을 서로 통합하거나 타 교과와 연계도 가능할 뿐만 아니라 내용 요소도 수정하여 재구성할 수도 있다. 하지만 내용 요소를 삭제하거나 축소해서는 안 된다.

그런 다음에 총론 부분에서 규정된 필수이수 단위나 편제 등을 고려하여 선택한 성취기준을 달성할 수 있도록 해당 연도 또는 학기별 교과별 운영계획서를 작성한다.

또한 이 단계에서는 단순히 교과 진도뿐만 아니라 평가시기와 평가방법 그리고 타 교과와의 연계 방안도 같이 고려하여 교과 운영 계획서를 작성하여야 한다. 특수교육에서는 가장 대표적인 예로 개별화교육계획서를 들 수 있다.

이러한 활동은 교사 혼자서 이루어지기보다는 대부분 교과협의회나 개별화교육지원팀 등을 통해서 동료 교사들과 함께 작업이 이루어지고 최종적으로 관리자의 승인을 받아 시행된다.

- 4단계: 교과운영계획서가 결재를 받아 완성이 되면 교사는 그 계획서에 따라 수업을 실시한다. 이 단계에서 교사는 수업 실시 전에 수업 목표를 달성하도록 학습내용과 방법, 학습자료나 평가방법 등을 어떻게 할 것인지를 결정하여 차시별 수업계획서나 단시 수업지도 계획서를 작성한다. 그리고 학습지도계획서에 따라서 수업을 실시하여, 교사 수준의 교육과정이 교실에서 구체적으로 실현되도록 한다.

참고문헌

경기도교육청(2021). 경기도 초 · 중 · 고등학교 교육과정 총론.
경상남도교육청(2019). 학교교육과정 편성 · 운영을 위한 도움자료.
교육부(2022). 「초 · 중등교육법」.
부산광역시교육청(2021). 부산광역시교육청 학교교육과정 편성 · 운영 지침.
서울특별시교육청 교육연구정보원(2021). 학교교육과정과 교사교육과정.
서울특별시교육청(2021). 미래사회와 학교교육.

제4장

특수학급 교육과정

1 특수학급 의의 및 관련 법규

1) 특수학급의 의의

특수교육대상자가 일반학교에서 교육받는 경우, 특수학급 소속으로 배치되거나 일반학급 소속으로 배치된다. 물론 주로 특수학급 소속으로 배치되나 일반학급 소속으로 배치되어도 모두 특수교사가 관리를 하게 된다. 다만, 일반학급에 배치된 학생에 비해서 특수학급에 배치된 학생에게는 특수교사가 직접 교육과정을 편성하여 수업과 창의적 체험활동을 실시하고 별도로 평가를 한다는 점에서 차이가 있다.

그렇다면 특수학급이란 무엇인가?「장애인 등에 대한 특수교육법」등에서 밝히고 있는 특수학급 관련 규정을 살펴보면 다음과 같다.

첫째, 특수학급은「장애인 등에 대한 특수교육법」제2조 및 제21조에서 언급하고 있는 '통합교육'을 실현하기 위해서 일반학교에 설치된 학급이다.「장애인 등에 대한 특수교육법」에 따르면, 특수교육대상자를 배치받은 일반학교의 장은 교육과정의 조정, 지원인력의 지원, 학습보조기기의 지원, 교원연수 등을 포함한 통합교육 계획을 반드시 수립하여 시행하도록 되어 있다(제21조 제3항 참조). 또한 통합교육을 실시하는 일반학교의 장은「장애인 등에 대한 특수교육법」 제27조의 기준에 따라 특수학급을 설치 · 운영하고, 대통령령으로 정하는 시설 · 설비 및 교재 · 교구를 갖추어야 한다(제21조 제4항 참조).

둘째, 특수학급은 고등학교 이하의 각급 학교에 설치된다. 일반학생을 위한 유치원에서부터 고등학교에 이르기까지 모든 학교는 「장애인 등에 대한 특수교육법」 제17조에 의해서 특수교육대상자가 배치되면 그 통합교육을 받고자 하는 특수교육대상자의 인원 수에 따라서 특수교육대상자를 위한 학급을 설치하여야 한다(제27조 참조).

2) 특수학급 관련 법규

특수학급 설치 기준

특수학급의 설치 기준은 특수학교와 동일하게 「장애인 등에 대한 특수교육법」 제21조에서 배치받은 특수교육대상학생의 수에 따라 다음과 같이 제시하고 있다.

- **유치원 과정의 경우:** 특수교육대상자가 1인 이상 4인 이하인 경우 1학급을 설치하고, 4인을 초과하는 경우 2개 이상의 학급을 설치한다.
- **초등학교 · 중학교 과정의 경우:** 특수교육대상자가 1인 이상 6인 이하인 경우 1학급을 설치하고, 6인을 초과하는 경우 2개 이상의 학급을 설치한다.
- **고등학교 과정의 경우:** 특수교육대상자가 1인 이상 7인 이하인 경우 1학급을 설치하고, 7인을 초과하는 경우 2개 이상의 학급을 설치한다.

  ※ 단, 순회교육의 경우 장애의 정도와 유형에 따라 학급 설치 기준을 하향 조정할 수 있다.

3) 특수학급의 시설 및 설비 기준

(1) 특수학급의 위치

특수학급 교실은 장애학생이 쉽게 접근할 수 있고 보행이 안전한 곳에 위치하여야 한다. 특히 화재나 긴급 사태에 대처할 수 있도록 비상 출입구에 쉽고 빠르게 접근할 수 있는 1층 주 출입구 부근에 위치하는 경우가 많다. 그리고 보건실이나 장애인 화장실 등이 가까운 곳에 위치하는 것이 좋다. 만약에 2층 이상에 특수학급이 위치할 경우에는 원활한 이동을 위한 경사로, 보도블록, 엘리베이터 등 이동 보조 장치가 마련되어야 하며, 학급의 창문과 계단에 안전 예방책이 마련되어야 한다. 특수교육대상학생의 수가 많아서 특수학급이 2개 이상일 경우에는 효과적인 교육활동을 위해서 가능한 한 가까이 배치하는 것이 좋다.

(2) 특수학급의 크기

통합교육을 위한 시설과 설비에 관한 규정은 「장애인 등에 대한 특수교육법 시행령」 제16조 통합교육을 위한 시설 · 설비 등에서 제시하고 있다. 특수학급의 크기는 보통교실을 기준으로 면적기준이 $66m^2$ 이상이어야 하고, 학교의 여건 등을 고려하여 시 · 도 조례로 정하는 바에 따라 $44m^2$ 이상의 교실에 학급을 설치할 수 있다. 또한 「장애인 등에 대한 특수교육법」 제21조 제3항에 따라 학생의 성별, 연령, 장애의 유형 · 정도 및 교육활동 등에 맞도록 정보 접근을 위한 기기, 의사소통을 위한 보완대체기구 등의 교재 · 교구도 갖추어야 한다.

(3) 특수학급 교구 설비 기준

특수학급에 갖추어야 할 교구 설비는 「특수학교 시설 · 설비 기준령」 제5조에 따라서 다음의 내용을 포함하고 있다. 신설학교나 신설학급으로 통합학급이 설치될 때는 다음의 시설 · 설비 기준을 참고하는 것이 좋다.

표 4-1 안전 및 편의를 위한 시설 · 설비의 종류 및 설치기준(제5조 관련)

시설 · 설비의 종류	설치기준
1. 보행로	가. 다음의 장소에는 통행에 장애가 없도록 연속된 보행로를 설치하여야 한다. 1) 교문에서 주된 교사의 주 출입구까지 2) 통학차량 승하차구역에서 주된 교사까지 3) 교사와 교사 사이 나. 주 보행로 유효 폭은 1.8미터 이상이어야 한다. 다만, 가목2)에 설치하는 보행로의 경우에는 유효 폭을 1.2미터 이상으로 할 수 있다. 다. 바닥면의 높이 차이가 있는 경우 휠체어의 통행에 지장이 없는 수준이어야 하고, 바닥면의 기울어진 부분은 그 기울기가 18분의 1 이하이어야 한다. 다만, 지형 등을 이유로 그 기울기를 18분의 1 이하로 하기 곤란한 경우에는 12분의 1 이하로 하여 설치할 수 있다. 라. 차도보다 10센티미터 이상 높게 하거나, 연석 · 화단 또는 안전난간 등을 설치하는 등의 방법으로 차도와 분리되어야 한다. 마. 가목2) 및 3)에 설치하는 보행로에는 비 가림 시설을 설치하여야 한다.
2. 통학차량 승하차 구역	가. 통학차량이 주차 또는 회차하는 경우 보행로와 간섭이 발생하지 않을 위치에 설치하여야 한다. 나. 승하차구역 끝 부분에 충돌 방지를 위한 장치를 설치하여야 한다. 다. 휠체어 출입이 가능한 교사의 출입구 또는 승강설비에 쉽게 접근할 수 있는 장소에 설치하여야 한다. 라. 승하차구역 주변에 승하차구역임을 알리는 입식 기둥형 또는 벽면 부착형의 안내판을 설치하여야 한다. 마. 휠체어 탑승자가 승하차 및 승하차 대기를 할 수 있는 공간이 확보되어야 하고, 바닥면이 폭 4.5미터 이상(차량 주차 구역 3.3미터 이상, 승하차 대기 구역 1.2미터 이상), 길이 13미터 이상이어야 한다. 바. 바닥면의 높이 차이가 있는 경우 승하차에 지장이 없는 수준이어야 하고, 바닥면의 기울기가 50분의 1 이하이어야 하며, 바닥면에 아래 그림과 같이 승하차구역을 구분할 수 있는 표시를 하여야 한다.

2. 통학차량 승하차 구역	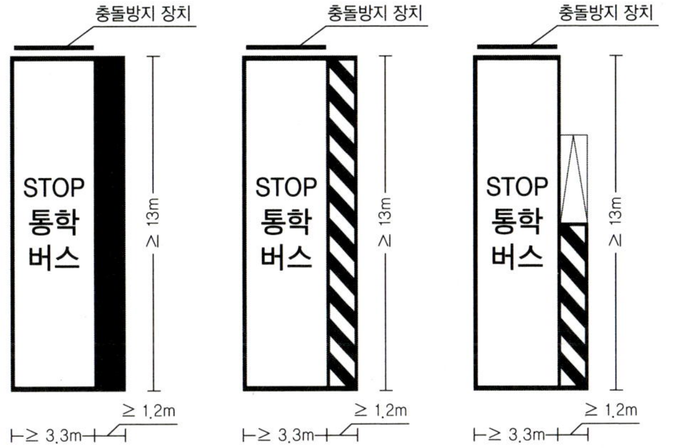 **승하차구역 바닥표시방법**
3. 교사 등의 주 출입구	가. 바닥면의 높이 차이가 없어야 한다. 나. 진입구간은 가급적 별도의 경사로와 계단이 없이 설치하되, 바닥면이 기울어진 경우에는 그 기울기가 18분의 1 이하이어야 한다. 다. 문은 학교의 특성을 고려하여 설치하되, 손 끼임 방지장치를 부착하여야 하고, 유리문인 경우에는 부딪힘 방지를 위해 색 띠 등을 설치하여야 한다.
4. 복도	가. 유효 폭이 2.4미터 이상이어야 한다. 나. 통행을 방해하는 고정 장애물이 없어야 한다. 다. 휠체어 보관함, 재활도구 보관함, 소화기 보관함, 음수대 또는 신발장 등의 설비를 복도에 설치하는 경우에는 벽면에 매립하는 등으로 통행에 지장을 주지 않도록 해야 한다. 라. 복도에 노출되는 벽 모서리나 기둥 모서리는 안전사고를 최소화할 수 있도록 둥근 형태로 하거나, 별도의 충돌 방지장치 또는 안전장치를 부착하여야 한다. 마. 손잡이는 학생의 성장 발달 과정을 고려하여 설치하며, 필요한 경우 이중으로 설치할 수 있다.
5. 교실 출입문	가. 미닫이 또는 미세기 구조로 하고, 유효 폭이 1.0미터 이상이어야 한다. 나. 문에는 문턱이 없어야 하고, 손 끼임 방지 장치를 부착하여야 한다. 다. 출입문 손잡이는 돌출형으로 설치하여야 한다. 라. 출입문에 투시 가능한 재료를 부분적으로 사용하여 출입문을 통해 반대편을 볼 수 있게 하여야 한다.

6. 계단	가. 계단 및 계단참(계단 마지막 디딤판 부분은 제외한다)의 유효 폭은 1.5미터 이상으로 하여야 한다. 나. 계단코는 미끄러짐을 방지할 수 있는 재질로 마감하고, 계단의 디딤판과 색을 달리하여 계단 모서리를 쉽게 인식할 수 있게 하여야 한다. 다. 계단 손잡이는 계단의 양쪽에 벽면 부착형 또는 난간 일체형으로 설치하여야 하고, 손잡이 끝부분이 옷소매 등이 걸리지 않는 구조로 마감하여야 한다. 라. 난간 1) 난간과 손잡이가 일체형인 경우에는 난간 살이 없는 판형 또는 난간 살 수직형(계단 마지막 디딤판 부분을 제외한 부분의 난간 살 사이의 간격이 10센티미터 이하인 것으로 한정한다)으로 설치하여야 한다. 2) 난간의 높이는 바닥면 기준 1.2미터 이상이어야 하고, 계단참 및 계단 마지막 디딤판 부분의 난간 높이는 바닥면 기준 1.5미터 이상이어야 한다.
7. 승강기	가. 승강기 중 1대 이상은 그 바닥면이 폭 1.6미터 이상, 길이 2.3미터 이상이어야 한다. 나. 승강기 출입문 일부 또는 전부를 투명하게 설치하여 승강기 출입문을 통해 반대편을 볼 수 있게 하여야 한다. 다. 승강기 출입문에 충격 센서와 적외선 센서가 모두 있어야 한다.
8. 경사로	가. 경사로 유효 폭은 1.5미터 이상이어야 한다. 나. 경사로에 굴절 부분이 있는 경우 그 바닥면의 폭과 길이가 각각 2미터 이상이어야 한다. 다. 경사로의 진행방향을 고려하여 통행자가 충돌할 가능성이 있는 벽면 및 난간 등에 충격방지매트를 설치하여야 한다. 라. 경사로 바닥면은 미끄럽지 않은 재질로 하여야 한다.
9. 긴급 대피공간	가. 건축물 구조를 고려하여 교실과 연결된 발코니 또는 층별 공용 테라스 형태의 긴급 대피공간을 설치하여야 한다. 나. 구조차량 및 구조장비 등의 접근이 용이한 위치 및 구조이어야 한다.
10. 창문	긴급 상황 시 용이하게 바깥으로 피난이 가능하되, 평상 시 창 바깥으로 떨어지는 것을 방지할 수 있는 구조이어야 한다.

11. 그 밖의 시설 · 설비	가. 실내 강당, 체육관의 무대 · 단상 또는 운동장의 구령대 등은 휠체어 이용자가 직접 접근할 수 있는 구조이어야 한다. 나. 경비실(수위실 및 안내실을 포함한다)은 교문이 잘 보이도록 교문과 인접한 위치에 설치하여야 한다. 다. 화장실의 경우 대변기는 2학급당 1개 이상, 소변기는 학생 수를 고려하여 필요한 적정 수만큼 설치하여야 한다. 라. 교원휴게실, 탈의실, 목욕실, 및 학부모 대기실의 경우 각 1실 이상씩 설치하는 것을 원칙으로 하되, 학교 실정에 따라 일부 또는 전부를 설치하지 않을 수 있다.

비고: 위 시설 외에 교원사택 등 학생 등의 안전 및 편의에 필요한 시설 · 설비를 둘 수 있다.

2 특수학급 교육과정 편성 및 운영

'2022 특수교육 교육과정' 등에서는 특수교육대상자가 일반학교의 특수학급이나 일반학급에 배치되는 경우 교육과정을 반드시 편성하여 운영하도록 규정하고 있다. 이 경우 앞서 살펴본 특수학교 교육과정과는 달리 특수학급 교육과정은 일반학교 교육과정에 포함되는 교육과정 중 일부라는 점에서 다소 그 성격이 다르다. 다음에서는 특수학급 교육과정의 편성과 운영에 대해서 알아보기로 한다.

1) 특수학급 교육과정의 편성

(1) 소속된 일반학교 교육과정을 원칙적으로 적용한다

일반학교에 배치된 특수교육대상자를 위한 특수학급의 교육과정은 원칙적으로 소속된 일반학교의 교육과정으로 운영하도록 되어 있다. 즉, 일반학교의 학교교육 교육과정상 제시하고 있는 편제와 시간배당, 학년 교육과정 등에 따라서 특수학급 교육과정이 운영되어야 한다. 그러나 배치된 특수교육대상자의 장애 특성이나 교육적 요구를 고려하여 필요할 때는 특수교육 교육과정(공통교육과정, 선택 중심 교육과정, 기본교육과정)을 참조하여 일반학교 교육과정을 조정하거나 재구성하여 편성할 수가 있다.

(2) 특수교육대상자의 교육적 요구를 바탕으로 재구성할 수 있다

특수교육대상자의 교육적 요구를 만족시키기 위해서 특수학급 교사는 국가 수준 및 지역청 수준의 특수교육 교육과정을 참고하여 해당 일반학교 교육과정을 학급에 맞게 재구성하여 편성할 수 있다. 그러나 특수학급 교육과정에 특수교육 교육과정을 일부 적용하여도 특수교육대상자의 학적, 학교생활기록부, 성적처리 등은 일반학교 교육과정에 따라서 적용 처리한다.

(3) 특수학급 교육과정 편성은 개별화교육지원팀의 심의를 거쳐야 한다

효과적인 특수학급 교육과정의 편성과 운영을 위하여 교육과정 편성·운영에 관한 사항은 각 학교의 개별화교육지원팀에서 심의한다. 개별화교육지원팀에서는 특수교육 교육과정의 적용 정도, 교과구성(편제), 시간 배당 및 통합 학급에서 이루어지는 통합교육계획, 개별화교육의 내용과 방법, 학교 평가의 조정 사항 등을 포함한 특수학급 교육과정이 편성되도록 심의한다. 특히 특수교육대상자에 대한 각종 평가(지필평가, 수행평가 등)에서 평가내용, 방법, 도구, 장소, 시간 등을 수정하여 제공할 필요가 있을 때는 학교의 학업성적관리위원회에서 수정 방법을 결정하고 개별화교육지원팀 회의를 거쳐 특수학급 교육과정에 반영하여야 한다.

(4) 개별화교육계획, 통합교육계획, 진로교육계획 등이 특수학급 교육과정에 포함되어야 한다

특수학급 교육과정에는 장애학생의 장애 정도와 교육적 요구에 따라 각 학생별로 차별화된 교육과정인 개별화교육계획이 적용되도록 개별화교육의 내용도 함께 편성하여야 한다. 또한 통합교육계획에는 특수교육대상자가 통합교육을 받을 때, 일반학교 교육과정의 조정, 특수교육 보조인력 및 학습보조기기의 지원, 통합담임교사나 보조인력의 연수 계획뿐 아니라 일반학생과 학부모 그리고 일반 교사들을 위한 장애이해교육이나 연수계획도 포함하여야 한다. 그리고 중등학교 특수학급에서는 진로교육계획이 교육과정에 포함된다.

2) 특수학급 교육과정 편제 및 교과 운영

(1) 특수학급 교육과정 편제 및 시간배당

앞서 설명한 대로, 특수학급의 교육과정 편제 및 시간배당은 학급이 소속된 일반학교 교육과정의 각 학년군 편제와 시간배당을 원칙으로 적용하나, 교육적 요구가 다양한 특수교육대상자에게 개별화된 교육을 제공하기 위해 개별화교육지원팀의 심의를 거친 개별화교육계획에 의거하여 각 특수교육대상자별로 서로 다른 편제 및 시간배당을 할 수 있다.

(2) 특수학급 교과 운영

특수학급에서 가르치는 교과는 특수교육대상자의 교육적 요구나 장애 특성 등에 따라서 그 내용을 생활기능 및 진로교육 등으로 교육과정을 재구성하여 운영할 수 있다. 여기서 생활기능 중심과 진로교육 등의 내용으로 편성되는 교과 영역과 내용은 개별화교육지원팀에서 정하고 특수학급 교육과정에 명시한다.

(3) 시간표 운영

특수학급의 시간표는 학교의 여건, 학부모와 학생의 요구 등을 바탕으로 개별화교육지원팀에서 협의 후 조정하여 다양하게 운영할 수 있다. 보통은 통합학급의 시수확보 방안으로 국 · 영 · 수 교과 중심 또는 국 · 영 · 수 교과와 타 교과로 구성하여 운영할 수 있고, 여러 학년이 함께 수업하는 복식학급으로 운영할 경우 교과별, 학년별, 수준별로 묶어서 시간표를 편성 · 운영할 수도 있다.

(4) 특수학급에서의 교육과정 재구성

2022 개정 교육과정에 규정된 기본 역량과 성취기준 중심의 교육과정 운영에 따라 특수학급에서도 교육과정을 재구성하여 운영할 수 있다. 이때의 방법은 특수학교 교육과정에서의 교육과정 재구성과 같이 주제나 영역 중심으로 교과 내, 교과 간, 교과와 창의적 체험활동 연계 통합 수업의 다양한 형태로 진행할 수 있다. 교육방법은 통합교육을 위한 협력교수, 협력학습을 포함하여, 실험 · 실습, 프로젝트학습, 토의 · 토론, 하브루타, STEAM 융합수업 등 다양한 방법으로 실시할 수 있다.

(5) 특수학급에서의 교육과정 평가

① 평가 근거

특수학급의 모든 교육활동에 대한 평가는 「장애인 등에 대한 특수교육법」 제4조(차별의 금지), 동법 시행규칙 제4조(개별화교육지원팀의 구성 등)와 「장애인 차별 금지 및 권리 구제 등에 관한 법률」 제13조(차별금지)와 제14조(정당한 편의 제공 의무)에 따라 실시되어야 한다.

② 방침

특수학급 교육과정 평가 관리는 해당 일반학교의 학업성적관리 규정에 따라 실시하며, 특수교육대상자가 수행평가, 정기고사, 진단평가 및 학력평가의 모든 교육과정상의 평가에서 제외되지 않도록 일반학생과 동일하게 평가를 실시하는 것이 원칙이다. 다만, 특수교육대상자의 평가는 장애 유형과 특성에 따라 평가조정 방안을 마련하여 실시할 수 있다. 평가조정은 평가시간, 평가방법, 평가 장소의 변경 및 확대활자 제공, 특수교사의 지원 등 부분적으로 조정하는 방법으로 이루어진다. 장애학생의 평가조정 규정을 정하여 시행할 때는 국립특수교육원에서 발행한 '장애학생 평가조정 매뉴얼'과 '대학수학능력시험 시험편의제공 대상자 규정'을 참고하여 시행한다.

학교생활기록부 기재에 있어서는 일반학생과 동일한 방법으로 통합학급 교사 또는 교과전담교사가 기술하는 것이 원칙이며, 다만 특수교사는 종합란(특기사항)에 학생에 대한 평가 의견을 제시할 수 있다.

특수학급 내에서의 교육과정 평가는 개별화교육계획에 의거하여 실시하며, 학생의 학습수준 및 능력에 대해서 다양한 평가방법을 활용하여 서술형으로 기록한다. 그리고「장애인 등에 대한 특수교육법 시행규칙」제4조에 의거하여 특수교육대상자는 매 학기마다 개별화교육계획에 따른 학업성취도 평가를 실시하고, 특수교사는 그 결과를 통합학급 교사, 특수교육대상자 또는 그 보호자에게 통보하여야 한다.

참고문헌

교육부(2015). 2015 개정 특수교육 교육과정 총론.
부산광역시교육청(2021). 특수학급 운영 매뉴얼.
서울특별시교육청(2015). 특수학급 운영계획 도움자료.

제5장

특수학급 교육과정의 실제

이 장에서는 앞에서 살펴본 특수학급 교육과정을 실제 학교현장에서는 어떻게 편성하여 운영하고 있는지를 살펴보고자 한다. 특히 일반학교 특수학급으로 신규로 발령을 받거나 처음으로 인사 이동한 경우, 학교교육과정위원회 등이 있는 특수학교와는 다르게 특수학급 교사 1~2명이 교육과정을 편성하여 운영해야 하므로 쉽지 않은 경우가 많다. 그래서 이 장에서는 특수학급에 처음 발령받은 경우 어떤 내용으로 어떻게 학급 교육과정을 편성해야 하는지를 살펴보기로 한다.

1 특수학급 운영계획서 작성

실제적으로 학교현장에서 특수학급 교육과정을 '특수학급 운영계획서'에 포함시켜서 작성하는 경우가 많다. 왜냐하면 특수학급에서 1년 동안 이루어질 모든 활동은 사실 학급 교육과정을 바탕으로 실행되기 때문이다. 그래서 대부분의 특수교사는 특수학급 교육과정과 함께 그 교육과정에 따른 여러 가지 세부 운영 계획을 포함한 '특수학급 운영계획서'를 작성한다.

이런 면에서 '특수학급 운영계획서'는 필수적으로 작성하여야 하며, 실제로 특수교사가 자신의 학급을 어떻게 운영하고자 하는지를 보여 주는 연간 계획인 동시에, 학급을 체계적이고 효율적으로 운영하기 위해 꼭 필요한 로드맵 역할을 한다고 볼 수 있다.

그러나 특수학급 교육과정의 편성을 포함한 특수학급 운영계획서를 작성하는 형식이나 절차는 특별히 정해진 것이 없으나, 시 · 도 교육청 수준에서 '특수학급 운영 매뉴얼'이나 '특수학급 운영계획 지원'과 같은 이름으로 기준을 제시하고 있다. 이 장에서는 서울특별시교육청의 특수학급 운영계획 도움자료와 부산광역시교육청의 특수학급 운영 매뉴얼을 참고하여 특수학급 운영계획서의 기본적인 사항을 제시한다.

2 특수학급 운영계획서 작성 절차

특수학급 운영계획서는 시 · 도 교육청의 특수학급 또는 특수교육 교육과정 편성 · 운영 지침에서 제시하고 있는 특수교육 기본방향과 특수교육과정을 참조하고, 특수학급이 소속된 일반학교의 학교교육목표와 교육과정 등 주요 교육활동계획을 확인한 후 작성하여야 한다. 특히 특수학급이 있는 일반학교에서는 학교교육과정에 특수학급 교육과정이 포함되어야 하므로 일반학교의 학교목표 및 학교운영계획을 충분히 감안하여 관련성을 가지도록 작성되어야 한다.

'특수학급 운영계획서' 작성 절차를 흐름도로 살펴보면 다음과 같다.

① 전년도 특수학급 운영 평가 자료 분석

⬇

② 특수학급 소속 일반학교 교육과정 분석
(시 · 도 교육청 교육과정 편성운영지침 학교교육과정계획, 연간학사 일정)

⬇

③ 특수교육대상학생 요구 파악
(장애 유형, 장애 정도, 기초학습진단 평가결과, 학생의 교육적 요구, 학부모 학교 지역사회의 요구)

⬇

④ 특수학급 운영 목표 설정

⬇

⑤ 특수학급 교육과정 편성

⬇

⑥ 특수학급 연간 운영 및 평가 계획 마련

⬇

⑦ 학급운영계획서를 바탕으로 매월 학급 운영 및 예산 실행

⬇

⑧ 특수학급 운영에 대한 평가 실시 및 다음 연도 편성에 반영
(학생, 학부모, 교사 대상)

제시된 흐름도를 보면, 제일 먼저 해야 할 작업은 전년도에 실시하였던 특수학급 운영에 대한 평가 자료를 분석하는 것이다. 자료 분석을 통하여 전년도에 부족했던 부분을 파악하고, 변경된 교육과정이나 학생과 학부모의 교육적 요구 등 새 학년도에 요구되는 부분을 점검하면서 작성을 시작한다.

그다음에는 특수교사가 자신의 학급에서 추구하는 학급운영의 목표를 구체적으로 구안하고 그 목표에 맞는 학급 교육과정을 편성한다. 이 편성 과정은 앞서 살펴본 교사 수준의 교육과정을 마련하는 것과 유사하다. 일반학교 교육과정과 특수학교 교육과정을 바탕으로 학급만의 교육과정으로 재구성하는 것이기 때문이다.

이렇게 편성된 교육과정을 바탕으로 그 교육과정 실시에 따른 구체적인 활동 계획안도 마련하여 함께 작성한다. 예를 들면, 통합교육에 관한 교육과정을 편성하였다면, 수업 활동에서뿐만 아니라 각종 학교행사나 현장체험활동

에서도 어떻게 통합교육을 구현할 것인지 구체적인 실시 시기나 방법 그리고 내용도 같이 마련해 특수학급 운영계획서에 포함시켜야 한다는 것이다. 이렇게 편성된 특수학급 운영계획서에 따라 해당 연도 학급활동이 이루어지고 나면, 일반교사나 학부모, 학생을 대상으로 특수학급 운영에 대한 평가를 실시하여 차년도 특수학급 운영계획서에 반영하는 흐름을 이어 간다.

3 특수학급 운영계획서의 구성

특수학급 운영계획서를 「장애인 등에 대한 특수교육법」 등 관련 법규 등에 따라 작성하면, 학급의 편제 및 시간 배당 등의 특수학급 교육과정 편성·운영 방법, 개별화교육계획, 통합교육계획, 장애이해교육계획, 진로교육계획 등 중점적인 학급교육 활동사항을 반드시 포함하게 된다. 또한 관련 법령 등에 따라서 장애학생의 등·하교지도나 인성교육, 성교육 계획도 포함되어야 한다.

때에 따라서는 학적이나 출결 관리 및 나이스 평가기록 등을 통합학급 교사에게 업무를 분담하게 한다는 등 특수교사와 일반교사와의 업무 분담 내용을 제시하기도 한다.

특수학급 운영계획서의 구성은 학교마다 교사마다 다를 수 있지만, 시·도 교육청 지침에서 제시하는 구성은 대체로 다음의 순서로 구성된다.

Ⅰ. 특수학급 운영계획의 기저
1. 시·도 교육청 특수교육 방향
2. 학교교육과정 방향
3. 본교 특수교육 방향
4. 전년도 교육활동 평가 결과
5. 특수학급 현황

Ⅱ. 특수학급 교육과정 편성 · 운영
1. 특수학급 교육과정 편성 · 운영 방침
2. 특수학급 교육과정 편제 및 시간 배당
3. 특수학급 교육과정 평가 계획

Ⅲ. 교육활동 세부 추진 계획
1. 개별화교육계획
2. 생활지도 및 안전교육
3. 인권 · 성 교육
4. 장애이해교육
5. 현장체험학습

Ⅳ. 교육활동 지원 세부 추진 계획
1. 방과 후 학교
2. 치료지원
3. 통학비 지원
4. 특수교육 보조인력

Ⅴ. 특수학급 예산 관리 및 운영
1. 특수학급 운영비 편성 방침
2. 특수학급 예산 편성안

1) 특수학급 운영계획의 기저

특수학급 운영계획서의 가장 첫 부분에 오는 것은 특수학급 교육과정을 정하기 전에 고려해야 할 사항을 시 · 도 교육청 차원-학교 차원-학급 차원의 하향식으로 제시하며 해당 연도 특수학급 운영에서 무엇을 중점적으로 추구해야 할 것인가를 하나의 흐름으로 제시하는 부분이다. 또한 전년도 교육활동 평가의 내용을 바탕으로 신학년도에 반영해야 할 사항을 분석 · 파악하여 반영할 수도 있다.

2) 특수학급 교육과정 편성 · 운영

시 · 도 교육청의 특수교육 교육과정 편성 · 운영 방침과 통합학급이 있는 학교의 학교교육과정 편성 · 운영을 기준으로 특수학급의 교육과정도 편성 · 운영 계획을 해야 한다. 이는 특수학급의 교육과정 편성, 운영, 평가에 이르기까지 전반적인 세부 내용이 포함된다.

특별히 시수확보나 시간표 운영 형태에 있어서 정해진 방침은 없으나 학교의 여건, 학부모 · 학생의 요구, 특수교사의 교육관 등을 바탕으로 개별화교육지원팀에서 최종 협의 후 결정해야 한다.

3) 교육활동 세부 추진 계획

특수학급에서 1년 동안 꼭 진행해야 하는 주요 활동은 세부 추진 계획에 포함한다. 보통 세부 추진 계획의 항목은 법적 근거와 함께 활동의 목적, 방침, 세부 추진 계획의 순으로 작성한다. 법적인 테두리 안에서 학교와 학급의 상황, 학부모와 학생의 요구에 따라 다양하게 계획할 수 있으며 학생에게 도움이 되는 실현 가능하고 효율적인 운영 방안이 되도록 작성하여야 한다.

개별화교육계획의 경우 현재는 나이스 개별화교육계획을 활용하여 작성하지만, 특수학급이나 학생의 상황에 따라 별도의 개별화교육계획 양식을 만들어 사용할 수 있다. 이에 대해서는 개별화교육계획에서 자세히 살펴보도록 하겠다.

특수학급에서도 인권교육, 성교육, 장애이해교육 등을 실시해야 하는데, 이는 1년 또는 학기 단위로 몇 회 이상 실시해야 한다는 기준이 매년 시 · 도 교육청 특수교육 교육과정 편성 · 운영 지침에 제시되므로 꼭 확인해야 한다.

4) 교육활동 지원 세부 추진 계획

특수교육의 교육활동 지원은 「장애인 등에 대한 특수교육법」 제28조(특수교육 관련서비스)에 보장되어 있으므로 특수학급에서도 세부 추진 계획을 세워 추진해야 하는 사항이다. 필수적으로 방과 후 학교, 치료지원, 통학비 지원, 특수교육 보조인력 항목이 포함되며 이는 개별화교육계획 협의록에도 포함되어야 하는 사항이다.

5) 특수학급 예산 관리 및 운영

특수학급 예산은 시 · 도 교육청 '학교회계 예산 편성 기본지침'에 따라 운영되고, 크게 특수학급 운영비와 방과 후 학교 운영비로 나뉘며, 고등학교의 경우 직업교육 운영비가 추가로 포함된다. 학교에서 운영하는 모든 예산은 철저하게 '학교회계 예산 편성 기본지침'과 학교교육과정 운영계획에 따라 사용되므로 특수학급 운영계획서에 예산 편성안을 작성할 때는 법적 테두리 안에서 예산 사용 용도를 명확히 하여 집행할 수 있도록 해야 한다.

4 특수학급 운영계획서의 운영

특수학급 운영계획서를 작성하고 학교장의 결재를 받은 후에는 계획서 내용에 따라서 다양한 학급활동이 이루어진다. 부록으로 제시한 특수학급 운영계획서에서도 살펴볼 수 있지만 대부분의 특수학급 교사의 업무는 거의 비슷하게 이루어진다.

그래서 학기를 중심으로 주요한 특수학급 업무를 살펴보면 다음과 같다.

- 학기 초
  - 통합학급적응기간 설정 및 결재받기
  - 학부모 상담을 통한 학생 현황 및 요구사항 파악
  - 학생별 개별화교육지원팀 구성 및 개별화교육지원팀 회의 개최
  - 개별화교육계획서 작성
  - 특수학급 운영계획서(통합교육계획서 등을 포함) 작성
  - 원적 학급 교사나 교과담당 교사 등에게 통합교육 사항 안내
  - 보조인력 등에게 장애인차별금지 및 성폭력 예방 교육 실시
  - 통학비, 특기적성교육비 등 신청
  - 특수학급예산 기안 등

- 학기 중
  - 전 교직원 대상 장애인인식개선교육 실시
  - 장애학생 대상 안전교육 및 장애인 인권과 성교육 실시
  - 학기 중 개별화교육지원팀 심의사항 처리(회의록 작성)
  - 특수학급운영계획서에 따른 교과 수업과 창제 등 활동 실시
  - 통합교육 실시에 따른 업무 처리(예 평가조정 실시)
  - 방과 후 교육 등 예산 집행하기
  - 학부모 상담과 보조인력 관리하기 등
  - 필요시 학급 예산 추경하기

- 학기 말(학년 말)
  - 학기별 개별화교육 평가 실시 및 통보
  - 통합교육 및 장애인 인식 개선 교육 등 결과 보고
  - 진로교육 결과 보고
  - 특기적성교육비 등 예산 마감하기
  - 공문서 마감과 이관 및 비전자 문서 처리

- 학급예산 마감과 보고하기

5 특수학급 운영계획서의 예시

다음(부록)에서 예시로 든 특수학급 운영계획서는 특수교육과 학생이 기존의 특수학급 운영계획서와 참고 자료를 바탕으로 과제로 작성한 것이다. 비록 배우는 학생이 작성한 것이지만, 예비특수교사가 특수학급 운영계획서의 내용을 이해하는 데 도움이 될 것 같아서 예시로 내용 중 중요한 일부만 제시해 본다. 참고로 운영계획서는 가상의 학생을 대상으로 작성되었지만, 청각장애와 지체부자유, 지적장애 등 장애 유형을 지정하여 각 장애 유형별로 실제 어떻게 운영할 것인지를 밝히고 있다.

부록

○○초등학교 특수학급 운영계획서

목 차

Ⅰ. 특수학급 운영의 기저

1. 부산 특수교육의 기본 방향 …… 1
2. 특수교육의 기본방향과 중점 시책 …… 2
3. ○○초 교육목표 및 교육중점 …… 3
4. 본교 특수학급의 교육목표 …… 5
5. 특수학급 현황 및 실태 분석 …… 6

Ⅱ. 특수학급 교육과정 편성 · 운영

1. 특수학급 교육계획의 방향 …… 9
2. 특수학급 교육과정 편성 · 운영 방침 …… 13
3. 편제 및 시간 배당 …… 14
4. 연간 교육과정 운영 계획 …… 16
5. 교과 운영 및 지도 계획 …… 18
6. 평가 계획 …… 32

Ⅲ. 특수학급 운영 계획

1. 세부 추진 계획 …… 37
2. 개별화교육계획 …… 38
3. 통합교육지원계획 …… 40
4. 장애 이해교육 계획 …… 43
5. 장애학생 인권보호 교육계획 …… 45
6. 치료지원 계획 …… 46
7. 성교육 계획 …… 47
8. 부모 교육 계획 …… 48
9. 현장체험학습 계획 …… 49
10. 주제 중심 특색교육활동 계획 …… 51
11. 생활지도 및 안전 교육 계획 …… 52
12. 특수 방과 후 운영계획 …… 56
13. 입학 적응지원 계획 …… 57
14. 특수교육실무원 활용 계획 …… 58

Ⅳ. 특수학급 운영 평가

1. 교육과정 평가 …… 62
2. 특수학급 운영관리 …… 64

▣ 연간 특수학급 교육과정 운영 계획

월	활동 주제	활동 내용
3월	통합학급 적응 기간 (3월 1~2주)	특수교육대상학생이 새로운 환경에 적응하고 새로운 반 친구들과 어울릴 수 있도록 적응 기간을 둔다. 이 기간 동안 특수학급에서는 각 아동마다 개별화교육계획(IEP) 작성, 통합시간표 작성, 자료 구입 및 제작, 학부모 상담, 간담회 준비를 한다. 원적학급 담임교사에게 장애 학생 통합방법 내용에 관한 연수를 실시한다.
	학부모 상담 (3월 2주)	개별화교육계획에 대한 부모 요구 조사, 특수학급 교육과정 안내, 아동 전반에 대한 상담을 한다.
	개별화교육지원팀 협의회 (3월 2주)	개별화교육지원팀을 구성하여 부모 요구 조사, 특수학급 교육과정 안내, 아동 전반에 대한 상담을 한다.
4월	통합교육을 위한 간담회(4월 1주)	특수교육대상학생이 속한 원적학급 담임교사, 특수학급 담당 교사, 학부모가 함께 통합교육을 위한 간담회를 갖는다. 특수교육대상학생의 학교생활 이해를 위한 비디오 상영, 통합교육 이해를 위한 자료집을 제공한다.
	장애인의 날 기념 행사 (4월 3주)	학년별로 수준에 맞는 활동을 계획하여 학급별로 1시간씩 장애이해 수업을 실시한다.
	일반교사 대상 장애아동 이해를 위한 특수교육 연수 (4월 3주)	본교의 특성을 살려 최근 초등학교에 많이 통합되고 있는 학습지진, 학습부진, 학습장애의 이해와 정신지체 아동의 행동 특성에 대한 이해와 지도 방법에 대한 정보를 제공한다.
6월	학기말 평가	특수교육대상학생의 기초학업기술, 활동중심교육, 행동의 전반적인 발달상황을 서술식으로 기록한다.
7월	방학생활 자료 제작	학생의 능력을 고려하여 자립적으로 수행할 수 있는 방학생활 자료를 제작한다.
9월	학부모 상담	개별화교육계획에 대한 부모님의 의견 및 2학기 특수학급 교육과정 안내
10월	특수학급 입급대상 의뢰	통합학급 담임에게 특수학급 입급절차에 대한 연수 실시 특수교육지원센터에 진단평가 신청
11월	2학기 말 평가	특수교육대상학생의 기초학업기술, 활동중심교육, 행동의 전반적인 발달상황을 서술식으로 기록한다.
12월	방학생활 자료 제작	학생의 능력을 고려하여 자립적으로 수행할 수 있는 방학생활 자료를 제작한다.
2월	평가회	담임교사-특수학급교사가 1년간 통합교육에 대해 함께 이야기하는 시간을 갖는다.
연중	체험학습	다양한 체험학습 실시: 다양한 활동중심 교육과정 운영, 교내 각종 체험학습 참가, 수련회 참가

■ 교과 운영 및 지도계획: 읽기와 쓰기 중 일부

읽기

<table>
<tr><td>핵심 아이디어</td><td colspan="3">• 읽기는 읽는 이가 가진 배경지식과 그림, 글, 매체에 제시된 정보를 통합하여 의미를 형성해 가는 과정이다.
• 읽는 이는 자신의 읽기 목적에 맞게 다양한 그림, 글, 매체 자료를 적절한 읽기 전략을 사용하여 읽는다.
• 읽는 이는 다양한 그림, 글, 매체 자료에 흥미를 느끼며 즐겨 읽는다.</td></tr>
<tr><td rowspan="3">범주</td><td colspan="3">내용 요소</td></tr>
<tr><td colspan="3">초등학교</td></tr>
<tr><td>1~2학년</td><td>3~4학년</td><td>5~6학년</td></tr>
<tr><td>지식 · 이해</td><td>• 형태 지각
• 그림, 기호, 상징</td><td>• 상징, 글자의 의미
• 환경 인쇄물의 정보</td><td>• 글자의 구성 요소
• 단어의 의미
• 매체 자료</td></tr>
<tr><td>과정 · 기능</td><td>• 변별하기
• 글자의 기초가 되는 모양 찾기
• 실물, 그림, 상징 대응하기</td><td>• 친숙한 단어 읽기
• 친숙한 단어의 의미 파악하기
• 그림을 단서로 인물과 장면 확인하기</td><td>• 소리 내어 읽기
• 다양한 단어의 의미 파악하기
• 그림을 단서로 내용 파악하기</td></tr>
<tr><td>가치 · 태도</td><td>• 그림, 기호, 상징에 대한 관심</td><td>• 그림과 글자 읽기에 대한 흥미
• 읽기의 바른 태도</td><td>• 읽기에 대한 즐거움
• 바람직한 읽기 습관</td></tr>
</table>

쓰기

<table>
<tr><td>핵심 아이디어</td><td colspan="3">• 쓰기는 다양한 맥락 속에서 문자 언어, 보완대체의사소통, 매체를 활용하여 자신의 감정과 생각을 표현하는 과정이다.
• 쓰는 이는 다양한 상황 맥락에서 자신의 쓰기 목적을 달성하기 위하여 활용할 수 있는 방법과 형태로 글을 쓴다.
• 쓰는 이는 다양한 쓰기 경험을 통해 흥미를 느끼며 다른 사람과 소통하는 즐거움을 느낀다.</td></tr>
<tr><td rowspan="3">범주</td><td colspan="3">내용 요소</td></tr>
<tr><td colspan="3">초등학교</td></tr>
<tr><td>1~2학년</td><td>3~4학년</td><td>5~6학년</td></tr>
<tr><td>지식 · 이해</td><td>• 글자의 기초가 되는 선과 모양</td><td>• 글자의 모양
• 친숙한 글자</td><td>• 글자의 짜임과 획순
• 단어의 의미</td></tr>
<tr><td>과정 · 기능</td><td>• 자유롭게 끼적이기
• 글자의 기초가 되는 선과 모양 표현하기</td><td>• 글자 모양 만들기
• 글자 모양 따라 쓰기
• 글자 보고 쓰기</td><td>• 자모 쓰기
• 일상생활과 관련된 단어 쓰기</td></tr>
<tr><td>가치 · 태도</td><td>• 끼적이는 재미</td><td>• 쓰기에 대한 관심
• 쓰기 도구 사용에 대한 흥미</td><td>• 쓰기에 대한 흥미
• 글씨를 쓰는 바른 자세</td></tr>
</table>

3. 편제 및 시간 배당

가. 편제

1) 본교 특수학급 교육과정은 도구교과(국어, 수학)로 편성한다.

2) 특수학급에서 학습하는 교육내용은 특수교육대상학생의 교육적 요구에 따라 다르지만, 기초학업기술 교과와 기타 내용은 통합교육과정으로 운영한다.

3) 특수교육대상학생의 해당 학년의 시간배당을 기준으로 적되 학생 개개인의 특성에 따른 개별화교육 프로그램에 의한 필요 시간을 우선으로 확보하며 교육과정 총 이수 시간은 해당 학년의 교육과 총 이수 시간과 같게 한다.

4) 특수교육대상학생의 통합교과 선정 및 특수교육 시수는 개별화교육지원팀에서 의견을 수렴하여 결정한다.

5) 학생 서로간의 이해와 협력, 특수교육대상학생의 통합학급 적응 및 사회성 신장을 위해 학년 초 통합학급 적응기간을 실시하며 이 기간 동안 특수교사는 일반학급에서 장애인식 개선과 관련한 교육을 실시한다.

나. 시간 배당 기준

1) 기본교육과정

<table>
<tr><th colspan="2">구 분</th><th>1~2학년</th><th>3~4학년</th><th>5~6학년</th></tr>
<tr><td rowspan="6">교
과
(군)</td><td>국어</td><td rowspan="6">국어 352
수학 204
바른 생활 116
슬기로운 생활 180
즐거운 생활 320</td><td>340</td><td>340</td></tr>
<tr><td>사회</td><td>204</td><td>204</td></tr>
<tr><td>수학</td><td>204</td><td>204</td></tr>
<tr><td>과학/실과</td><td>204</td><td>272</td></tr>
<tr><td>체육</td><td>170</td><td>170</td></tr>
<tr><td>예술(음악/미술)</td><td>238</td><td>238</td></tr>
<tr><td colspan="2">소계</td><td>1,172</td><td>1,360</td><td>1,428</td></tr>
<tr><td colspan="2">창의적 체험활동</td><td>272</td><td>306</td><td>408</td></tr>
<tr><td colspan="2">일상생활 활동</td><td>300</td><td>306</td><td>340</td></tr>
<tr><td colspan="2">학년군별 총 수업 시간 수</td><td>1,744</td><td>1,972</td><td>2,176</td></tr>
</table>

① 1시간 수업은 40분을 원칙으로 하되, 기후 및 계절, 학생의 발달 정도, 학습 내용의 성격, 학교 실정 등을 고려하여 탄력적으로 편성 · 운영할 수 있다.

② 학년군과 교과(군)별, 창의적 체험활동, 일상생활 활동 시간 배당은 연간 34주를 기준으로 2년간의 기준 수업 시수를 나타낸 것이다.

③ 학년군별 총 수업 시간 수는 최소 수업 시수를 나타낸 것이다.

④ 실과의 수업 시간은 5~6학년 과학/실과의 수업 시수에만 포함된다.

2) 공통교육과정

<table>
<tr><th colspan="2">구 분</th><th>1~2학년</th><th>3~4학년</th><th>5~6학년</th></tr>
<tr><td rowspan="8">교과(군)</td><td>국어</td><td rowspan="7">국어 482
수학 256
바른 생활 144
슬기로운 생활 224
즐거운 생활 400</td><td>408</td><td>408</td></tr>
<tr><td>사회</td><td>272</td><td>272</td></tr>
<tr><td>수학</td><td>272</td><td>272</td></tr>
<tr><td>과학/실과</td><td>204</td><td>340</td></tr>
<tr><td>체육</td><td>204</td><td>204</td></tr>
<tr><td>예술(음악/미술)</td><td>272</td><td>272</td></tr>
<tr><td>영어</td><td>136</td><td>204</td></tr>
<tr><td>소계</td><td>1,506</td><td>1,768</td><td>1,972</td></tr>
<tr><td colspan="2">창의적 체험활동</td><td>238</td><td>204</td><td>204</td></tr>
<tr><td colspan="2">학년군별 총 수업 시간 수</td><td>1,744</td><td>1,972</td><td>2,176</td></tr>
</table>

① 1시간 수업은 40분을 원칙으로 하되, 기후 및 계절, 학생의 발달 정도, 학습 내용의 성격, 학교 실정 등을 고려하여 탄력적으로 편성 · 운영할 수 있다.
② 학년군과 교과(군)별, 창의적 체험활동, 일상생활 활동 시간 배당은 연간 34주를 기준으로 2년간의 기준 수업 시수를 나타낸 것이다.
③ 실과의 수업 시간은 5~6학년 과학/실과의 수업 시수에만 포함된다.
④ 정보교육은 실과의 정보영역 시수와 학교자율시간 등을 활용하여 34시간 이상 편성 · 운영한다.

다. 특수교육대상학생별 교육과정 편성 영역

학년	대상자	특수학급	통합학급
2	김○○	국어, 수학	바른생활, 슬기로운 생활, 즐거운 생활, 창의적 체험활동
	박○○	국어, 수학	바른생활, 슬기로운 생활, 즐거운 생활, 창의적 체험활동
3	하○○	국어, 수학	사회, 도덕, 과학, 실과, 체육, 음악, 미술, 영어, 창의적 체험활동
4	정○○	·	국어, 수학, 사회, 도덕, 과학, 실과, 체육, 음악, 미술, 영어, 창의적 체험활동
6	류○○	국어, 수학	사회, 도덕, 과학, 실과, 체육, 음악, 미술, 영어, 창의적 체험활동
	최○○	국어, 수학	사회, 도덕, 과학, 실과, 체육, 음악, 미술, 영어, 창의적 체험활동

Ⅲ. 특수학급 운영 계획

▣ 세부 추진 계획

〈특수학급 교육과정 운영 안내〉

활 동				대 상	시 기	비고
특수학급 교육과정		개별화교육계획수립		특수교육 대상학생	3, 9월	
		장애인권교육			연중	
		사회적응활동			연중	
		생활지도			연중	
		성교육			연중	
		특수교육대상학생 평가			7, 12월	
특수 학급 운영 지원	통합 교육	통합교육 운영		전교생	연중	
		장애 인식 개선	장애이해 수업	통합학급	4월	
			장애인의 날 주간 행사	전교생	4월 14~18일	
			기관 연계 장애인식개선교육	전교생 및 학부모	11월	
		성폭력 예방 및 인권보호 교육		전교생 및 교직원	연중	
	관련 서비스 지원	방과후 학교	학교 방과 후	특수교육 대상학생	학기 중 (방학 제외)	
		치료 지원	언어치료		매주 1회 1시간	
		통학비			연중	
	학부모 상담			특수교육대상학생 학부모	연중	
기타		특수교육대상학생 선정·배치 및 신청 취소		의뢰 학생	교육청 일정에 맞춤	
		설문 조사	특수학급 운영 평가 설문	통합학급 담임 및 학부모	12월	

〈특수학급 교육과정 운영 안내〉

추진과제	추진 내용	목 표	시 기	대 상	담당	비고
통합교육	개별화교육계획 수립·적용	190일	3월~익년 1월	6명	특수	
	통합학급 친구이해교육	7회	3~4월	통합학급	특수	
	장애이해주간 운영	2회	4, 6월	전교생	특수	
	통합교육을 위한 교사 연수	2회	4, 9월	교직원	특수	
	학부모 공개수업	2회	6, 11월	6명	특수	
	통합학급 적응기간 운영	1회	3월 초	2명	담임	
생활적응	장애학생 성교육	5회	4~5월	6명	특수	
	장애학생 인권교육	10회	3월~익년 1월	6명	특수	
	행동관찰 및 상담	190일	3월~익년 1월	대상자 및 학부모	특수	
특수교육 관련서비스 지원	진로체험활동	6회	4~11월	6명	특수	
	개별화교육 교재 · 교구 확보	4회	3월~익년 1월	6명	특수	
	치료비 지원	12회	3월~익년 2월	6명	특수	
	특수학급 방과후학교 운영	주 2회	3~12월	3명	특수	
	특수교육 자원봉사자 운영	190일	3~12월	1명	특수	
	특수교육 실무원 운영	190일	3~12월	1명	특수	

참고문헌

교육부(2015). 2015 개정 특수교육 교육과정 총론.
부산광역시교육청(2021). 특수학급 운영 매뉴얼.
서울특별시교육청(2015). 특수학급 운영계획 도움자료.

제6장

특수교육관련 서비스

1 특수교육지원센터와 특수교육관련 서비스

특수교육대상학생이 재학하고 있는 특수학교나 특수학급 등에서는 개별화교육을 중심으로 특수교육이 이루어질 뿐만 아니라, 특수교육이 효과적으로 이루어질 수 있도록 특수교육관련 서비스도 제공하고 있다. 이런 특수교육관련 서비스는 주로 지역청 산하에 있는 특수교육지원센터를 중심으로 이루어진다. 그러므로 먼저 특수교육지원센터의 구성과 역할에 대해 알아본 후, 특수교육지원센터가 제공하는 다양한 특수교육관련 서비스를 설명하겠다.

1) 특수교육센터의 구성과 역할

특수교육센터는 크게 두 가지로 구성되어 있다. 시 · 도 교육청 산하 특수교육지원센터와 지역교육청별 특수교육지원센터가 있다. 예를 들어, 대도시인 부산 같은 경우는 부산시교육청 산하 특수교육지원센터가 있지만, 지역교육청인 동래교육청이나 남부교육청 산하에도 각 특수교육지원센터가 있다. 시 · 도 교육청 산하 특수교육지원센터는 시 · 도 전체의 효과적인 특수교육 서비스 지원체계를 마련하고, 각 지역청 지원센터의 업무를 지원하는 역할을 한다. 또한 각 지역청의 특수교육지원센터 교사나 직원들을 대상으로 전문적인 연수와 서비스 개발을 촉진하는 역할을 하기도 한다.

반면에 지역교육청 산하 특수교육지원센터는 지역 교육청 관할 학교에 재학 중인 특수교육대상학생에게 다양한 특수교육관련 서비스를 직접 제공하는 중추적인 역할을 한다.

특히 각 지역 특수교육센터는 특수교육대상자의 진단 평가와 선정 및 배치 업무, 통합교육지원, 장애학생 인권보호, 순회교육지원, 특수교육관련 서비스 제공 등 많은 역할을 수행하고 있다.

2) 특수교육관련 서비스의 의의와 종류

특수교육지원센터를 통해 제공되는 특수교육관련 서비스는 「장애인 등에 대한 특수교육법」 제2조에 해당되는 모든 특수교육대상자에게 제공되어야 한다. 또한 「장애인 등에 대한 특수교육법 시행령」과 시행규칙에는 특수교육대상자에게 제공될 수 있는 세부적인 특수교육관련 서비스를 명시하고 있다. 〈표 6-1〉을 참조하기 바란다.

표 6-1 「장애인 등에 대한 특수교육법 시행령 · 시행규칙」의 특수교육관련 서비스

구분	특수교육관련 서비스	
가족지원	법 제28조	• 교육감은 특수교육대상자와 그 가족에 대하여 가족상담, 부모교육 등 가족지원을 제공하여야 한다.
	시행령 제23조	• 법 제28조 제1항에 따른 가족지원은 가족상담, 양육상담, 보호자 교육, 가족지원프로그램 운영 등의 방법으로 한다. • 제1항에 따른 가족지원은 「건강가정기본법」 제35조에 따른 건강가정지원센터, 「장애인복지법」 제58조에 따른 장애인복지시설 등과 연계하여 할 수 있다.

<table>
<tr><td rowspan="2">치료지원</td><td>법 제28조</td><td>• 교육감은 특수교육대상자에게 필요한 경우 물리치료, 작업치료 등 치료지원을 제공하여야 한다. 이 경우 특수교육대상자의 장애 유형과 장애 정도를 고려한 맞춤형 치료지원이 제공될 수 있도록 하여야 한다.</td></tr>
<tr><td>시행령 제24조</td><td>• 법 제28조 제2항에 따른 치료지원에 필요한 인력은 「의료기사 등에 관한 법률」 제4조에 따른 면허 또는 「자격기본법」 제19조 제1항에 따라 주무부장관이 공인한 민간자격을 소지한 사람으로 한다.
• 교육감 또는 특수학교의 장은 특수교육지원센터 또는 특수학교에 치료실을 설치·운영할 수 있다.
• 교육감은 「공공보건의료에 관한 법률」 제2조에 따른 공공보건의료기관 및 「장애인복지법」 제58조에 따른 장애인복지시설 등과 연계하여 치료지원을 할 수 있다.</td></tr>
<tr><td rowspan="3">지원인력</td><td>법 제28조</td><td>• 교육감은 각급 학교의 장이 특수교육대상자를 위하여 필요한 경우 지원인력을 제공할 수 있도록 지원하여야 한다.</td></tr>
<tr><td>시행령 제25조</td><td>• 교육감은 법 제28조 제3항에 따라 각급 학교의 장이 특수교육대상자를 위한 지원인력을 원활하게 제공할 수 있도록 지원인력 수급에 관한 계획의 수립, 지원인력의 채용·배치 등 지원인력의 운영에 필요한 업무를 수행한다.
• 교육감 또는 교육장은 지원인력의 자질 향상을 위하여 특수교육에 관한 연수를 실시하여야 한다.
• 지원인력의 역할 및 자격은 교육부령으로 정하고, 그 밖에 운영 방법에 관한 세부 사항은 교육감이 정하여 고시한다.</td></tr>
<tr><td>시행규칙 제5조</td><td>• 법 제28조 제3항에 따라 학교에 배치되는 지원인력은 교사의 지시에 따라 교수·학습활동, 신변처리, 급식, 교내외 활동, 등하교 등 특수교육대상자의 교육 및 학교 활동에 대하여 보조 역할을 담당한다.
• 제1항에 따른 지원인력의 자격은 고등학교를 졸업한 사람 또는 이와 같은 수준 이상의 학력이 있다고 인정된 사람으로 한다.</td></tr>
<tr><td rowspan="2">각종 교구 및 학습보조기 등 지원</td><td>법 제28조</td><td>• 각급 학교의 장은 특수교육대상자의 교육을 위하여 필요한 장애인용 각종 교구, 각종 학습보조기, 보조공학기기 등의 설비를 제공하여야 한다.</td></tr>
<tr><td>시행령 제26조</td><td>• 교육감은 법 제28조 제4항에 따라 각급 학교의 장이 각종 교구·학습보조기·보조공학기기를 제공할 수 있도록 특수교육지원센터에 필요한 기구를 갖추어 두어야 한다.</td></tr>
</table>

통학 지원	법 제28조	• 각급 학교의 장은 특수교육대상자의 취학 편의를 위하여 통학차량 지원, 통학비 지원, 통학 지원인력의 배치 등 통학 지원 대책을 마련하여야 한다.
	시행령 제27조	• 교육감은 각급 학교의 장이 법 제28조 제5항에 따른 통학 지원을 원활하게 할 수 있도록 통학차량을 각급 학교에 제공하거나 통학 지원이 필요한 특수교육대상자 및 보호자에게 통학비를 지급하여야 한다. • 각급 학교의 장은 특수교육대상자가 현장체험학습, 수련회 등 학교 밖 활동에 참여할 수 있도록 조치를 취하여야 한다.
기숙사의 설치 · 운영	법 제28조	• 각급 학교의 장은 특수교육대상자의 생활지도 및 보호를 위하여 기숙사를 설치 · 운영할 수 있다. 기숙사를 설치 · 운영하는 특수학교에는 특수교육대상자의 생활지도 및 보호를 위하여 교육부령으로 정하는 자격이 있는 생활지도원을 두는 외에 간호사 또는 간호조무사를 두어야 한다. • 제6항의 생활지도원과 간호사 또는 간호조무사의 배치기준은 국립학교의 경우 교육부령으로, 공립 및 사립 학교의 경우에는 시 · 도 교육규칙으로 각각 정한다.
	시행령 제28조	• 교육감은 법 제28조 제6항에 따른 기숙사의 운영에 필요한 경비를 예산의 범위에서 부담하거나 보조할 수 있다. • 공립 및 사립학교의 기숙사 시설 · 설비 기준은 시 · 도 교육규칙으로 정한다.
각종 정보 제공	법 제28조	• 각급 학교의 장은 각급 학교에서 제공하는 각종 정보(교육기관에서 운영하는 인터넷 홈페이지를 포함한다)를 특수교육대상자에게 제공하는 경우 특수교육대상자의 장애 유형에 적합한 방식으로 제공하여야 한다.

출처: 국가법령정보센터.

2 특수교육관련 서비스의 실제

1) 가족지원/상담지원

가족지원 및 상담지원은 특수교육대상자의 부모나 형제에게 직접적인 서비스를 제공하는 것이 아니라, 가족구성원이 특수교육대상학생이 가진 장애를 인식하도록 도와주고 가족기능을 강화하여 가족이 장애를 이해 및 조정할 수 있는 것을 의미한다(윤명희, 2008). 다시 말해, 가족들이 특수교육대상학생을 이해할 수 있도록 장애에 대한 정보 및 올바른 양육방법을 지원 및 상담하며 가족구성원 간의 소통과 공감을 강화하여 특수교육대상학생과 가족구성원이 안정적인 가정생활을 할 수 있도록 하는 것이다. 이러한 가족지원 및 상담지원은 각 시·도 교육청에서 지역적 특성 및 요구에 맞게 부모 및 형제상담 및 부모교육, 외부체험학습, 가족문화체험, 동아리활동 등 다양한 형태로 지원되고 있다. 코로나19로 인해 외부 체험활동이 제한되고 비대면 활동이 활성화되면서 프로그램 참여인원을 소규모 또는 개별활동으로 계획하거나 원격으로 상담이나 지원을 하는 방법을 강구하며 진행되고 있다.

한 예로 특수교육지원센터에서 실시하는 가족지원 프로그램 지원절차는 [그림 6-1]과 같다.

단계	주체	내용
1. 상담 신청	교육지원청 ➡ 단위학교 단위학교 ➡ 교육지원청	• 특수교육지원센터: 상담 신청 안내 - 단위학교로 상담 신청 안내 공문 발송 - 상담 운영 계획 및 신청방법 안내 • 학교: 센터로 유선 문의 후 공문을 통한 신청 - 신청자는 상담 신청서류 작성하여 첨부 - [특수교육지원센터]로 신청공문 발송
2. 대상자 선정	특수교육지원센터 ➡ 단위학교	• 대상자 선정 협의회를 통한 대상자 선정 - 대상자 선정을 위한 사전상담 실시 - 위기가정 및 중증장애 순으로 선정 • 대상자 선정명단 및 세부 일정 공문으로 안내
3. 상담 진행	특수교육지원센터	• 전문상담사에 의한 부모 개별상담 진행 • 주 1회, 10회기 실시(예산에 따라 다를 수 있음) - 부모상담 및 부모교육 실시 - 상담 실시 확인서 기록
4. 상담 종결	특수교육지원센터	• 만족도 조사 • 필요시 추수상담 연계

그림 6-1 특수교육지원센터에서 실시하는 가족지원의 예-부모 개별상담

2) 치료지원

(1) 치료지원이란

특수교육대상학생의 부모 입장에서 치료지원 서비스 요구도는 학교교육에 못지않게 큰 비중을 차지하고 있다. 아이가 만 3세 이전이라도 발달지연을 인지한 순간부터 부모는 병원 진단과 동시에 여러 사설치료센터를 다니며 다양한 치료교육을 받게 한다. 장애가 심할수록 치료교육을 받게 되는 시기가 빨라지며 치료영역도 다양하게 받기를 바란다. 하지만 사설 치료센터 비용은 가정에서 오롯이 감당하기에 만만찮은 금액이므로 어떻게든 치료비 지원을 받기를 바라며, 실제로 중도에 치료를 포기하는 이유도 치료효과를 보기까지 오랜 기간 동안 치료비를 감당하기에 어려움이 있어 그만두는 경우가 많다. 이러한 교육적 수요와 경제적 어려움을 해소하고자 치료지원이 시작되었다.

치료지원은 특수교육관련 서비스 중 특수교육의 욕구를 충족하기 위해 다양한 영역의 치료를 지원하는 것이며 특수교육대상학생의 치료비 부담을 경감시키고 다양한 치료 서비스를 선택할 수 있도록 도와주는 것이다.

시 · 도 교육청에서 제공하는 치료지원은 특수교육대상자의 장애 교정, 장애 경감 및 2차 장애 예방을 하기 위함이며 특수교육대상자의 장애 개선을 통해 사회 적응력을 향상시키고 특수교육대상자 교육의 효율성을 증대하는 데 목적을 두고 있다.

(2) 치료지원의 실시 유형

치료지원의 실시 유형은 특수교육대상자의 장애영역, 치료기관, 시 · 도 교육청의 정책에 따라 조금씩 다르다. 국립특수교육원에서는 치료지원 실시 유형으로 특수교육지원센터에 치료실 설치 및 운영, 특수학교에 치료실 설치 및 운영, 유관기관과 연계하여 실시하는 세 가지 유형을 제시하였다(국립특수교육원, 2009).

① 특수교육지원센터에 치료실 실시 · 운영

특수교육지원센터에 치료실을 설치하고 치료사를 배치하여 운영하는 형태이다. 이는 일반학교에 소속된 특수교육대상학생이 특수교육지원센터로 내방하여 치료지원을 받는다. 지역적 특성에 따라 치료사가 소속 교육기관에 방문하거나 중증장애일 경우 가정방문을 하여 순회치료지원을 하기도 한다. 외부치료기관의 접근성이 떨어지는 지역이나 이동에 어려움이 있는 학생들에게는 유용한 형태이다(이보옥, 2013). 실제 특수교육지원센터 치료지원은 대략 학년 말에 내년도 치료지원 대상자를 선정하고 다음 해 1년 동안 치료사에 의한 치료지원을 운영하게 된다. 치료지원 대상학생들은 주 2회 정도 치료지원을 받게 되고, 치료사들은 주당 20~22시간으로 치료지원을 실시하고 있다. 구체적인 치료지원 시수는 시도별로 조금씩 차이가 있다(경상남도교육청, 2021).

② 특수학교에 치료실 설치 · 운영

특수학교에 치료실을 설치 · 운영하는 형태이다. 특수학교에 재학 중인 특수교육대상학생의 효율적인 치료지원을 위해 특수학교 내 치료실을 설치하고 치료사들에 의한 치료지원을 실시한다. 특수학교에 입학하거나 전입하는 학생은 필요한 치료지원 영역을 학교에 요구하고 그에 맞는 치료지원을 받게 된다(국립특수교육원, 2009).

③ 유관기관에 연계하여 치료지원

병원 및 치료센터와 같은 유관기관에 연계하여 치료를 받고 치료비를 지원받는 형태이다. 이는 외부 치료지원 제공기관에서 치료를 받기를 희망할 경우 시 · 도 교육청 치료지원비를 신청할 수 있다. 치료지원비 대상자에 대한 선정 절차를 거쳐야 하고, 이후 발급되는 전자카드로 치료비를 결제할 수 있다. 또한, 전자카드를 이용할 수 없는 의료기관일 경우는 현금지원도 가능하다. 다만, 지역마다 치료지원비를 신청할 수 있는 치료영역이 다를 수 있기 때문에 특수교육지원센터에 문의 후 신청하는 것이 좋다. 보건복지부 발달재활서비스에서 제공하는 동일 영역 치료지원을 받고 있을 시 중복으로 지원이 안 되며, 「장애인 등에 대한 특수교육법」 제2조 제10항의 특수교육기관이 아닌 어린이집 등의 기관에 재원 중인 원아 및 취학 연기 · 유예자는 치료지원 서비스를 받을 수 없다(서울특별시교육청, 2021b).

(3) 치료지원의 제공 영역 및 운영

치료지원 영역은 치료사 국가면허 또는 국가공인민간자격 소지자가 제공하는 영역으로 실시한다. 현재 지원되고 있는 치료지원 영역은 〈표 6-2〉와 같다.

표 6-2 치료지원 제공 영역

종류		정의
치료지원	물리치료	신체적 · 정신적 손상으로 저하된 신체적 잠재능력을 최대한 발휘할 수 있도록 신체의 기능 회복 및 운동발달을 증진시키고 불필요한 신체적 움직임을 최소화하여 독립적인 일상생활을 수행하고 보행을 할 수 있도록 돕는 치료
	작업치료	일상생활을 원활하고 독립적으로 하는 데 초점을 둔 치료로 신경발달과 손동작 기능향상과 일상생활 활동 훈련
기타특수교육 관련 서비스	언어치료	언어장애가 있어서 의사소통이 어려운 사람들의 발달상태 및 언어능력을 평가하여 언어의 발달을 유도하고 원활하게 의사소통이 이루어지도록 돕는 치료
	청능훈련	청각장애인의 남아있는 청력을 최대한으로 활용하여 음 및 말소리를 수용하는 능력을 신장시켜서 원활한 의사소통을 촉진하는 치료
	심리 · 행동 치료	심리 · 행동 적응상의 문제로 인한 대인 관계의 실패와 이에 따른 자아상실감 등의 문제에 대처하기 위해 행동 교정 및 환경 적응력을 강화시킴으로써 원만한 사회생활을 영위할 수 있도록 하는 치료
	감각 · 지각 훈련	감각조절, 실행 장애가 있는 아동들에게 발달단계에 맞는 적절한 감각자극을 제공하여 신경계를 효율적으로 조직화하도록 도와 적응반응을 유도하는 치료

치료지원 대상은 공립 또는 사립 유 · 초 · 중 · 고등학교에 재학하는 특수교육대상자 중 치료지원이 필요한 학생으로 특수교육대상자의 장애영역 및 요구에 따라 지원형태는 달라진다. 다음 [그림 6-2]~[그림 6-4]는 치료지원 실시 유형에 따른 절차 및 운영이다.

절차	담당	내용
치료지원 신청	특수교육지원센터, 학교	• 일반학교 특수교육대상자 중 치료지원이 필요한 학생 치료지원 신청(학년 말)
진단 · 평가 및 선정	특수교육지원센터, 선정위원회	• 신청자 대상으로 진단 · 평가 실시 • 선정위원회 심의 및 대상자 선정
선정 결과 안내	선정위원회, 학교	• 치료지원 대상자 선정 결과 통보
치료지원 실시	특수교육지원센터	• 센터 내방 치료지원 또는 재학교나 가정방문하여 순회치료지원 실시 • 실시기간: 3월~익년 2월 • 지도학생 수: 치료사당 12명 이내 • 치료지원 시간: 학생당 주 2회 이내

그림 6-2 특수교육지원센터의 치료실 운영(치료사에 의한 치료지원) 절차

출처: 경상남도교육청(2021).

특수학교 재학생 대상으로 치료지원 희망조사	➡	치료지원 평가 및 지원영역 배치	➡	치료지원 계획 수립 및 학부모 상담	➡	치료지원 실시
신입생, 전입생		학교 내 선정위원회		치료사, 학부모		치료사

- 신청기간: 재학생은 학년 말, 신입생은 학년 초에 신청
- 치료지원 기간: 학년도 기준으로 3월~익년 2월
- 학생당 주 2회 이내, 개별 또는 그룹 치료 형태로 실시
- 교육과정 운영에 따른 학급 재량활동시간 또는 방과 후 시간을 활용함

그림 6-3 특수학교에서의 치료지원 절차

출처: 지역 특수학교(2021).

절차	담당	내용
치료지원 신청	특수교육지원센터, 학교	• 특수교육대상자 선정 여부 확인 및 의견수렴
진단 · 평가 및 선정	특수교육운영위원회	• 특수교육대상자 선정 시 치료지원 관련 내용 명시
	(학교) 개별화교육 지원팀	• 개별화교육계획에 치료지원 관련 내용 작성 • 치료지원 영역 및 방법 협의
선정 결과 안내	특수교육운영위원회	• 치료지원 대상자 선정 결과 통보
	(학교) 개별화교육 지원팀	• 치료지원 서비스 이용 방법 안내
개인별 치료지원 계획 수립	개별화교육지원팀	• 학생별 치료지원 영역 및 방법 결정
전자카드 발급	학교, 학부모	• 학교에서 교육지원청으로 카드 발급 신청 • 학부모가 특수교육지원센터에 방문하여 전자카드 수령
치료지원비 결제	치료지원 제공기관	• 전자카드: 교육지원청 지정 치료지원 제공기관 이용하여 치료비 결제

그림 6-4 유관기관을 연계하여 실시하는 치료지원 절차

출처: 서울특별시교육청(2021b).

유관기관에 연계한 치료지원 운영은 특수교육지원센터나 특수학교에서 지원하는 치료지원과 조금 다르게 운영된다. 유관기관에 연계한 치료지원은 연중 신청이 가능하고 치료영역도 다양한 편이다. 다만, 시 · 도별로 신청 가능한 치료영역 및 유관기관도 다르니 해당 특수교육지역센터에 문의가 필요하다. 지원금액은 월 12~15만 원으로 시도별로 조금씩 차이가 있다. 지원방법은 전자카드를 발급하여 사용하도록 하고 전자카드 사용이 안 되는 의료기관일 경우 현금지원을 하기도 한다.

이렇게 다양한 형태로 운영되고 있는 치료지원은 2019년 47,514명, 2020년에는 48,763명의 특수교육대상자에게 물리치료, 작업치료 등 치료지원과 보행훈련, 심리·행동 적응훈련 등 기타 특수교육관련 서비스를 제공하였고 치료지원의 폭이 점차 늘어나는 것을 알 수 있다.

표 6-3 2019년과 2020년 치료지원 현황 (단위: 명, 천 원)

구분	지원 인원		지원 예산	
	2019년	2020년	2019년	2020년
서울	9,719	8,574	11,304,072	12,236,796
부산	3,578	3,724	5,014,080	5,186,880
대구	4,599	4,809	5,810,688	5,963,632
인천	3,081	4,206	3,193,100	6,131,956
광주	2,290	2,368	3,095,040	3,363,600
대전	1,424	1,484	1,530,431	1,954,765
울산	1,020	1,045	1,941,851	2,772,585
세종	454	482	633,294	768,400
경기	2,748	3,117	4,909,360	6,000,778
강원	2,174	2,306	1,252,790	3,246,000
충북	3,010	2,975	3,968,414	3,825,262
충남	2,528	2,688	3,430,841	4,034,104
전북	2,992	2,806	4,140,852	3,823,909
전남	1,338	1,450	3,232,550	3,593,671
경북	3,581	3,746	5,193,617	6,075,701
경남	2,055	2,082	4,256,554	5,540,588
제주	923	901	1,216,800	1,313,402

출처: 국립특수교육원(2019~2020).

(4) 치료지원과 발달재활서비스(바우처)

특수교육대상자 학부모들이 치료지원비를 신청할 때 교육부의 치료지원과 보건복지부의 발달재활서비스(바우처)를 혼동하는 경우가 있어 행정적 처리에 어려움을 겪기도 한다. 이에 두 가지 경우의 지원서비스를 비교 분석하여 명확히 구분할 필요가 있다. 참고로 발달재활서비스는 교육부에서 지원하는 특수교육관련 서비스가 아니다.

표 6-4 치료지원과 발달재활서비스의 운영 비교

	치료지원	발달재활서비스(바우처)
주관 기관	교육부	보건복지부
지원 대상	공/사립 유·초·중·고등학교에 재학하는 치료지원이 필요하다고 진단된 특수교육대상학생	만 18세 미만의 뇌병변장애, 시각장애, 청각장애, 언어장애, 지적장애, 자폐성장애를 가진 아동 ※ 영유아(만 6세 미만)의 경우 발달재활서비스가 필요하다고 인정한 의사진단서와 검사자료로 대체 가능
지원 영역	물리치료, 작업치료, 언어재활 등	언어, 청능, 미술, 음악, 행동, 놀이, 심리, 감각, 운동 등
신청 및 선정절차	부모가 학교 또는 특수교육지원센터로 신청 - 선정위원회 심의로 선정	읍·면·동 주민센터(시·군·구청)에 신청 - 가구 소득 조사 과정을 거쳐 대상자 선정
치료지원 제공기관	민간 치료지원 제공기관, 발달재활서비스 제공기관, 특수교육지원센터, 특수학교	민간 발달재활서비스 제공 기관
제공인력 기준	국가 자격 또는 국가 공인 민간자격소지자(특수교육관련 서비스의 경우 민간자격자도 가능)	한국직업 능력개발원에 등록된 민간자격자(발달재활서비스 제공 인력 자격 인증서 취득자)

출처: 국립특수교육원(2021).

3) 특수교육 지원인력

특수교육 지원인력이란 특수교육이 이루어지는 곳에서 담당교사를 도와 특수교육대상자 및 교육활동을 지원하는 인력이다. 이는 특수교육의 질 향상 및 중증장애학생의 교육활동 참여 보장 및 교육효과를 높이기 위해 지원되는 서비스이다.

특수교육 지원인력은 특수교육보조원, 사회복무요원, 자원봉사자로 나눌 수 있다.

첫째, 특수교육보조원은 시·도 교육청 교육공무직원 신분으로 공무원 근무시간에 준하며 근무시간 내 학교장이 명하는 교육활동을 지원한다. 「장애인 등에 대한 특수교육법 시행규칙」 제5조(지원인력의 역할 및 자격)로 역할을 법적으로 명시하고 있으며 그 구체적인 내용은 다음과 같다.

- (교수·학습활동) 학습자료 및 학용품 준비, 이동보조, 교실과 운동장에서의 학생활동 보조, 학습자료 제작 지원 등
- (개인욕구) 용변 및 식사지도 등 신변처리, 보조기 착용, 착·탈의, 건강보호 및 안정된 학교생활 지원
- (적응행동) 적응행동 촉진 및 부적응행동 관리 지원, 또래와의 관계형성 지원, 행동지도를 위한 프로그램 관리 등

그 외 방과 후 학교(교육부, 2020) 지원은 특수교육 지원인력이 담당하는 '특수교육대상자의 교육 및 학교활동'에 해당된다. 다만, 교사의 고유 업무인 수업이나 학생지도, 평가, 상담 등은 대신할 수 없다(교육부, 2021).

다음은 특수교육 지원인력의 역할에 대해 이해를 돕기 위한 예시자료이다.

[이렇게 하면 안 돼요!]

근처에 준서와 함께 퍼즐을 맞추고 싶어 하는 친구가 있는데도 관심을 기울이지 않고 준서와 함께 단둘이 퍼즐 맞추기를 한다.

점토놀이 중인 준서에게 친구가 "뭐 만들어?"라고 말을 걸자 "준서 지금 자동차 만들어."라고 대신 대답한다. 준서는 계속해서 혼자 점토놀이를 한다.

바깥놀이를 가기 위해 열매반 친구들이 짝꿍과 두 줄로 설 때 준서의 손을 잡고 맨 뒤에 선다. 준서는 친구의 손을 잡고 싶지만 항상 선생님의 짝꿍이다.

[이렇게 해 주세요!]

준서가 친구와 함께 퍼즐을 맞출 수 있도록 옆에서 지켜본다. 유아들이 조각 찾기를 어려워하면 살짝 밀어주는 등 즐겁게 활동하도록 분위기를 조성한다.

은수가 준서에게 말을 걸자 준서에게 친구를 쳐다보도록 언어 촉진을 제공하고 "자동차 만들어."라고 대답하도록 알려 주어 친구와 간단한 대화를 나누게 한다.

준서는 친구의 손을 잡고 줄을 선다. 준서가 계속해서 손을 잡고 있기 어려워하므로 가까이 있으면서 손을 놓으려고 하는 모습이 보일 때 "친구 손잡고 가자."라고 언어 촉진을 제공한다.

그림 6-5 **특수교육 보조인력의 역할에 대한 예시**

출처: 국립특수교육원(2018).

둘째, 사회복무요원은 병무청 소속으로 근무지를 학교로 배치받아 특수교육 대상 학생의 학습 보조 및 신변자립 등을 지원한다. 사회복무요원의 배치는 전공 및 적성, 특수교육대상학생 장애 유형 및 특성, 성별 등을 종합적으로 고려하여 시 · 도 교육청과 병무청이 협의하여 배치된다. 장애학생 폭행 등 사회적 물의를 일으킨 사회복무요원은 학교 또는 교육청에 재배치되지 않도록 관리규정을 강화하고 있다(병무청, 2018). 사회복무요원의 복무는 복무관리 규정에 준해야 하며, 복무 포털사이트에서 근무상황을 기록하도록 되어 있다. 또한 사회복무요원 직무교육 실시 강화를 위해 시 · 도 교육청에서는 신규 사회복무요원 대상으로 배치 3개월 이내 장애인권 내용이 포함된 특수교육 관련 직무교육을 16시간 이상 실시하도록 되어 있다. 기배치된 사회복무요원대상으로도 연 2회 이상 직무교육(장애인권, 직무역량교육)을 학교에서 실시하도록 되어 있다(교육부, 2021).

셋째, 자원봉사자는 해당 학교에서 자원봉사자를 위촉하여 특수교육대상학생을 지원한다. 특수교육 전공 대학생 현장실습 확대 및 봉사학점제 등으로 실시하고 있으며 재능기부 등을 통한 자원봉사 영역 및 지원인력을 확대하고자 노력하고 있다(교육부, 2021). 또한 자원봉사자를 공개 모집하여 학교단위 선정위원회에서 자원봉사 활동에 적합한 대상자를 선정하기도 한다. 이렇게 선정된 자원봉사자는 지원인력 역할을 수행하고 봉사료를 지급받는다.

다음은 2021년 특수교육 보조인력 배치 현황이다.

표 6-5 특수교육 보조인력 배치 현황 (단위: 명)

특수학교						특수학급						일반학급					
실무원	공공근로(자활후견단체)	자원봉사	공익요원	기타	소계	실무원	공공근로(자활후견단체)	자원봉사	공익요원	기타	소계	실무원	공공근로(자활후견단체)	자원봉사	공익요원	기타	소계
2,789	3	158	1,653	11	4,614	5,568	104	555	2,644	9	8,880	112	4	73	80	–	269

출처: 국립특수교육원 특수교육통계(2021).

4) 보조공학 · 학습보조기기 지원 및 정보접근지원

특수교육대상자 중에서 휠체어를 타고 있거나, 점자정보단말기, 높낮이 조절 책상, 쓰기보조도구인 연필홀더, 보완대체 의사소통기기 등을 사용하는 학생을 볼 수 있다. 이 모든 기기는 보조공학 · 학습보조기기에 속한다. 보조공학기기란 장애학생이 과제나 직업을 수행할 때 재활 및 신체적 불편함을 개선하여 교육과 일상생활에서 장애학생의 기능적인 능력의 개선, 유지, 확대에 필요한 기기나 물품을 말하고, 학습보조기기란 장애학생이 학습활동을 하는데 도움을 주는 보조 도구나 물품을 말한다(서울특별시교육청, 2019).

보조공학 유형은 기술 접근 방식에 따라 첨단공학기기부터 일반공학기기, 기초공학기기, 무공학기기까지 다양하다. 구체적으로 살펴본다면, 먼저 첨단공학(high technology)기기는 컴퓨터와 같은 디지털 기반으로 운영되는 기기나 시스템으로 다른 유형보다는 상대적으로 정교하게 제작되었으며, 가격도 높은 특징을 가지고 있는데, 그 예로 멀티미디어 컴퓨터 시스템, 하이퍼미디어 기반 교수 · 학습 프로그램, 태블릿에서 작용하는 보완대체 의사소통시스템, 전자적인 제어 시스템으로 움직이는 로봇, 장애학생을 위한 스마트폰이나 애플리케이션 등이 있다. 일반공학(medium technology)기기는 첨단공학기기와 비교하여 정교함이나 복잡함이 덜한 기기로 비디오나 오디오 기기, 그리고 휠체어와 같은 전기제품이나 기계적인 요소가 가미된 기기류 등이 포함될 수 있다. 기초공학(low technology)기기는 일반적인 도구나 기구에 약간의 수정이나 변화가 가미된 기기로 구체적인 예를 들면, 지체장애학생을 위한 손잡이가 변형된 숟가락, 컵, 약간 개조된 책상, 휠체어를 사용하는 데 필요한 액세서리 등이 여기에 속한다. 마지막으로 무공학(no technology)은 기기 혹은 도구의 사용에 대한 것이 아니라 체계적인 교수 · 학습과정, 물리치료 혹은 작업치료와 같이 관련 서비스들로 설명할 수 있다(경상남도특수교육원, 2017).

보조공학기기 및 학습보조기기 지원 대상은 공 · 사립 특수학교와 일반학교 재학 중인 유 · 초 · 중 · 고등학교 특수교육대상자이며 지원기기의 종류 및 운영은 다음과 같다.

표 6-6 보조공학기기 및 학습보조기기의 종류

	종류	품목 및 제품(예시)	장애영역
보조공학기기	컴퓨터 보조기기	빅 트랙마우스, 조이스틱 롤러, 터치모니터, 킹 키보드, 젤리빈 스위치 등	지체장애, 지적장애, 자폐성장애
	이동 보조기기	수동 휠체어, 워커 등	지체장애
	자세유지 보조기기	스탠더, 틸팅테이블, 킨더체어, 베이직체어, 틸트체어, 코너체어, 파더시트, 로호쿠션, 공기젤 쿠션, 체간고정벨트, 이너, 훈련용 벤치의자, 높낮이 각도조절 책상 등	지체장애
	시각장애인 보조기기	탁상용 독서확대기, 휴대용 독서확대기, 음성출력기, 망원경 등	시각장애
	청각장애인 보조기기	FM송수신기(송신기, 수신기, 어댑터) 등	청각장애
학습보조기기	의사소통 학습보조기	GOTALK, 이지컴, 위드톡 10.1, 키즈보이즈, 4종스캐닝 커뮤니케이터, 미니컴, 플랫폼 커뮤니케이터, 싱글메시지 커뮤니케이터, 칩톡, 말하는 책 book worm, 모모야 모모 언어훈련 패키지, 솔이가 있는 세상, 킹킹아 학습별 패키지 등	지체장애, 지적장애, 자폐성장애, 의사소통장애
	감각훈련 학습보조기	에듀매쓰 액션B세트, EZ손조작운동기 등	지체장애, 지적장애, 자폐성장애

출처: 서울특별시교육청(2019).

보조공학 및 학습보조기기 지원 형태는 시·도 교육청에 따라 다를 수 있으나 기기 대여 또는 예산 지원을 할 수 있다. 특수교육지원센터에서 기기를 보유·관리하는 경우는 대여시스템을 구축하고 있어 기기 대여가 가능하며, 예산 지원만 가능한 교육청인 경우는 지원대상자를 선정하고 예산을 지원하여 학교에서 기기 구입 및 관리하도록 되어 있다.

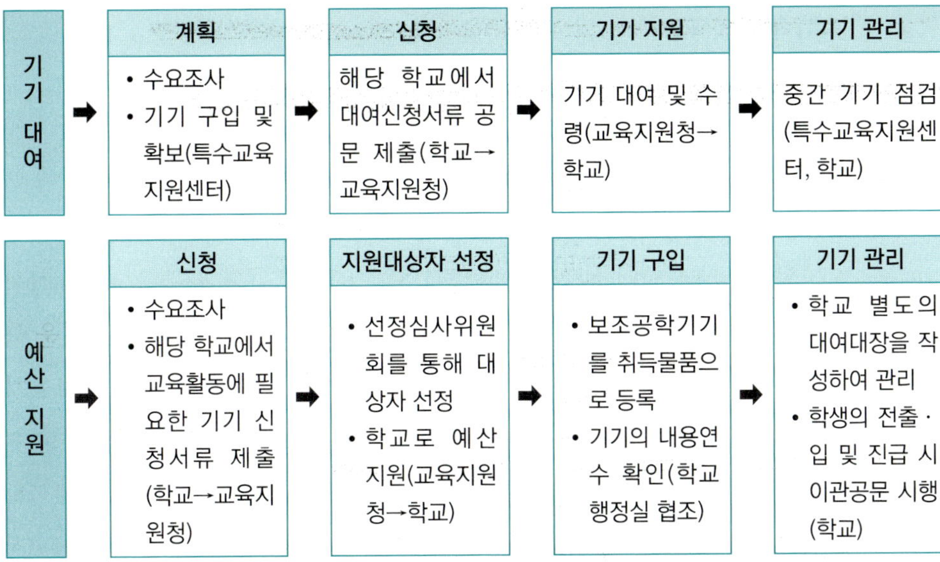

그림 6-6 보조공학 및 학습보조기기 지원 절차

정보접근지원은 인터넷 사용을 포함한 PC, 시설, 설비 등과 같은 특수교육대상자를 둘러싸고 있는 환경에서의 정보 접근을 보장하는 것이라 할 수 있다(손가화, 2010). 저시력의 특수교육대상자에게는 확대 화면, 청각장애학생의 경우 보조적인 음성 지원 또는 시각적 지원, 컴퓨터에 접근하기 위한 IT 기술로는 발 마우스, 헤드 마우스, 에어쿠션 스위치 등이 포함되며 컴퓨터 교육 및 사이버 학습망도 정보접근지원에 포함된다. 이에 국립특수교육원에서는 장애학생 온라인 학습방을 운영하여 장애 유형별 온라인 교수·학습자료를 지원하며, 에듀에이블에서는 다양한 교수·학습자료, 사이버 재택교육 자료, 교육용 프로그램 및 특수교육관련 정보를 탑재하고 있다. 또한 시각장애학생을 위한 EBS 수능 방송교재와 학습 관련 참고서 및 문제집 점역자료도 지원한다. 시·도 교육청에 따라 홈페이지 웹 접근성을 확보하기 위해 사용자 편의에 따른 특수교육 정보 제공 이원화로 구축하기도 하고, 모바일 애플리케이션을 통한 장애학생 인권정보를 제공하기도 한다.

5) 통학지원

통학지원은 특수교육대상학생의 통학 및 교외 체험활동 시 이동권을 확보해 주고 교육과정 운영을 정상화하기 위해서 학교에서 통학차량을 지원해 주거나 필요시 통학비 지급 기준에 따라 통학비를 지급하도록 되어 있다.

지원대상은 통학버스가 있으나 통학버스 이용이 어려운 특수교육대상학생, 실제 통학거리가 원거리이거나 근거리이지만 독립적인 보행이 어려운 특수교육대상학생, 독립적인 통학이 불가능한 학생의 통학을 보조하는 보호자에 대해 지원한다. 학교장은 특수교육대상자의 취학 편의를 위해 통학차량 지원, 통학비 지원, 통학지원인력 지원 등의 통학지원계획을 수립하여 지원하도록 되어 있다. 교통비는 버스요금 기준으로 1일 왕복요금을 지급하고 있다(서울특별시교육청, 2021a).

표 6-7 2021 통학 현황 (단위: 명)

학교 통학버스 수	통학 수단별 학생 수						통학 소요시간별 학생 수(편도)				
	통학버스	자가용	대중교통	도보	기숙사	소계	30분 이내	1시간 이내	1시간 이상 2시간 이내	2시간 이상	소계
775	15,896	6,857	1,392	1,129	789	26,063	14,586	9,385	2,081	11	26,063

출처: 국립특수교육원 특수교육통계(2021).

실제 2021년 4월 기준 특수교육대상자 통학 현황을 살펴보면 특수교육대상학생이 통학버스를 이용하는 학생 수는 61% 정도이다. 통학버스를 이용하지 않는 학생들의 경우 경증장애로 대중교통이나 도보가 가능한 학생도 있겠지만, 통학버스 이용이 어려운 학생도 많은 편이다. 이 학생들은 장애로 인해 자가용을 이용해야 하거나 통학버스가 갈 수 없는 원거리 통학인 경우는 자가용이나 대중교통을 이용하고 있다.

통학지원이 필요한 특수교육대상학생에게는 「특수교육법」 제28조에 따라 교통비 지원을 하고 있다. 2020년에는 특수학교 및 특수교육지원센터 배치 학생 26,615명 중 통학버스를 이용하는 학생을 제외한 10,237명을 대상으로 학부모를 포함하여 11,246명을 지원하였으며, 일반학교의 특수학급 및 일반학급 배치학생 68,805명 중 통학버스를 이용하는 학생을 제외한 31,362명(학부모 포함)을 지원하여 교통비로 약 349억 원의 예산을 지원하였다(국립특수교육원, 2020).

6) 기숙사 설치 · 운영

「장애인 등에 대한 특수교육법」 제28조(특수교육관련 서비스)에는 각급 학교의 장은 특수교육대상학생의 생활지도 및 보호를 위하여 기숙사를 설치 · 운영할 수 있다고 되어 있다. 또한 기숙사를 설치 · 운영하는 특수학교에는 특수교육대상자의 생활지도 및 보호를 위하여 교육부령으로 정하는 자격이 있는 생활지도원을 두는 외에 간호사 또는 간호조무사를 두어야 한다고 명시되어 있다. 제6항의 생활지도원과 간호사 또는 간호조무사의 배치기준은 국립학교의 경우 교육부령으로, 공립 및 사립 학교의 경우에는 시 · 도 교육규칙으로 각각 정한다.

생활지도원의 자격 및 배치기준은 「장애인 등에 대한 특수교육법 시행규칙」에 다음과 같이 명시되어 있다.

제6조(생활지도원의 자격 및 배치기준)

① 법 제28조 제6항 후단에 따라 특수학교의 기숙사에 두는 생활지도원은 다음 각 호의 어느 하나에 해당하는 사람으로 한다.

1. 「초 · 중등교육법」 별표 2의 자격 기준에 해당하는 사람
2. 고등학교를 졸업한 사람 또는 이와 같은 수준 이상의 학력이 있다고 인정된 사람으로서 다음 각 목의 어느 하나에 해당하는 자격이 있는 사람

가. 「의료기사 등에 관한 법률」 제2조에 따른 물리치료사 또는 작업치료사
나. 「사회복지사업법」 제11조에 따른 사회복지사
다. 「영유아보육법」 제21조 제2항에 따른 보육교사

② 법 제28조 제6항 후단에 따라 국립학교에 두는 생활지도원은 학생 5명마다 1명 이상을 배치하여야 한다. 다만, 시각장애 또는 청각장애가 있는 특수교육대상자를 교육하는 중학교 및 고등학교 과정의 경우에는 학생 7명마다 1명 이상을 배치할 수 있다.

제6조의2(간호사 등의 배치기준) 법 제28조 제6항 후단에 따라 국립학교에는 간호사를 1명 이상 배치하되, 기숙사에 기숙하는 학생이 50명을 초과하는 경우에는 그 초과인원 50명마다 간호사 또는 간호조무사를 1명 이상 추가로 배치하여야 한다.

실제 기숙사를 운영하고 있는 특수학교의 경우, 통학이 힘든 학생이나 원거리 학생들에게 숙식을 제공하여 학생들의 교육받을 권리를 보장하도록 하고 있다. 해당 학교는 기숙사 운영 계획에 입·퇴사의 절차 및 생활규정 등의 방침을 세우고 운영하고 있으며, 기숙사의 제반 행정 절차는 기숙사 운영위원회를 통해 처리하도록 하고 있다.

3 특수교육관련 서비스의 업무 처리

1) 새 학기 이전 특수교육관련 서비스의 업무 처리

대부분의 특수교사는 당해 연도 11월이 되면, 다음 연도에 해당 특수학교나 특수학급에 배치가 될 특수교육대상학생에 대한 배치 통보를 받게 된다. 배치 통보는 공문으로 통지되지만, 학생들의 이름과 출신학교 정도만 알 수

있기 때문에, 그 학생들이 현재 받고 있는 또는 향후 받을 예정인 특수교육관련 서비스에 대해서 파악하기 어렵다. 그러므로 배치 공문을 받으면 먼저 출신학교로 연락을 취하여 배치대상 학생들이 받고 있는 특수교육관련 서비스에 대해 문의를 하고 준비를 하여야 한다.

예를 들어, 치료 지원의 경우는 매 연도마다 재신청해야 하는 경우도 있어서, 입학 후 학부모가 미리 알려 주지 않으면 그 지원 시기를 놓칠 수도 있기 때문이다. 또한 통학비의 경우도 새로 배치받은 학교와 학생의 집까지의 거리가 변경되는 경우도 있어 통학비 지급 대상인지를 다시 검토해야 하는 경우도 있다.

참고로 배치 예정 학생이 제공받고 있는 수업에 필요한 교재나 교구 지원이 계속해서 이루어질 수 있도록 특수교육센터에 미리 알아보는 것도 중요하다. 특히 상급학교 진학이나 다른 지역으로 전학하는 경우, 담당 특수교육지원센터가 바뀌어서 그 센터가 보유하고 있는 교재나 교구가 부족하거나 없을 수도 있기 때문이다.

2) 학기 중 특수교육관련 서비스의 업무 처리

학기 중에 특기 적성비 지원과 통학비 지원 그리고 방과 후 지원 활동 등의 특수교육관련 서비스가 상시적으로 제공되는 경우가 많다. 학기 초에 공문에 따라서 지원대상의 요건에 맞춰서 신청을 하면 대상자 확정 공문이 오면서 서비스 제공이 시작된다. 그러므로 담당하는 특수교육대상학생이 지원 요건에 부합하는지를 면밀하게 살펴서 신청을 하는 것이 중요하다. 만약 지원 대상자를 빠뜨리거나 잘못 선정하여 신청한 경우 특수교육지원센터와 협의하여 해결하여야 한다. 또한 학기 중 학부모와 상담을 통해서 가족 지원이나 상담 지원 등이 필요한 경우도 특수교육지원센터와 협의를 하여 필요한 정보를 제공하여야 한다. 그리고 학기 중 필요에 따라서 특수교육 보조인력의 변경이 요구되는 경우도 특수교육지원센터를 거쳐서 관할 교육청과 충분히 협의하여야 한다.

참고문헌

경남혜림학교(2021). 학교교육계획.

경상남도교육청(2021). 경상남도교육청 특수교육대상자 치료지원 운영 계획.

경상남도창원교육지원청(2021). 특수교육지원센터 운영 계획.

경상남도특수교육원(2017). 보조공학기기 매뉴얼.

교육부(2020). 2021학년도 특수교육 운영계획.

교육부(2021). 2021 특수교육통계.

국립특수교육원(2009). 특수교육지원센터 운영 효율화를 위한 현장요구조사.

국립특수교육원(2018). 통합유치원 운영 모델.

국립특수교육원(2019). 2019 특수교육 연차보고서.

국립특수교육원(2020). 2020 특수교육 연차보고서.

대구광역시교육청(2021). 특수교육대상자 치료지원비 지원계획.

병무청(2018). 사회복무요원 복무관리규정.

서울특별시교육청(2019). 학습보조기 및 보조공학기기 지원운영 가이드.

서울특별시교육청(2021a). 서울특별시교육청 특수교육 운영 계획.

서울특별시교육청(2021b). 특수교육대상자 치료지원 운영 계획.

손가화(2010). 발달지체유아 담당 치료사의 관련서비스에 대한 요구 조사. 단국대학교 대학원 석사학위논문.

윤명희(2008). 발달지체 영·유아의 가족지원을 위한 가족의 요구 조사. 단국대학교 특수교육대학원 석사학위논문.

이보옥(2013). 서울지역 장애학생 치료지원 서비스 이용실태와 어머니의 만족도 및 개선방안. 우석대학교 대학원 석사학위논문.

국가법령정보센터 http://www.law.go.kr

국립특수교육원 http://www.nise.go.kr

제7장

개별화교육계획

개별화교육계획이란 장애를 가진 특수교육대상학생에게 장애 특성과 개인적인 교육적 요구에 맞추어진 교육과 지원 서비스를 제공하기 위해 실행 절차와 방법을 포함한 공식적인 문서이다.

우리나라에서는 개별화교육계획은 「특수교육진흥법」이 1994년에 개정되면서 실시되기 시작하였다. 1977년에 제정된 「특수교육진흥법」에서는 개별화교육 조항이 없었고, 1994년에 개정되면서 개별화교육에 대한 조항이 신설되었다. 그리고 2007년에 새롭게 마련된 「장애인 등에 대한 특수교육법」에서는 개별화교육에 대한 규정을 좀 더 구체적으로 규정하고 있다.

1 개별화교육계획의 의미

개별화교육계획은 특수교육대상학생의 능력을 계발하기 위해, 학생의 장애 특성, 능력, 교육적 요구, 흥미 등을 고려한 교육과 지원 활동을 계획, 실행, 평가하는 과정으로 이루어진다.

여기서는 서울특별시교육청에서 발간한 『개별화교육계획 수립 · 운영 자료집』(2016)에서 설명하는 개별화교육계획의 의미를 중심으로 살펴보기로 한다.

- '개별화'의 의미: 특수교육대상자의 개별성을 의미하는 것으로, 각 장애별 특성만을 고려한 의미가 아니라 같은 장애를 가진 학생이라도 그 개인 내차와 개인 외차를 고려하고, 각각 학생의 독특한 교육적 요구에 주목하고자 하는 의미이다.
- '교육'의 의미: 일반교육의 의미와 다르게, 여기서 교육은 특수학교 교육과정 등에 바탕을 둔 교육 활동과 특수교육관련 서비스를 의미한다. 교과 및 비교과 활동뿐만 아니라, 특수교육관련 서비스, 행동지원, 전환교육 등을 포함한 의미이다. 일반교육활동과 다르게 언어치료사와 물리치료사의 치료활동, 특수교육 실무원 등의 보조지원 활동, 보조공학기기 지원, 나아가서는 통학지원까지도 개별화교육의 교육계획에 포함된다.
- '계획'의 의미: 특수교육대상학생의 개별성에 초점을 두어서, 그 개별성에 기초한 각 학생의 교육적 요구를 만족시키기 위한 교육 및 지원 계획을 수립, 운영, 평가해야 한다는 의미이다. 그리고 계획의 수립, 운영, 평가는 특수교사와 학부모를 포함한 개별화교육지원팀에 의해서 이루어진다.

2 개별화교육계획의 법적 근거

개별화교육계획은 법적으로 작성이 강제되는 문서로, 법적 근거는 주로 다음과 같다.

(1) 「헌법」 제31조

모든 국민은 능력에 따라 균등하게 교육받을 권리가 있다.

(2) 「교육기본법」 제3조(학습권)

모든 국민은 평생에 걸쳐 학습하고, 능력과 적성에 따라 교육받을 권리가 있다.

(3) 「교육기본법」 제12조(학습자)

교육내용 · 교육방법 · 교재 및 교육시설은 학습자의 인격을 존중하고, 개성을 중시하여 학습자의 능력이 최대한 발휘될 수 있도록 마련되어야 한다.

(4) 「장애인 등에 대한 특수교육법」 제2조(정의)

"개별화교육"이란 각급 학교의 장이 특수교육대상자 개인의 능력을 계발하기 위하여 장애 유형 및 장애 특성에 적합한 교육목표 · 교육방법 · 교육내용 · 특수교육관련 서비스 등이 포함된 계획을 수립하여 실시하는 교육을 말한다.

(5) 「장애인 등에 대한 특수교육법」 제22조(개별화교육)

① 각급 학교의 장은 특수교육대상자의 교육적 요구에 적합한 교육을 제공하기 위하여 보호자, 특수교육교원, 일반교육교원, 진로 및 직업교육 담당 교원, 특수교육관련 서비스 담당 인력 등으로 개별화교육지원팀을 구성한다.

② 개별화교육지원팀은 매 학기마다 특수교육대상자에 대한 개별화교육계획을 작성하여야 한다.

③ 특수교육대상자가 다른 학교로 전학할 경우 또는 상급학교로 진학할 경우에는 전출학교는 전입학교에 개별화교육계획을 14일 이내에 송부하여야 한다.

④ 특수교육교원은 제1항부터 제3항까지의 규정에 따른 업무를 수행하기 위하여 각 업무를 지원하고 조정한다.

⑤ 개별화교육지원팀의 구성, 개별화교육계획의 수립 · 실시 등에 관하여 필요한 사항은 교육부령으로 정한다.

(6) 「장애인 등에 대한 특수교육법 시행규칙」 제4조(개별화교육지원팀 구성 등)

① 각급 학교의 장은 법 제22조 제1항에 따라 매 학년의 시작일로부터 2주 이내에 각각의 특수교육대상자에 대한 개별화교육지원팀을 구성하여야 한다.

② 개별화교육지원팀은 매 학기의 시작일로부터 30일 이내에 개별화교육계획을 작성하여야 한다.

③ 개별화교육에는 특수교육대상자의 인적사항과 특별한 교육지원이 필요한 영역의 현재 학습 수행 수준, 교육목표, 교육내용, 교육방법, 평가계획 및 제공할 특수교육관련 서비스의 내용과 방법 등이 포함되어야 한다.

④ 각급 학교의 장은 매 학기마다 개별화교육계획에 따른 각각의 특수교육대상자의 학업성취도평가를 실시하고 그 결과를 특수교육대상자 또는 그 보호자에게 통보하여야 한다.

3 개별화교육계획의 일반적인 수립 절차

개별화교육계획은 특수교육대상자가 학교에 새롭게 배치되거나 기존 특수교육대상자가 진학 및 진급한 경우에 작성된다. 먼저, 특수교육대상자를 선정하고 배치하는 과정을 간단히 살펴본다.

1) 특수교육대상자 선정 및 배치

(1) 진단평가의 의뢰

장애를 가졌거나 가진 것으로 추정되는 학생을 학부모나 학교장이 교육장(감)에게 진단평가를 의뢰하고, 특수교육지원센터는 의뢰받은 진단평가를 30일 이내 실시하고 그 결과를 교육장(감)에게 보고한다. 단, 학교장이 진단평가를 의뢰하는 경우, 학부모의 동의가 필요하다.

(2) 선정 및 배치

교육장(감)은 그 진단평가 결과를 통보한 날로부터 2주 이내 특수교육대상자로서의 선정 여부를 결정하고, 동시에 제공해야 할 교육지원서비스 내용을 결정하여 학부모에게 서면으로 통지하여야 한다.

일반적으로 선정은 교육청별 특수교육운영위원회의 논의를 거쳐서 이루어지는데, 선정기준에 못 미친다고 판단되는 경우는 선정대상에서 탈락하기도 한다. 선정이 되는 경우는 특수교육대상자로 분류되며, 학부모 등의 신청에 따라 특수학교나 일반학교 특수학급에 배치 결정을 하여야 한다.

배치는 특수교육대상자의 장애 특성, 정도, 보호자의 의견을 참조하여 거주지에 가까운 학교로 결정된다.

2) 개별화교육지원팀 구성 및 개별화교육계획 작성

특수교육대상자를 배치받은 각급 학교의 장은 매 학년의 시작일로부터 2주 이내 특수교육대상자 개인별로 각각의 개별화교육지원팀을 구성해야 한다. 이렇게 구성된 개별화교육지원팀은 매 학기마다 학기 시작일부터 30일 이내 개별화교육계획을 각 특수교육대상학생별로 작성하여야 한다. 개별화교육계획지원팀의 구성과 개별화교육계획의 작성은 법적인 강제사항이라, 반드시 실시되어야 한다. 구체적인 사항은 다음에서 다루기로 한다.

3) 개별화교육계획 실행과 평가

작성된 개별화교육계획은 개별화교육지원팀의 확인과 학교장의 결재를 거친 후, 시작일부터 종료일까지 개별적인 교육 지원이 실시되며, 매 학기 말마다 학교장은 특수교육대상자의 학업성취도를 평가하여 학부모 또는 특수교육대상자에게 통보하여야 한다.

4 개별화교육지원팀의 구성 및 역할

각급 학교의 장은 특수교육대상자를 배치받으면, 매 학년 시작일로부터 2주 이내 개별화교육지원팀을 구성하여야 한다. 구체적인 내용은 다음과 같다.

1) 개별화교육지원팀 구성

「장애인 등에 대한 특수교육법」 제22조(개별화교육)에 따르면, 각급 학교의 장은 보호자, 특수교육교원, 일반교육교원, 진로 및 직업교육 담당 교원, 특수교육관련 서비스 담당 인력 등으로 개별화교육지원팀을 구성한다고 규정되어 있다.

그러므로 각급 학교의 장은 특수교육대상자의 개인적인 교육적 요구를 지원하기 위해서 학생별로 지원팀 구성원을 다르게 구성할 수도 있다. 필요한 경우는 지원팀 구성원은 아니지만, 특수교육대상학생 본인이나 특수보조인력이 개별화교육지원팀에 참석하여 장애학생에 대한 정보를 제공할 수도 있다.

또한 일반학교에 설치된 특수학급의 경우는 일반학교의 장은 특수교원의 도움을 받아 특수교육대상자별로 개별화교육지원팀을 구성하며, 이때 구성원도 제22조에 언급한 구성원을 중심으로 이루어진다. 만약, 특수학급이 없는 일반학교에 배치된 특수교육대상자가 있는 경우는 일반학교의 장은 지역 내 특수교육지원센터의 지원을 받아서 개별화교육지원팀을 구성할 수 있다. 특히 건강장애 등을 가진 특수교육대상자인 경우는 일반학교 내 일반학급 소속으로 배치받는 경우가 많은데, 이런 경우도 특수교육대상자이므로 반드시 개별화교육지원팀이 구성되어야 하며, 개별화교육계획서가 작성되어야 한다. 왜냐하면 제22조에서는 개별화교육지원팀의 구성과 개별화교육계획 작성 대상이 '특수교육대상자'라고 규정하였고, 그 특수교육대상자에는 일반학급에 배치된 특수교육대상자도 포함한 의미이기 때문이다.

2) 개별화교육지원팀의 역할

개별화교육지원팀은 일반적으로 개별화교육계획을 작성하고 실행하며, 평가하는 활동의 중심 역할을 한다. 개별화교육지원팀의 각 구성원별 역할을 살펴보면 다음과 같다(서울특별시교육청, 2016).

(1) 각급 학교의 장

- 매 학기 시작일부터 2주일 이내에 개별화교육지원팀을 구성해야 한다.
- 각 특수교육대상자의 개별화교육계획을 매 학기 시작일로부터 30일 이내에 작성해야 하며, 실행 및 평가에 대한 전반적인 책임을 진다.
- 개별화교육계획 수립과 실행을 위한 행정적 · 재정적 지원 책임을 진다.
- 개별화교육지원팀 구성원 간의 협력을 촉진하여야 한다.

(2) 교원

특수학교 교사와 일반학교의 특수학급 교사뿐만 아니라 일반학급 담임교사와 일반교과 담당교사도 개별화교육지원팀의 구성원이 될 수 있다. 개별화교육지원팀에 소속된 교원(진로 및 직업교육 담당 교원 포함)는 기본적으로 다음과 같은 역할을 수행한다.

- 각 담당교과에 대한 전반적인 정보를 제공한다.
- 각 교과에서의 특수교육대상자가 가지는 강점과 흥미, 요구 등에 대한 정보를 제공한다.
- 각 교과에서 특별한 교육적 지원이 필요한 영역의 현재 수행 수준을 파악하기 위한 평가를 실시한다. 단, 일반학급 담임교사와 일반교과 교사

는 특수교사나 지역 특수교육지원센터의 지원을 받아 수행한다.

- 개별화교육계획에 따라 지원되는 담당교과의 교육목표, 교육방법, 교육내용, 평가계획을 작성하고 실행한다. 단, 일반학급 담임교사와 일반교과 교사는 특수교사나 지역 특수교육지원센터의 지원을 받아 수행한다.
- 원활한 개별화교육계획의 실시를 위하여 모든 교원은 특수교육대상자의 보호자, 다른 교원 및 전문가와 지속적인 의사소통 유지 및 협력하여야 한다.

제시된 역할 이외에도 특수학교(급)나 일반학교의 담임교사는 〈표 7-1〉과 같은 추가적인 역할을 수행한다.

표 7-1 개별화교육지원팀의 역할과 책임

교원별	역할과 책임
특수학교 담임교사	• 학급운영계획에 대한 정보를 제공 • 개별화교육지원팀 구성 및 개별화교육계획 수립을 위한 지원
특수학급 담당교사	• 특수학급운영계획에 대한 정보를 제공 • 개별화교육지원팀 구성 및 개별화교육계획 수립을 위한 지원 • 일반교원에게 교수적 지원에 대한 정보를 제공
일반학급 담임교사	• 학급운영계획에 대한 정보를 제공

(3) 특수교육관련 서비스 담당 인력

지역 내 특수교육지원센터 등에서 제공하는 언어치료, 물리치료, 행동치료, 작업치료 등 특수교육관련 서비스를 각 특수교육대상자에게 적절하게 제공하기 위해서 특수교육관련 서비스 담당 인력도 개별화교육지원팀의 구성원이 될 수 있다. 이들은 주로 다음과 같은 역할을 수행한다.

- 특수교육대상자의 교육을 위해 필요한 각종 특수교육관련 서비스 내용 결정

- 특수교육관련 서비스의 제공 일정 및 횟수 결정
- 교과수업과 관련 서비스의 연계성을 갖추기 위한 자문 제공
- 개별화교육지원팀과의 지속적인 의사소통 유지 및 협력

(4) 보호자

개별화교육계획이 성공하기 위해서는 무엇보다도 가장 중요한 것이 학부모와의 협력이다. 특수교육대상자에 대해서 가장 잘 알고 있는 구성원이 학부모이며, 그 학부모로부터 제공되는 특수교육대상자에 대한 다양한 정보와 협력은 개별화교육계획을 수립하고 실행, 평가하는 과정에서 매우 중요한 역할을 한다. 만약에 보육시설에 재학 중이거나 부모가 없는 경우는 법적으로 보호자가 그 구성원이 될 수 있다. 개별화교육지원팀에 반드시 구성원으로 포함되어야 하는 학부모는 주로 다음과 같은 역할을 한다.

- 개별화교육지원팀 회의에 참석하여 개별화교육계획의 수립을 위한 특수교육대상자에 대한 다양한 정보를 제공
- 학부모 또는 자녀에게 제공되었으면 하는 교육적 지원에 대한 요구 표명
- 담임교사나 교과교사 등 학교와 지속적인 의사소통 유지 및 협력

(5) 특수교육대상자 본인

경우에 따라서는 특수교육대상자 본인도 개별화교육지원팀 구성원이 되어, 다음과 같은 역할을 수행할 수 있다.

- 개별화교육계획상 교육목표 설정에 대한 본인의 요구사항 표현
- 본인이 선호하는 학습 양식에 대한 정보 제공
- 본인에게 제공되는 교수적 지원 내용과 방법에 대한 의사표현

(6) 특수교육 보조인력

특수교육실무원 등 특수교육 보조인력은 개별화교육지원팀의 구성원이 될 수는 없으나, 개별화교육지원팀 회의에 참여하여 다음과 같은 역할을 수행할 수 있다.

- 개별화교육지원팀의 요청 시 회의에 참석하여 특수교육대상자에 대한 필요한 정보 제공
- 특수교육대상자의 담당교사와 지속적인 의사소통 유지 및 협력

(7) 기타 지원 인력

방과 후 강사, 돌봄교실 강사, 담당 사회복지사, 의사, 상담사 등도 개별화교육지원팀에 참석하여 필요시 그 의견을 표현할 수 있다. 이들은 주로 다음과 같은 역할을 수행한다.

- 개별화교육계획을 위한 회의에 참여하여 도움 제공
- 특수교육대상자의 학습 강점과 요구 결정에 도움 제공
- 치료와 지원에 대한 조언 제공
- 개별화교육지원팀과의 지속적인 의사소통 유지

5 개별화교육계획의 작성 절차

개별화교육계획의 작성은 주로 다음과 같은 절차로 진행된다.

특수교육대상학생에 대한 정보 수집 ➡ (개별화교육계획 초안 작성) ➡ 개별화교육지원팀 회의 ➡ 개별화교육계획 작성 ➡ 개별화교육지원팀의 승인

1) 특수교육대상학생에 대한 정보 수집

개별화교육계획의 작성을 위해 가장 먼저 해야 할 일은 특수교육대상학생의 교육적 요구 사정 및 현행 학습수준을 파악하는 것이다. 각 특수교육대상자마다 독특한 교육적 요구를 지원하기 위해서, 특수교육대상 학생의 교육적 요구를 사정하여야 한다. 주로 학생의 장애 유형 및 특성, 흥미와 선호, 생활연령에 근거한 과제의 중요성이나 긴급성, 보호자의 교육적 요구 사항 등을 고려하여 교육적 요구를 파악한다.

이렇게 파악한 학생의 교육적 요구를 바탕으로 우선적으로 실시되어야 할 교육 활동과 지원이 학교교육과정에서 충분히 이루어질 수 있는지를 살펴보아야 한다. 만약 학교교육과정에서 충분히 그 교육적 요구를 충족시킬 수 없을 경우는 해당 교과나 지원활동을 개별화교육계획에 포함시켜서 실시하여야 한다.

다음으로, 특수교육대상학생의 교육적 요구에 따라 수립할 교과와 지원활동별로 현행 학습수준을 파악해야 한다. 현행 학습수준 평가는 주로 표준화검사를 통한 진단평가로 이루어지나, 관찰이나 면담 같은 비형식적인 검사를 통해서 이루어지기도 한다. 현재의 학습기술, 인지능력, 사회성 기술, 의사소통 능력, 운동능력 등에 초점을 두고 현행 학습수준을 파악한다.

이러한 교육적 요구 및 현행 학습수준 평가는 주로 학기 초 개별화교육지원팀이 구성되면서 이루어지는데, 개별화교육계획이 학기 시작일로부터 30일 이내 작성되어야 하므로 그 전에 충분히 수집되어야 한다. 이를 위해서 일반학교의 특수학급을 담당하는 특수교사들은 주로 3월 개학 후 2주 동안을 '일반학급적응기간'으로 정하여, 특수교육대상학생들이 새로운 통합학급의 학우나 교사들에게 적응할 시간을 주면서, 지능검사, 사회성숙도검사 등 진단평가나 관찰과 면담을 실시하기도 한다.

그리고 학교현장에서 특수교육대상자에 대한 정보를 빠르게 얻을 수 있는 방법 중 하나는 전년도에 그 학생을 담당했던 교사들로부터 정보를 수집하는 것이 매우 효과적이다. 그러나 유의해야 할 사항은 특수교육대상자에 대한 정보가 대부분 개인정보이므로, 수집 시뿐만 아니라 개별화교육지원팀의 구성원들에게 학생에 대한 정보를 제공할 때도 개인정보 누출금지를 반드시 고지하여야 한다는 것이다.

2) 개별화교육계획 초안 작성

개별화교육지원팀 회의를 개최하기 앞서 개별화교육계획을 실질적으로 작성하는 특수교사가 수집된 정보와 특수교육대상자의 교육적 요구를 바탕으로 개별화교육계획 초안을 작성해서 회의에 참석하기도 한다. 이 초안은 개별화교육지원팀의 구성원에게 이해를 돕기 위한 것이지, 개별화교육계획의 작성이라고 볼 수는 없다. 물론 이 단계를 생략하고, 바로 개별화교육지원팀 회의 결과를 바탕으로 작성하기도 한다.

3) 개별화교육지원팀 회의

개별화교육지원팀 회의는 주로 각 장애학생을 담당하는 특수교사가 회의를 준비하면서 시작된다. 특수교사는 회의 일자, 장소와 시간 그리고 회의의 목적과 안건을 지원팀 각 구성원에게 통보하며, 회의가 잘 진행될 수 있도록 개별화교육계획 기초자료 등 회의 자료를 사전에 준비한다.

개별화교육지원팀 회의는 일반적으로 전년도 개별화교육계획의 실시에 따른 평가를 간단히 보고하면서 시작한다. 전년도 평가 결과에 따라 필요한 보완이나 수정을 바탕으로, 당해년도 재학하는 학생의 개별화교육계획 작성을 위한 논의를 한다. 논의는 주로 장애학생의 장애 특성에 따른 강점과 약점, 개별화교육이 필요한 교과, 장애학생이나 보호자가 원하는 교육적 요구 등을 바탕으로 교육목표와 교육내용, 교육방법 그리고 평가방법까지 이루어진다. 또한 장애학생에게 필요하다고 인정되는 치료교육, 통학지원, 순회교육 등 특수교육관련 서비스 등도 같이 논의가 되어야 한다.

특수교사는 회의가 진행되는 동안 그 회의과정을 간단하게 기록한 후, 추후에 개별화교육지원팀 회의록을 작성해 두어야 한다. 작성된 개별화교육지원팀 회의록은 참석한 각 지원팀 구성원에게 서명을 받아서 보관하여야 한다. 공무상 출장 등으로 지원팀회의에 참석하지 못하는 경우에는 서면으로 안건에 대한 의견을 제출할 수 있으며, 서면으로 제출한 의견도 회의록에 서면제출 내용으로 별도로 기록하여야 한다.

개별화지원팀 회의록은 법적으로 반드시 작성해야 하는 문서이므로, 보관에 유의해야 한다. 대부분 교사는 회의록을 스캔하여 내부공문으로 결재를 받아 전자문서로 보관하는 방법을 많이 사용한다.

4) 개별화교육계획서 작성

개별화교육계획서 작성은 크게 두 가지 방법으로 이루어지고 있다. 첫째는 주로 특수학교에서 활용하는 방법으로, 교육행정정보시스템(NEIS)에 마련된 개별화교육계획서 양식에 해당 사항을 입력하는 방법이다. 둘째는 특수교사가 별도로 양식을 만들어서 개별화교육계획서를 작성하는 방법이다. 이 방법은 주로 일반학교에서 특수학급을 맡고 있는 특수교사들이 사용하는 경우가 많다.

여기서는 개별화교육계획서 작성을 효과적으로 설명하기 위해 일반학교에서 특수교사가 개인적으로 만든 개별화교육계획서를 예시로 들었다. 참고로 교육행정정보시스템(NEIS)에 마련된 개별화교육계획서 양식은 〈부록〉으로 제시하였다.

「장애인 등에 대한 특수교육법 시행규칙」 제4조 제3항에는 개별화교육계획서에 반드시 포함되어야 하는 항목을 다음과 같이 제시하고 있다.

(1) 특수교육대상자 인적사항

학생 이름, 학번, 주소, 보호자 이름, 연락처, 가족관계, 장애 종류 및 특성, 부수장애 여부, 현재 받고 있는 특수교육관련 서비스, 지능검사나 사회성검사 등의 진단평가 결과의 요약, 약물 복용 여부, 학교생활 시 유의사항, 학부모 요구사항 등이 기록된다.

예시 특수교육대상자 인적사항(일반초등학교 통합교육 대상학생)

<table>
<tr><th colspan="8">인적사항</th></tr>
<tr><td>성명</td><td colspan="2">김○○</td><td>성별</td><td>남</td><td colspan="2">생년월일</td><td>2012. 8. 25.</td></tr>
<tr><td rowspan="2">학교</td><td colspan="4" rowspan="2">○○초등학교</td><td colspan="2">완전통합학급</td><td></td></tr>
<tr><td colspan="2">특수학급(시간제)</td><td>○</td></tr>
<tr><td>주소</td><td colspan="7">부산광역시 ○구 ○○로 1234</td></tr>
<tr><td>선정 유형</td><td colspan="2">지적장애</td><td>등록 장애 유형</td><td colspan="2">지적장애 3급</td><td>특수교육 대상자 선정일</td><td>2016. 10. 12.</td></tr>
<tr><td>부수 장애 사항</td><td colspan="3">시각장애(약시)</td><td colspan="2">과거병력</td><td colspan="2">미숙아망막증 수술</td></tr>
<tr><td rowspan="4">가족 관계</td><td>관계</td><td>이름</td><td colspan="3">연락처</td><td colspan="2">비고</td></tr>
<tr><td>부</td><td>김○○</td><td colspan="3">010-1234-1234</td><td colspan="2">자영업</td></tr>
<tr><td>모</td><td>박○○</td><td colspan="3">010-1234-6789</td><td colspan="2">주부</td></tr>
<tr><td></td><td></td><td colspan="3"></td><td colspan="2"></td></tr>
<tr><td colspan="2" rowspan="2">입학 전 교육경력</td><td colspan="6">○○유치원 졸업</td></tr>
<tr><td colspan="6"></td></tr>
</table>

<table>
<tr><th colspan="3">진단평가</th></tr>
<tr><td>검사명</td><td>검사일</td><td>검사결과</td></tr>
<tr><td>지능검사(K-ABC)</td><td></td><td></td></tr>
<tr><td>사회성숙도검사</td><td></td><td></td></tr>
<tr><td>기초학습기능검사</td><td></td><td></td></tr>
<tr><td></td><td></td><td></td></tr>
</table>

<table>
<tr><td>학부모 요구
및 상담내용</td><td colspan="4"></td></tr>
<tr><td>시작 · 종료일</td><td colspan="2">IEP 시작일: 2018. 3. 2.</td><td colspan="2">IEP 종료일: 2018. 7. 28.</td></tr>
<tr><td rowspan="5">영역별
수행수준</td><td>일상생활</td><td colspan="3"></td></tr>
<tr><td>인지능력</td><td colspan="3"></td></tr>
<tr><td>사회성 및
정서행동</td><td colspan="3"></td></tr>
<tr><td>의사소통</td><td colspan="3"></td></tr>
<tr><td>신체발달</td><td colspan="3"></td></tr>
<tr><th colspan="5">특수교육관련 서비스</th></tr>
<tr><th>관련 서비스명</th><th>활동내용</th><th>장소와 시간</th><th>담당자</th><th>연락처</th></tr>
<tr><td>치료 지원</td><td>언어치료</td><td>특수교육지원센터
매주 월, 수, 금
오후 2~4시</td><td>김○○</td><td>236-7894</td></tr>
<tr><td>특기적성교육비</td><td>미술학원</td><td>단비미술학원
화, 목, 토
오후 4~6시</td><td>최○○</td><td>123-9630</td></tr>
<tr><td>보조공학기기 지원</td><td>묵자 확대기</td><td>학습도움실
매일 지원함</td><td>이○○</td><td>459-8796</td></tr>
<tr><td>기타사항</td><td colspan="4">학부모 차량으로 등하교로 통학비 지원</td></tr>
</table>

(2) 현행 학습수준

장애학생에게 개별적인 지도가 필요한 교과의 현재 학습수준, 과목별 장점과 단점 등이 기술된다. 현행 학습수준은 교사의 관찰이나 학습기능평가, 보호자와 면담, 표준화된 검사도구 등을 통해서 파악할 수 있으며, 전 학년도에 학생을 담당했던 교사에게서 학생의 학습수준에 대한 정보를 얻는 것도 매우 중요하다.

예시 **수학교과: 수와 연산 영역**

연간목표	기간	학기별 목표
	1학기	
	2학기	
현행 학습수준	(연산) 두 자릿수의 덧셈과 뺄셈을 할 수 있다. 단, 받아올림과 받아내림의 문제는 다소 어려워한다.	

(3) 교육목표

각 특수교육대상학생별로 각 교과별로 교육목표를 반드시 제시해야 한다. 이때 연간교육목표와 학기별 교육목표를 같이 제시해야 한다. 단, 2학기 교육목표는 1학기 개별화교육계획을 실시한 결과를 바탕으로 수정할 수 있다. 수정할 때도 개별화교육지원팀 회의를 통하여 이루어진다.

개별화교육계획상 교육목표는 특수교육대상학생에게 적용하는 교육과정을 고려하여 구체적으로 설정되어야 한다. 연간교육목표는 개별화교육기간(일반적으로 1년) 동안 달성되기를 기대하는 수준을 의미하며, 각 학기별 교육목표는 연간교육목표를 달성하기 위해 설정하는 하위 목표들이다.

예시 **수학교과: 수와 연산 영역**

연간목표	기간	학기별 목표
• 두 자릿수 범위 내 받아올림 있는 덧셈과 받아내림이 있는 뺄셈 문제를 수식으로 제시하면 5문제 중 4문제 이상 풀어 정답을 쓸 수 있다.	1학기	두 자릿수 범위 내 받아올림 있는 덧셈을 수식으로 제시하면 5문제 중 4문제 이상 풀어 정답을 쓸 수 있다.
	2학기	두 자릿수 범위 내 받아내림이 있는 뺄셈 문제를 수식으로 제시하면 5문제 중 4문제 이상 풀어 정답을 쓸 수 있다.
현행 학습수준	(수와 연산) 세 자릿수의 덧셈과 뺄셈을 할 수 있다. 단, 받아올림과 받아내림의 문제는 다소 어려워한다.	

이렇게 교육목표는 장애학생이 개별화교육기간 내 도달할 것으로 기대되는 수준으로, 구체적으로 명료하게 관찰가능한 행동용어로 진술해야 한다. 또한 목표 진술에는 목표행동이 수행되는 조건, 목표행동의 내용과 그 달성 기준이 포함되어야 한다. 여기서 유의할 것은 교육목표는 가르치는 교사 입장이 아니라 '무엇을 배우는가' 하는 학생 입장에서 서술되어야 한다는 것이다. 그리고 목표행동의 달성 기준은 객관적인 단위인 시간, 빈도, 비율 등으로 제시해야 한다.

예시 교육목표

'(정보교과의 경우) 인터넷 검색엔진을 사용하여 제시하는 10개의 용어 중 6개 이상의 용어를 찾고, 올바른 용어의 뜻을 답지에 적을 수 있다.'

➡ 위의 교육목표에서는 '찾고' '적는다'라는 행동용어로 진술하고 있고, 6개 이상이라는 횟수로 그 달성기준을 제시하고 있다. 또한 '인터넷 검색엔진을 사용하여'라는 조건을 진술하고 있다.

(4) 교육내용

교육내용은 교육목표를 달성하기 위한 구체적인 교과 영역의 내용을 의미하는 것으로, 특수학교(급)에서 적용하는 기본교육과정이나 공통교육과정과 교과서를 참고하여 기재한다. 그리고 학생의 교육적 요구나 강점과 약점 등에 따라서 교육목표를 달성하기 위해 필요한 경우, 교육과정을 참고하여 교과서의 단원이나 주제를 변경하여 기재할 수 있다. 그러나 그 교육내용은 반드시 실제 실천 가능한 내용으로 정해져야 한다.

그리고 교육내용은 주별 혹은 월별로 학습내용이 구체적으로 기재되고, 교육 실시 후에는 주별 혹은 월별로 그 실시 결과를 평가란에 누가적으로 기록해야 한다.

예시 수학교과: 수와 연산 영역

1학기별 목표	월	교육내용
두 자릿수 범위 내 받아올림 있는 덧셈 문제를 수식으로 제시하면 5문제 중 4문제 이상 풀어 정답을 쓸 수 있다.	3	• 반구체물 조작을 통하여 자리값의 10배수 관계를 나타내기 • 주어진 두 자릿수의 숫자 5개 중 3개 이상을 반구체물로 10배수 관계를 표시하기
	4	• 배수관계가 그림으로 표시된 두 자릿수의 받아올림 있는 덧셈 문제를 5문제 중 3문제 이상 답을 구하기
	5	• 배수관계를 교사의 설명을 들으며, 두 자릿수의 받아올림 있는 덧셈 문제를 5문제 중 3문제 이상 답을 구하기
	6	• 수식으로 제시한 받아올림 있는 두 자릿수의 덧셈 문제를 5문제 중 3문제 이상 답을 구하기
	7	• 수식으로 제시한 받아올림 있는 두 자릿수의 덧셈 문제를 5문제 중 4문제 이상 답을 구하기

(5) 교육방법

교육방법에는 교육내용을 가르치기 위한 교수방법과 교수자료 등을 주로 기재한다. 교육방법에는 직접교수법, 또래교수법, 모델링, 문제해결법, 토론식수업, 자기교수법 등 다양하게 적용할 수 있으며, 교수자료는 교육에 실제적으로 사용되는 학습도구나 학습지, 학습재료 등을 기재한다. 특히 촉각자료나 묵자카드, 의사소통보조기구 등 장애학생을 위해 사용되는 특수교육자료 등을 충분히 활용하여야 한다.

예시 수학교과: 수와 연산 영역

월	월별 교육내용	교육방법	
		교수방법	교수자료
4	배수관계가 그림으로 표시된 두 자릿수의 받아올림 있는 덧셈 문제를 5문제 중 3문제 이상 답을 구하기	직접교수법 또래 협력학습법	• 연산그림카드 • 수 모형블록 및 자석보드
5	배수관계를 교사의 설명을 들으며, 두 자릿수의 받아올림 있는 덧셈 문제를 5문제 중 3문제 이상 답을 구하기	직접교수법 최소촉진법	• 수학학습지 • 수 모형블록 및 자석보드

(6) 교육평가계획과 평가결과

교육평가계획에는 교육목표의 달성 여부를 판단할 수 있는 평가준거와 평가방법, 평가시기, 평가자에 대한 정보를 기재하여야 한다. 그리고 학기 말 등 평가시기에는 평가결과를 반드시 기록하여야 한다. 이 평가결과는 학부모나 특수교육대상자에게 반드시 교부되어야 한다.

예시 수학교과: 수와 연산 영역

5월 교육내용	교육방법		평가계획		평가결과
	교수방법	교수자료	평가준거	평가방법 평가시기 평가자	
배수관계를 교사의 설명을 들으며, 두 자릿수의 받아올림 있는 덧셈 문제를 5문제 중 3문제 이상 답을 구하기	• 직접교수법 • 최소촉진법	• 수학학습지 • 수 모형블록 및 자석보드	배수관계를 교사의 설명을 들으며, 두 자릿수의 받아올림 있는 덧셈 문제를 5문제 중 3문제 이상 답을 구할 수 있는가?	• 평가방법: 지필법 • 평가시기: 학기 말 • 평가자: 특수교사	일자리와 십자리의 배수관계에 대한 교사의 설명을 듣고, 수식으로 된 받아올림 있는 문제를 5문제 중 3문제 이상 정답을 구한다.

(7) 특수교육관련 서비스

특수교육대상학생이 개별화교육을 충분히 그리고 효과적으로 받을 수 있도록 교육관련 지원 서비스가 필요하다. 이에 따라서 「장애인 등에 대한 특수교육법 시행령」 제23조부터 제29조까지는 가족지원, 치료지원, 지원인력 및 학습보조기구 지원, 통학지원, 기타 특수교육관련 서비스에 대해서 규정하고 있다. 자세한 내용은 제6장에서 별도로 특수교육관련 서비스를 설명하고 있으니, 참조하기 바란다.

특수교육관련 서비스가 개별화교육이 원활히 이루어지도록 지원하는 사항이므로, 당연히 개별화교육계획에 포함되어야 한다. 그러나 모든 특수교육대상 학생에게 특수교육관련 서비스가 제공되는 것은 아니다. 개별화교육계획이 작성되는 연도에 필요하다고 인정되는 통학지원, 특기적성교육비 지원, 치료지원, 특수교육관련 서비스는 학생이 그 해당 요건을 충족하는 경우에 한해서만 제공하는 것이 결정된다. 현실적으로 특수교육관련 서비스 항목은 개별화교육지원팀에서 지원결정을 하여 개별화교육계획에 기재하여도, 지역교육청에서 다시 그 해당 요건을 검토하여 지원 여부를 결정하는 경우가 많다. 그러므로 특수교사는 관련 서비스의 수혜 여부에 해당하는 요건을 사전에 충분히 검토하여 개별화교육지원팀 회의에서 논의를 해야 한다.

(8) 기타 기재사항

앞에서 살펴본 일곱 가지 항목은 필수적으로 기재해야 하며, 기타사항으로 각 학생에 대한 보충적인 사항을 추가적으로 개별화교육계획에 기재할 수도 있다. 예를 들면, 학교 방과 후 활동이나 외부 방과 후 활동, 외부기관의 교육활동 등을 기재할 수 있다.

예시 기타사항

기타사항	활동명	활동내용	장소 및 시간	담당자	담당자 연락처
교내 방과 후 활동	사물놀이반	풍물익히기	음악실 월~금 3시 30분~5시	○○○ 음악선생님	010-1234-5678
외부기관 방과 후 활동	미술치료	정서치료	○○복지관 화요일 5시~6시	○○○ 치료사	010-9876-5432

6 개별화교육계획의 실행 및 평가

특수교사는 개별화교육지원팀 회의를 거쳐 작성되고 서명된 개별화교육계획서에 따라서 실제로 교육을 실시하여야 한다. 특히 특수교사는 학기별 혹은 월별로 제시된 교육목표를 달성하기 위하여 실시된 교육내용과 방법에 대한 결과를 개별화교육계획서상 월별 혹은 학기별로 누가적으로 기록해 나가야 한다. 만약에 개별화교육계획을 실시하던 학기 중에 교육목표나 교육내용이나 방법 등에 수정할 필요성이 있으면, 개별화교육지원팀 회의를 개최하여 수정하면 된다.

그리고 학기 말에는 해당 학기 전체에 대한 교육목표 달성 여부를 평가하는 학업성취도 평가를 실시하여야 한다. 이 평가는 각 특수교육대상학생별로 이루어지며, 평가결과는 학기별로 보호자나 특수교육대상자에게 통보하여야 한다.

7 개별화교육계획의 보관과 송부

평가까지 완료된 개별화교육계획서는 각 특수교육대상자별로 학기별로 보관한다. 개별화교육계획에는 많은 개인정보가 기재되어 있으므로, 잠금 장치가 있는 공문 보관함에 따로 보관한다. 그리고 특수교육대상자가 다른 학교로 전학을 가거나 상급학교로 진학할 경우, 전출일(진학일)로부터 14일 이내 전입학교로 개별화교육계획서를 등기로 보내야 한다.

부록

나이스 개별화교육계획서 양식

국립특수교육원의 『개별화교육계획 운영 가이드북』(2019)에 제시한 나이스(NEIS) 개별화교육계획의 양식과 작성 절차 중 일부를 예시로 들었다.

1. 인적사항 관리

1) 기본사항 I

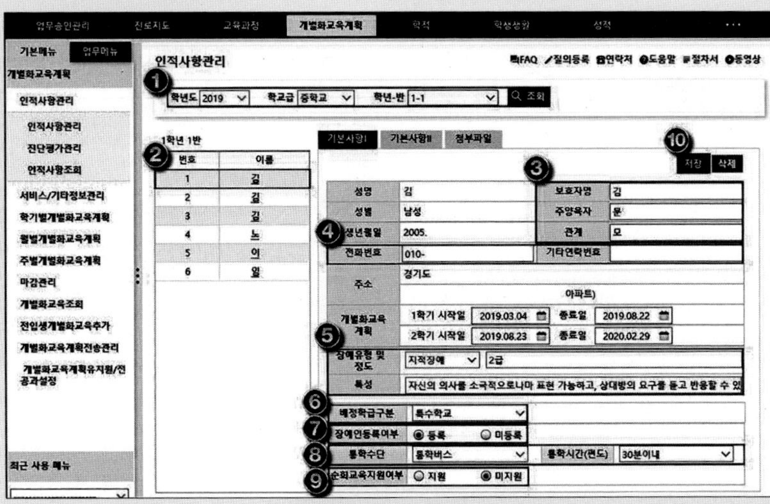

❶ [개별화교육계획-인적사항관리-인적사항관리]에서 '학년도' '학교급' '학년-반' 확인 후 {조회}함.

❷~❺ 특수교육대상학생을 선택하고 해당 학생의 '보호자명' '주양육자' '관계' '전화번호' '기타연락번호' '장애 유형 및 정도' '특성'을 입력함.

❻ '배정학급구분'에서 '일반학급' '특수학급' '순회학급' '파견학급' '특수학교' 중 실제 배정된 학급을 선택함.

❼~❿ '장애인등록여부' '통학수단' '통학시간(편도)' '순회교육 지원여부'를 선택하고 {저장}함.

2) 기본사항II

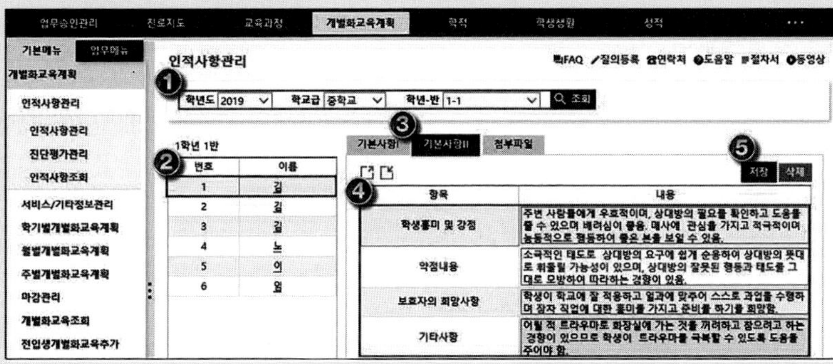

❶ [개별화교육계획-인적사항관리-인적사항관리]에서 '학년도' '학교급' '학년-반' 확인 후 {조회}함.

❷~❸ 해당 학생을 선택하고 {기본사항II} 탭을 클릭함.

❹~❺ '학생흥미 및 강점' '약점내용' '보호자의 희망사항' '기타사항'을 입력 후 {저장}함.

3) 진단평가 관리

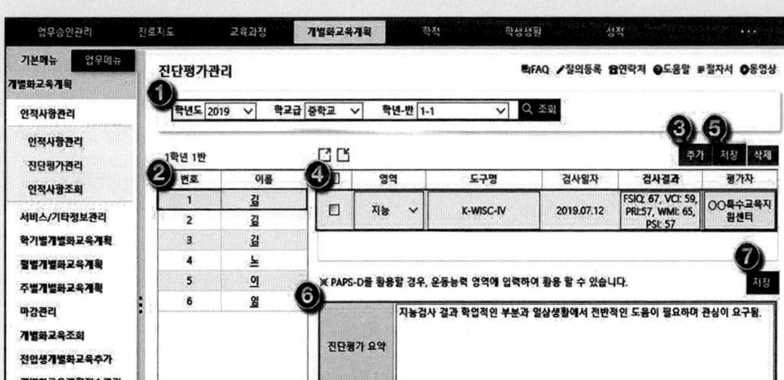

❶ [개별화교육계획-인적사항관리-진단평가관리]에서 '학년도' '학교급' '학년-반' 확인 후 {조회}함.

❷~❺ 해당 학생을 선택하고 {추가}한 후 진단평가 '영역' '도구명' '검사결과' '평가자'를 입력하고 {저장}함.

❻~❼ 검사도구의 검사결과를 바탕으로 진단평가 결과를 요약하여 '진단평가 요약'에 입력 후 {저장}함.

2. 서비스/기타정보 관리

1) 특수교육관련 서비스 관리

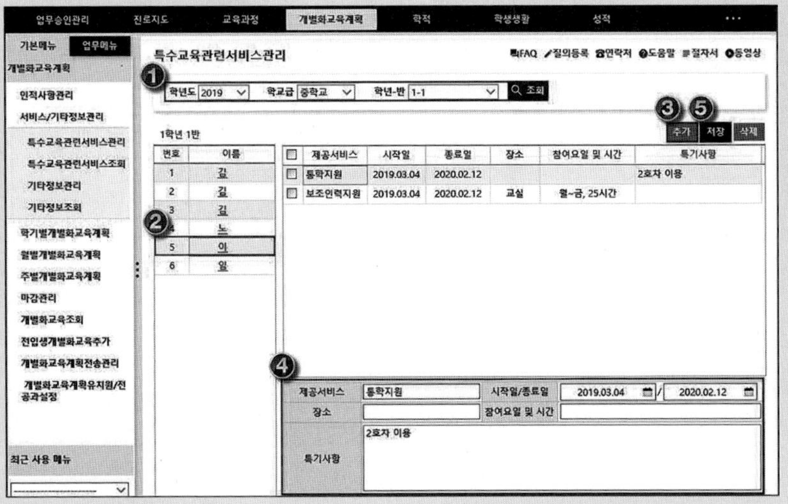

❶ [개별화교육계획-서비스/기타정보관리-특수교육관련 서비스 관리]에서 '학년도' '학교급' '학년-반' 확인 후 {조회}함.

❷~❺ 해당 학생을 선택한 후 {추가}를 클릭하여 '제공서비스' '시작일/종료일' '장소' '참여요일 및 시간' '특기사항'을 입력하고 {저장}함.

2) 기타정보 관리

❶ [개별화교육계획-서비스/기타정보관리-기타정보관리]에서 '학년도' '학교급' '학년-반' 확인 후 {조회}함.

❷~❺ 해당 학생을 선택한 후 {추가}를 클릭하여 '제공서비스' '시작일/종료일' '장소' '참여요일 및 시간' '특기사항'을 입력하고 {저장}함(삭제 시 삭제할 서비스를 선택한 후 {삭제}함).

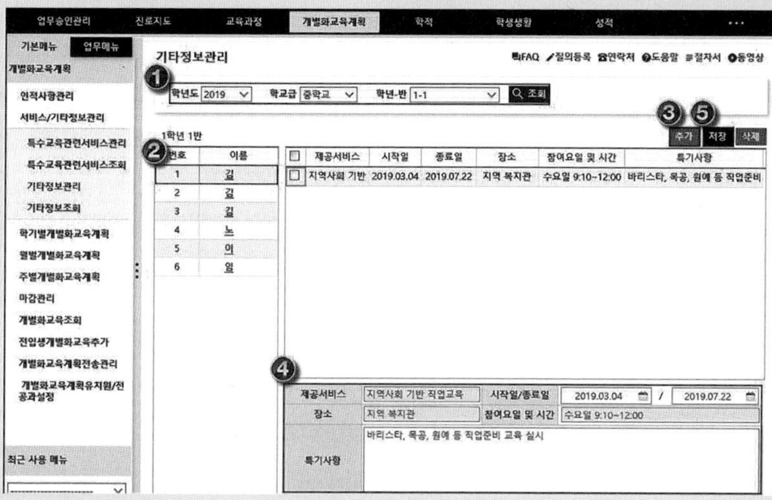

3. 학기별개별화교육계획

1) 학기별개별화교육계획 관리

❶ [개별화교육계획-학기별개별화교육계획-학기별개별화교육계획관리]에서 '학년도' '학교급' '학기' '학년' '과목' '강의실' 확인 후 {조회}함.

❷~❸ 해당 학생을 선택한 후 {과거 학기별자료 조회}를 클릭함.

❹~❺ 조회하고자 하는 학년도를 선택 후 {조회}함.

❻ 해당 과목에 대한 과거개별화자료를 참조하여 사용하는 경우 {적용}을 클릭함.

❼~❽ 해당 과목에 대한 '현행수준'과 '학기목표'를 입력 후 {저장}함.

❾ 화면에 조회된 학생의 개별화교육계획 내용을 다른 학생들에게 일괄복사하기 위해 학생들을 선택한 후 {일괄저장}함.

❿ {마감}으로 마감하며, 마감된 이후에는 {마감취소}로 변경됨([학기별개별화교육계획관리]에서 마감한 것은 [개별화교육계획/평가마감관리(교과담당)]에서 마감한 것과 동일함).

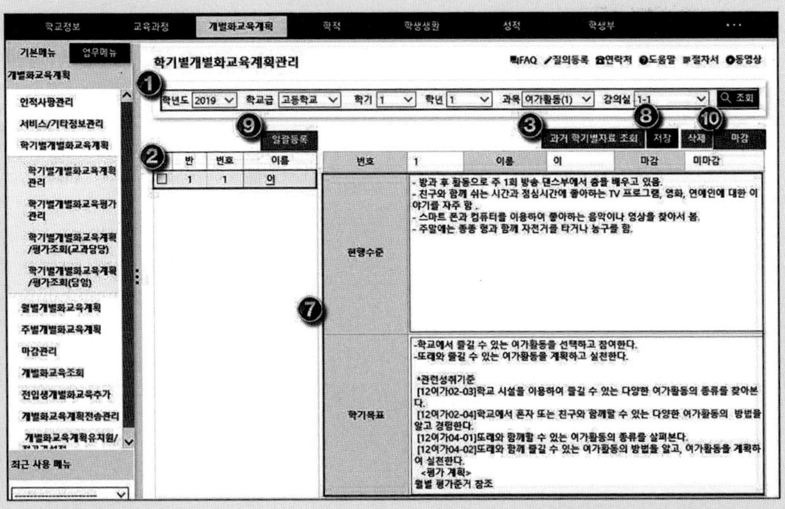

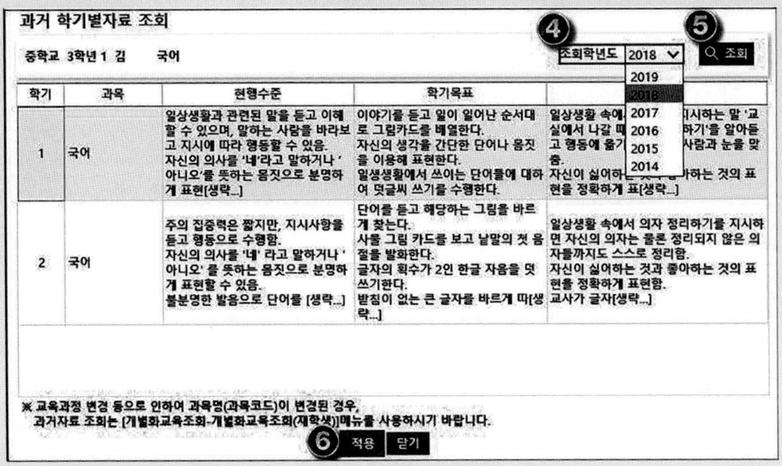

2) 학기별개별화교육평가 관리

❶ [개별화교육계획-학기별개별화교육계획-학기별개별화교육평가관리]에서 '학년도' '학교급' '학기' '학년' '과목' '강의실' 확인 후 {조회}함.

❷~❹ 해당 학생을 선택한 후 해당 과목의 학기별개별화교육계획 '평가'를 입력하여 {저장}함('현행수준'과 '학기목표'는 [학기별개별화교육계획관리]에서 입력한 내용이 조회됨).

❺ {마감}으로 마감하며, 마감된 이후에는 {마감취소}로 변경됨([학기별개별화교육평가관리]에서 마감한 것은 [개별화교육계획/평가마감관리(교과담당)]에서 마감한 것과 동일함).

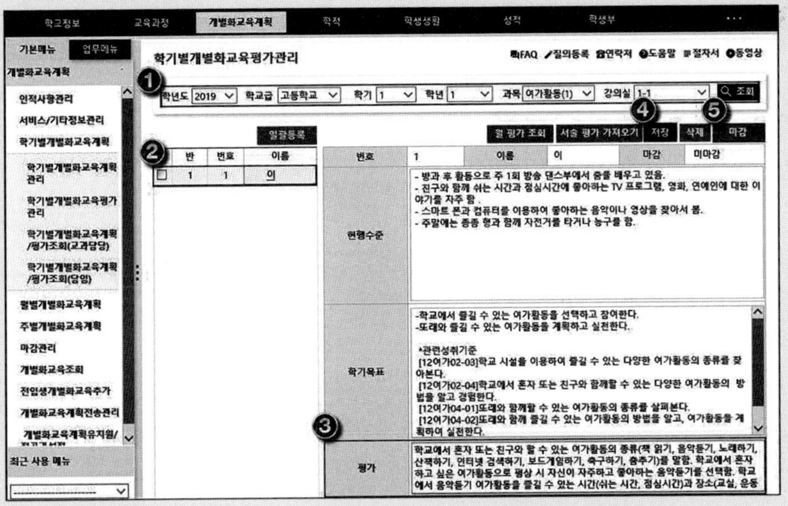

4. 월별개별화교육계획

1) 월별개별화교육계획 관리

❶ [개별화교육계획-월별개별화교육계획-월별개별화교육계획관리]에서 '학년도' '학교급' '학기' '학년' '과목' '강의실' 확인 후 {조회}함.

❷~❺ 해당 학생을 선택한 후 {추가}하여 '월' '교육목표' '교육내용' '교육방법' '평가준거'를 입력 후 {저장}함.

❻ 화면에 조회된 학생의 개별화교육계획 내용을 다른 학생에게 일괄복사하기 위해 학생을 선택한 후 {일괄저장}함.

❼ {월마감}으로 마감하며, 마감된 이후에는 {월마감취소}로 변경됨([월별개별화교육계획관리]에서 마감한 것은 [개별화교육계획/평가마감관리(교과담당)]에서 마감한 것과 동일함).

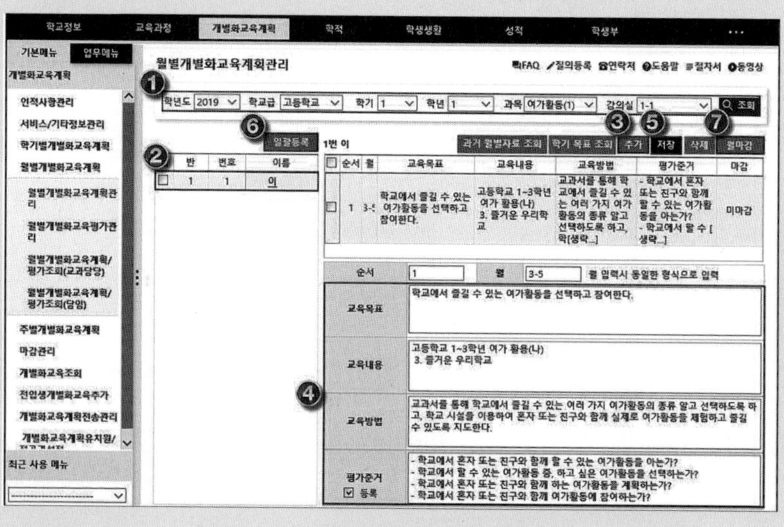

2) 월별개별화교육평가 관리

❶ [개별화교육계획-월별개별화교육계획-월별개별화교육평가관리]에서 '학년도' '학교급' '학기' '학년' '과목' '강의실' 확인 후 {조회}함.

❷~❹ 해당 학생을 선택한 후 해당 과목의 월별 개별화교육 평가를 입력 후 {저장}함.

❺ {월마감}으로 마감하며, 마감된 이후에는 {월마감취소}로 변경됨([월별개별화교육평가관리]에서 마감한 것은 [개별화교육계획/평가마감관리(교과담당)]에서 마감한 것과 동일함).

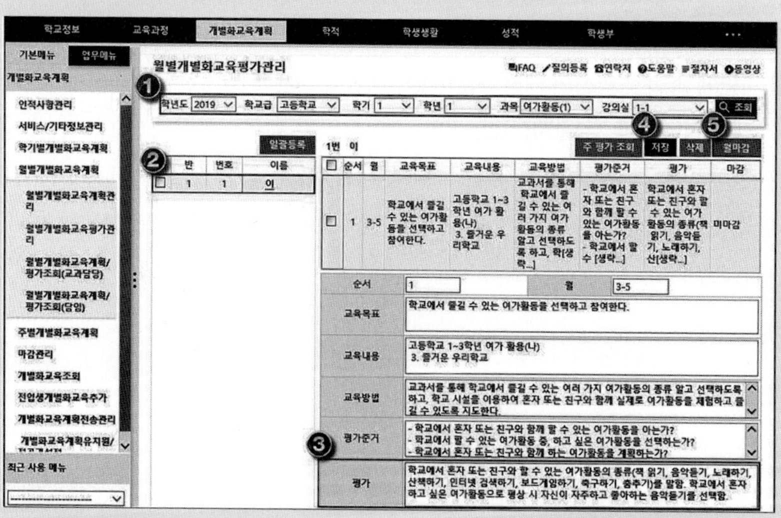

참고문헌

국립특수교육원(2019). 개별화교육계획 운영 가이드북.

서울특별시교육청(2016). 개별화교육계획 수립 · 운영 자료집.

제8장

통합교육 운영

1 통합교육계획서 작성

1) 통합교육의 필요성

과거 우리나라는 장애를 가진 학생이 일반학생과 함께 교육을 받을 환경이 되지 못하는 경우가 많았으며 일반학생 사이에서 거부를 경험하는 경우도 빈번하여 장애학생이 일반학교에서 교육적 지원을 받지 못하는 경우가 많았다. 그러나 현재 우리나라의 통합교육은 발전을 거듭해 오고 있으며 이러한 통합교육의 단계별 흐름은 1971년에 특수학급이 설치됨으로써 특수교육의 중요한 전환점을 가져왔다고 볼 수 있다. 우리나라의 통합교육은 장애학생의 교육권을 보장하기 위한 물리적 통합의 시발점이 되었으며, 1980년대에 세계의 특수교육 흐름과 더불어 보다 더 진지하게 논의되기 시작하였다. 1990년대에 현장 적용이 다각적으로 모색됨으로써 1994년 「특수교육진흥법」을 개정함으로써 특수교육의 기틀이 마련되었다. 그 후 통합교육에 관한 연구들이 꾸준히 늘어나고 통합교육의 가치, 철학 및 권리 중심의 당위성에 근거하여 통합교육은 빠르게 확산되었으며, 2007년 「장애인 등에 관한 특수교육법」(이하 「특수교육법」)의 제정과 더불어 통합교육은 더욱 강조되었다.

오늘날 통합교육이 이루어지기 위해서는 무엇보다 필요한 것이 인식 개선이라고 한다. 모든 정책과 법은 사회를 구성하는 구성원이 만들어 가므로 장애인의 인권, 장애인의 교육 등에 대한 인식은 매우 중요하다. 따라서 오랜 시간과 노력으로 이루어지는 인식의 변화를 끊임없이 개선하기 위해서 우선적으로 법적 근거와 동시에 장애인식 개선의 노력이 필요하다 할 것이다. 이에 우리는 학교현장에서 특수교육의 통합을 위해 통합교육의 정책을 수립하고 개선시키기 위한 노력을 지속적으로 해야 한다.

2) 통합교육계획의 의의

통합교육계획의 용어는 '통합교육' '교육계획'이라는 두 개의 단어로 구성되어 각 용어가 담고 있는 의미는 통합교육에서의 교육계획이라고 볼 수 있다. '통합교육'은 일반학교에서 장애 유형과 장애 정도에 따라 차별받지 않고 개별적인 특성을 고려해야 함을 법적으로 명시함으로써 그 의미를 지켜야 하는 당위성이라 할 수 있다. '교육계획'은 그에 따라 교육과정 및 특수교육관련 서비스를 제공해야 하며, 교육과정은 국가수준에서 설정된 교과 및 비교과 교육의 운영을 의미하고 특수교육관련 서비스는 특수교육대상자의 교육을 효율적으로 실시하기 위해 필요한 인적 · 물리적 지원을 말한다고 볼 수 있다.

따라서 통합교육계획은 일반학교에서 특수교육대상자의 교육적 요구에 적합한 교육과정 및 교수방법, 교육내용, 교육평가 등을 특수교육대상자의 개별적 특성을 고려하여 학교교육에서 지원하고자 하는 포괄적인 지원 계획을 담아야 한다.

2 통합교육의 법적 근거

통합교육의 법적 근거는 장애학생들이 또래와 함께 교육받을 수 있는 권리를 법에 근거하여 실시하도록 교육적 토대를 마련하였다. 그중에서도 통합교육의 수립과 운영은 「대한민국헌법」「교육기본법」「장애인 등에 대한 특수교육법」「장애인복지법」「장애인 차별금지 및 권리규제 등에 관한 법률」에 법적 토대를 두고 있다.

대한민국헌법
① 모든 국민은 능력에 따라 균등하게 교육을 받을 권리를 가진다. (제31조)

교육기본법
① 모든 국민은 평생에 걸쳐 학습하고 능력과 적성에 따라 교육받을 권리를 가진다. (제3조) ② 교육내용 · 교육방법 · 교재 및 교육시설은 학습자의 인격을 존중하고 개성을 중시하여 학습자의 능력이 최대한 발휘될 수 있도록 마련되어야 한다. (제12조)

장애인 등에 대한 특수교육법(통합교육)
① 통합교육이란 특수교육대상자가 일반학교에서 장애 유형 · 장애 정도에 따라 차별받지 아니하고 또래와 함께 개개인의 교육적 요구에 적합한 교육을 받는 것을 말한다. (제2조) ② 각급 학교의 장은 교육에 관한 각종 시책을 시행하는 경우 특수교육대상자가 통합교육을 원활히 받을 수 있도록 하여야 한다. (제21조) ③ 특수교육대상자가 배치된 일반학교의 장은 일반교육교원 및 특수교육원의 협력을 통하여 차별의 예방, 교육과정의 조정, 제28조에 따른 지원인력의 배치, 교구 · 학습보조기 · 보조공학기기의 지원 및 교원연수 등을 포함한 통합교육계획을 수립 · 시행하여야 한다. ④ 일반학교의 장은 제3항에 따라 통합교육을 실시하는 경우에는 제27조의 기준에 따라 특수학급을 설치 · 운영하고, 대통령령으로 정하는 시설 · 설비 및 교재 · 교구를 갖추어야 한다.

장애인복지법 제25조(사회적 인식 개선)
① 국가와 지방자치단체는 학생, 공무원, 근로자, 그 밖의 일반국민 등을 대상으로 장애인에 대한 인식개선을 위한 교육 및 공익광고 등 홍보사업을 실시하여야 한다.

장애인복지법 시행령 제16조(인식개선 교육의 실시)

① 법 제25조 제2항에서 '대통령령으로 정하는 교육기관 및 공공단체'란 각 호의 기관 또는 단체를 말한다.
② 법 제25조 제2항에 따른 기관 또는 단체(국가기관 등)의 장은 소속 직원·학생을 대상으로 장애인에 대한 인식개선을 위한 교육을 매년 1회 이상, 1시간 이상 실시해야 한다. 다만, 보건복지부장관이 교육 대상별로 교육 시간을 단축하여 달리 정한 경우에는 그에 따라 인식개선 교육을 실시해야 한다.

장애인 차별금지 및 권리규제 등에 관한 법률

① 모든 생활 영역에서 장애를 이유로 한 차별을 금지하고 장애를 이유로 차별받은 사람의 권익을 효과적으로 구제함으로써 장애인의 완전한 사회 참여와 평등권 실현을 통하여 인간으로서의 존엄과 가치를 구현함을 목적으로 한다. (제1조)
② 장애를 이유로 모든 생활 영역에서 차별을 하여서는 아니 되며 장애를 이유로 불이익을 주어서는 안 되며, 동등한 권리와 자유를 누릴 수 있도록 필요한 조치를 강구해야 한다. (제35조)
③ 교육책임자는 당해 교육기관에 재학 중인 장애인의 교육활동에 불이익이 없도록 다음 각 호의 수단을 적극적으로 강구하고 제공하여야 한다. (제14조)
  1. 장애인의 통학 및 교육기관 내에서의 이동 및 접근에 불이익이 없도록 하기 위한 각종 이동용 보장구의 대여 및 수리
  2. 장애인 및 장애인 관련자가 필요로 하는 경우 교육 보조 인력의 배치
  3. 장애로 인한 학습 참여의 불이익을 해소하기 위한 확대 독서기, 보청기기, 높낮이 조절용 책상, 각종 보완·대체 의사소통 도구 등의 대여 및 보조견의 배치나 휠체어의 접근을 위한 여유 공간 확보
  4. 시·청각 장애인의 교육에 필요한 한국수어 통역, 문자통역(속기), 점자자료 및 인쇄물 접근성바코드(음성변환용 코드 등 대통령령으로 정하는 전자적 표시를 말한다)가 삽입된 자료, 자막, 큰 문자자료, 화면 낭독·확대프로그램, 보청기기, 무지점자단말기, 인쇄물 음성변환 출력기를 포함한 각종 장애인보조기구 등 의사소통 수단
  5. 교육과정을 적용함에 있어서 학습진단을 통한 적절한 교육 및 평가방법의 제공
  6. 그 밖에 장애인의 교육활동에 불이익이 없도록 하는 데 필요한 사항으로서 대통령령으로 정하는 사항

④ 교육책임자는 제1항 각 호의 수단을 제공하는 데 필요한 업무를 수행하기 위하여 장애학생지원부서 또는 담당자를 두어야 한다.
제14조 제1항 제6호에 따라 교육책임자가 제공하여야 하는 사항은 다음 각 호와 같다. (시행령 제8조)
  1. 원활한 교수 또는 학습 수행을 위한 지도자료 등
  2. 통학과 관련된 교통편의
  3. 교육기관 내 교실 등 학습시설 및 화장실, 식당 등 교육활동에 필요한 모든 공간에서 이동하거나 그에 접근하기 위하여 필요한 시설·설비 및 이동수단

3 통합교육계획서 작성 절차

새 학기가 시작되면 학교에서는 당해년도 학교교육 계획을 세우는 일정부터 시작된다. 이때 학교에서는 먼저 전년도 학교 운영에 대한 평가를 실시하고 잘 진행된 일과 보완해야 할 일, 하지 말아야 할 일을 선별하는 과정을 거친다. 그 후 교육부나 시 · 도 교육청에서 특별히 강조하는 사업, 새롭게 추가해야 할 사업 등을 학교 교육 계획에서 기술하여야 한다. 이에 따른 구성을 살펴보면 다음과 같다.

1) 통합교육 운영계획 체계 구성

통합교육 운영 계획의 수립 과정은 학교 교육 계획을 수립하고자 하는 일과 크게 다르지 않다. 이에 통합교육 운영 계획을 수립하기 위한 절차와 방법은 특수교육 운영계획과 궤를 같이한다고 볼 수 있다.

그에 따른 내용은 다음과 같다.

절차	방법
준비단계	• 교육청 교육방향, 교육(지원)청 역점 시책 • 학교 교육목표, 예산 편성 지침 분석 • 전년도 교육활동 운영 상황 및 결과에 대한 평가 실시 • 전년도 교육활동 분석을 통한 해당 학년도 반영사항 추출 • 입학생 기초조사/학부모 요구조사 • 교육과정 각종 운영계획서, 장학자료 분석
⬇	⬇

수립단계	• 특수교육 교육방향(중점 운영 방안) 수립 • 특수교육 활성화 방안 협의 • 특수학급 교육과정 편성-운영/개별화교육계획 수립 • 교육활동 세부 추진계획 수립(개별화교육계획, 생활지도, 안전교육, 인권교육, 성교육, 장애이해교육, 현장체험학습 등) • 교육활동 지원 세부 추진계획 수립(방과 후 학교, 치료지원, 통학비 지원, 특수교육 보조인력 등)
⬇	⬇
심의 및 확정단계	• 학교운영위원회 보고(심의 및 자문): 방과 후 학교, 학업성적 관리 규정 • 학교장 결재를 통한 특수교육 운영 계획 최종 확정
⬇	⬇
추진 및 평가, 환류단계	• 학교교육계획에 반영하여 추진 • 특수교육 운영계획 추진 • 추진 상황 점검(평가) 및 환류

출처: 서울특별시교육청(2015).

2) 통합교육 운영계획의 내용 구성

통합교육 운영계획서 작성을 위해 활용할 수 있는 형식과 내용을 제시하면 다음과 같은 예를 제시할 수 있다.

1. 통합교육 운영 수립의 기저 • 통합교육 목표 및 노력 • 통합교육 현황	➡	• 해당 학교, 학급의 목표와 현황을 제시한다.
2. 통합학급 교육과정 편성 및 운영계획 • 교육과정 편성 및 운영 방침 • 교육과정 운영시간 • 통합학급 교육과정 편성 및 운영계획 • 평가계획	➡	• 전반적인 통합학급 교육과정의 편성, 운영 방침을 제시하고 교육과정 운영시간과 편성 및 운영계획, 평가에 대한 방침을 제시한다.

<table>
<tr><td>3. 통합교육 관련 지원 계획
• 특수교육대상자 선정 및 배치
• 장애이해교육
• 교육과정의 조정
• 통합학급 방과 후 교실 운영
• 안전 통합 계획
• 학부모 및 일반학생 장애 인식개선 교육</td><td>➡</td><td>• 통합학급에서 특수교육대상자의 학습활동 지원에 대한 내용을 기술한다. 실제 학교에서 실시하는 지원 계획과 실행을 기록한다.</td></tr>
<tr><td>4. 통합교육 예산 관리 및 운영 평가
• 통합교육 예산 관리
• 통합교육 운영 평가</td><td>➡</td><td>• 연간 예산과 통합교육 운영에 대한 평가를 제시한다.</td></tr>
</table>

출처: 서울특별시교육청(2015).

4 학기 초 통합교육계획서의 작성 및 실시

1) 장애학생을 위한 교육과정 조정

장애학생을 통합학급에서 효과적으로 지도하기 위해서는 교육내용, 교육방법, 교육평가 등의 방식에서 조절과 변화가 필요하다.

(1) 교육내용 조정

통합학급 내에서 같은 내용과 같은 주제를 다루면서 내용의 수준이나 목표를 달리할 수 있으며 보조 자료나 별도의 자료를 준비하여 지도할 수 있다.

이에 따라 다음과 같은 운영 원리에 따라 계획을 수립할 수 있다.

① 학생의 개인적인 능력과 필요에 따라 공통교육과정이나 특수교육 교육과정을 선택적으로 적용할 수 있다.

② 공통교육과정을 그대로 배우기 어려운 학생은 기본교육과정을 배운다. 공통교육과정 이수가 불가능함에도 불구하고 통합학급에서 수업을 하는 경우(본인 또는 학부모 희망) 담당교과 교사가 학생의 학습에 도움을 줄 수 있는 자료를 추가 제공한다. 예를 살펴보면 다음과 같다.

<table>
<tr><th colspan="5">학년 반 이름</th></tr>
<tr><th>과목</th><th colspan="2">국어</th><th colspan="2">수학</th></tr>
<tr><td>목표</td><td colspan="2">1. 주변 사물의 이름을 듣고 따라 말한다.
2. 그림과 글자를 보고 따라 읽는다.
3. 받침이 없는 글자를 보고 쓴다.
4. 동시, 동화를 들으며 우리말의 재미를 느낀다.</td><td colspan="2">1. 1부터 5까지의 수를 이해하고 5까지 수를 센다.
2. 종류가 같은 두 물체의 길이, 무게, 들이를 직접 비교하여 '길다, 짧다' '무겁다, 가볍다' '많다, 적다'의 비교하는 용어를 안다.</td></tr>
<tr><th>월</th><th>영역</th><th>지도 내용</th><th>영역</th><th>지도 내용</th></tr>
<tr><td rowspan="3">3</td><td>듣기
말하기</td><td>• 집안 물건 이름, 동물 이름 듣고 따라 말하기
• 물건 이름 듣고 알맞은 물건 가져오기</td><td>수와
연산</td><td>• 생활 속에서 1부터 3까지 수 찾아보기
• 1부터 3까지의 수 세는 말 따라 하기
• 수만큼 자기 손가락 펴 보기</td></tr>
<tr><td>읽기
쓰기</td><td>• ㄱ~ㄹ까지 따라 읽고 보고 쓰기
• 목표 자음이 들어간 단어 따라 읽기</td><td rowspan="2">측정</td><td rowspan="2">• 실제 물건을 비교하여 길이, 무게, 들이가 같은 것 찾기
• 실제 물건을 비교하여 길이, 무게, 들이가 다른 것 찾기</td></tr>
<tr><td>문학</td><td>• 그림 동화 읽기(삐악 우리 엄마세요? 엄마를 찾아주세요, 누구)
• 동물 울음소리 따라 말하기</td></tr>
</table>

출처: 서울특별시교육청(2015).

(2) 교육방법 조정

통합 환경에서 다양한 교육적 요구를 지닌 학생의 수행 향상과 수업 참여의 범위와 양을 확장하기 위해서 교수환경, 교수방법, 교수집단을 조절하고 수정하여야 한다. 교육방법은 다음과 같은 세 가지를 구성하여야 한다.

첫째, 교수환경 측면에서는 조명이나 소음, 자리배치, 물리적인 배치 상태, 교수자료 배치 등을 학생의 상황에 맞게 수정해야 한다.

둘째, 교수방법 측면에서 과제의 양을 줄이거나 수업 형태를 강의형 대신 게임, 역할놀이, 활동 중심의 수업 방법으로 실시할 수 있다. 컴퓨터와 각종 매체 같은 교육공학을 활용할 수 있으며 교수 자료도 크기, 디자인, 구조화, 분량 등을 수정해서 제공하여야 한다.

셋째, 교수집단 측면에서 또래지도, 협력학습을 위한 소집단 및 또래 팀 구성 형태로 학생 집단을 재편성하는 것을 말한다.

이에 따라 다음과 같은 운영 원리에 따라 계획을 수립할 수 있다.

다양한 교육적 요구를 지닌 학생들의 수행 향상과 수업 참여의 범위를 확대하기 위하여 교수환경, 교수방법, 교수집단 조정 등으로 조절하고 수정한다.

영역		항목
교수환경 조정	인적 환경	• 학생들의 소속감, 평등감을 느끼는 교실 분위기 조성
	물리적 환경	• 자리배치–아동의 상황에 따라 앞, 중앙 또는 뒤쪽에 배치 • 앞자리배치 • 책상 및 사물함에 시간표 부착
교수방법 조정	수업내용 제시	• 복잡한 정보 나누어 제시하기 • 쉬운 단어 사용하고 요점 강조하기 • 말과 함께 중심단어 글로 전달하기
교수집단 조정	보조인력	• 또래를 활용한 모델 역할자 또는 보조자 배치 • 소집단(그룹) 등으로 집단 구성

2) 장애학생을 위한 교육평가 조정

통합 환경에서 다양한 교육적 요구를 지닌 장애학생이 학습한 내용을 표현하는 방식을 다양화하고 그 결과를 확인해야 한다. 이때 장애학생의 잠재력을 배움의 과정에서 표현하고 결과를 확인하는 과정은 통합교육의 중요한 요소이다. 따라서 장애학생의 적절한 평가조정으로 교육평가에 참여할 수 있도록 한다.

이에 따라 다음과 같은 운영 원리에 따라 계획을 수립할 수 있다.

- 평가는 교육내용의 계획과 진행 과정의 분석, 관찰, 일화 기록, 면담, 자기 평가 등 다양한 방법으로 실시한다.
- 평가는 표준화된 검사보다는 수시로 지도 내용의 도입, 전개, 종결 과정에서의 단계별 평가로 목표 지향적 평가가 되도록 한다.
- 평가결과는 서술식으로 기술하며, 특수교육대상학생의 성취결과 분석을 통한 수업의 질 개선자료 및 지도계획의 기초수립 자료로 활용한다.
- 평가조정 시 장애 영역에 맞추어 평가조정을 한다.

평가조정 유형	평가조정 방법	
시간 조정	시간 연장 또는 중간에 쉬는 시간 제공	1.5배 연장
환경 조정	시험장소 수정	특수학급, 보건실
제시방법 조정	시험자료 및 지시문 제시 방법 조정	점자, 지시문 읽어 주기
반응방법 조정	시험문제에 답하는 방법 조정	컴퓨터 활용, 대필, 점자, 녹취

3) 장애학생의 교과 활동과 창의적 체험활동의 통합 지원

창의적 체험활동 교육과정은 교육 수요자의 요구, 지역 및 학교의 특성과 여건에 따라 재량으로 교육과정을 편성·운영할 수 있는 자율성과 그에 따르는 책무성이 강조되는 교육과정이라고 볼 수 있다. 창의적 체험활동은 교과 이외의 활동으로서 교과와 상호 보완적 관계에 있으며 자율활동, 동아리활동, 봉사활동, 진로활동의 4개 영역으로 구성되며 각 영역별 구체적인 활동 내용은 창의적이고 자유롭게 탄력적으로 운영한다.

영역	성격	활동
자율활동	학생 중심의 자율적 활동을 추진하고 학생은 다양한 교육 활동에 능동적으로 참여한다.	적응활동, 행사활동, 자치활동, 창의적 특색 활동 등
동아리활동	학생들은 자발적으로 집단 활동에 참여하여 협동하는 태도를 기르고 각자의 취미와 특기를 신장한다.	학술 활동, 문화예술 활동, 스포츠 활동, 청소년 단체 활동
봉사활동	학생들은 이웃과 지역사회를 위한 나눔과 배려의 활동을 실천하고 자연환경을 보존한다.	교내봉사활동, 캠페인 활동, 지역사회 봉사활동, 자연환경 보호 활동
진로활동	학생들은 자신의 흥미, 특기, 적성에 적합한 자기계발 활동을 통하여 진로를 탐색하고 설계한다.	자기이해 활동, 진로계획 활동, 진로정보탐색활동, 진로체험 활동

출처: 전선주 외(2014).

4) 장애학생 학교생활 적응을 위한 지원

장애학생이 학교현장에서 적응하기 위해서는 학교라는 공간은 학습하는 곳이며 수업에 임해야 한다는 기본 취지를 알려 주는 것이 필요하다. 이에 장애학생이 학교생활에 적응하기 위해서는 우선적으로 학습 준비를 잘할 수 있도록 지원하는 방법이 필요하며 학교생활 적응을 위해서는 수업시간에 필요한 사회적 기술을 우선적으로 익혀야 한다. 그 후 학습활동에 필요한 교수방법의 조정을 통해 학교생활을 할 수 있도록 지도해야 한다.

첫째, 수업시간에 필요한 일반적인 사회적 기술을 가르친다.

영역	내용
수업 준비 기술	• 착석하기 • 교과서-필기도구-준비물 꺼내기 • 교과 시간에 맞는 책과 복장 갖추기(중등: 체육시간: 체육복 입기)
수업 태도(참여) 기술	• 주의집중하기(경청하기) • 순서 기다리기 • 발표하기 • 과제 수행하기 • 질문에 답하기
수업 정리 기술	• 교과서-사물함 정리하기 • 다음 수업 준비하기(중등: 교실이동, 교재 준비 등) • 수업과 쉬는 시간 구분하기

둘째, 모든 교과 학습활동에 참여하도록 해야 한다. 교육 활동의 재구성을 통해 비장애학생과 함께 협력하고 활동에 참여할 수 있도록 수업을 구성하는 것이 필요하다.

5) 기타 자율활동과 방과 후 학교 등 지원

방과 후 학교는 학생, 학부모의 수요조사를 반영하여 특수교육대상자의 소질 및 적성을 계발하는 데 목적을 둠과 동시에 학부모의 사교육비 경감에 목적이 있다. 또한 장애로 인한 교육 격차의 완화를 통한 실질적인 교육복지를 구현함을 목적으로 하고 있다. 따라서 자율활동 및 방과 후 교실은 여가활동 및 잠재능력 개발 프로그램으로 운영되어야 하며 '치료'활동으로 방과 후 교실이 운영되어서는 안 된다.

방과 후 학교의 교육활동은 학교 정규 교육과정 운영 시간 이후에 실시해야 한다. 이에 따른 방침과 예시는 다음과 같다.

방과 후 학교 방침
1. 방과 후 학교 프로그램은 학교운영위원회의 심의를 거쳐 운영한다. 2. 일반학급과 특수학급에 배치된 특수교육대상자 중 희망자를 대상으로 한다. 3. 학교와 지역사회의 다양한 시설을 연계하여 활용한다. 4. 정규 교육과정 이외의 시간에 운영하되 학생의 수요에 따라 주중, 주말, 방학 등 융통성 있게 운영할 수 있다(학기 중에는 1일 2시간, 방학 중에는 1일 3시간 이내). 5. 학생, 학부모의 희망을 반영하고 학교와 지역사회의 여건을 고려하여 특기적성교육, 사회적응능력 신장 프로그램, 직업교육, 여가활동 등 특색 있고 다양한 프로그램을 개설하여 운영한다. 6. 능력과 자질이 있는 강사를 교육청 및 학교 홈페이지 공고, 교육(지원)청 인력풀을 활용하여 공개적으로 모집하여 채용한다. 7. 교육(지원)청에서 지원하는 특수교육대상자 방과 후 학교 지원예산으로 운영하되, 운영경비가 초과될 경우 수익자 부담을 원칙으로 한다. 8. 주기적인 모니터링을 통해 평가 및 환류 체제를 확립한다.

예시

영역	성격	활동
미술교실	학생들의 그림 활동을 통해 심미적 감성을 배양한다.	그림 그리기활동, 색종이활동 등
스포츠교실 1	학생들은 자발적으로 스포츠 활동에 참여하여 협동하는 태도를 기르고 각자의 체력을 강화한다.	체력단련을 위한 활동중심 수업
스포츠교실 2	학생들은 집단 활동과 스포츠 활동에 참여하여 협동심과 체력을 강화한다.	체력단련을 위한 활동중심 수업

6) 통합학급 교사와 일반학생 학부모 지원

(1) 통합학급 교사 지원 사항

일반적으로 교사는 다른 전문직이나 일반 직업에 비해 매우 높은 스트레스를 경험한다. 교사는 학생들의 발달을 돕는 일에서부터 다양한 문제행동을 지도하고 수업 준비나 기타 행정적인 업무까지 수행하는 일련의 과정을 실수 없이 진행해야 하므로 이에 따른 직업적 스트레스는 높을 수밖에 없다. 교사들의 업무 현황을 살펴보면 특히 통합학급을 운영하는 통합학급 교사가 일반학급 교사보다 더 높은 스트레스를 경험하고 있음을 예측할 수 있다. 이에 통합학급 교사의 스트레스 해소 및 통합교육의 어려움 해결을 위한 통합학급 교사의 지원 사항은 다음과 같다.

지원 사항	내용
통합학급 교사와 특수교사의 장애학생 교수에 관한 소통 기회 제공	• 장애학생에 대한 관찰과 자료 수집 공유 • 통합학급교사와 특수교사는 학습상의 문제, 선호하는 학습양식 등을 관찰하고 교육계획 공유 • 교육과정 재구성 및 교수방법, 교수전략 수정 후 공유
장애학생 생활지도 및 연수 기회 확대	• 신변처리기술, 안전, 위생 등에 관한 지도방법 공유 • 행동관리, 수업지도 등의 전문적인 교육 연수 기회 제공
통합학급에 대한 물리적 지원	• 통합학급 운영에 필요한 재정적 지원 확대 • 장애학생을 위한 교재·교구 지원 증대

(2) 일반학생 학부모 지원 사항

① 장애인식 개선 교육 실시

교사와 학부모는 학생의 교육을 위한 최상의 교육 파트너라고 볼 수 있다. 장애학생이 통합되어 있는 학교 환경에서 일반학생 학부모는 아주 중요한 역할을 한다. 따라서 학부모 대상으로 통합교육의 필요성과 지원에 관한 내용을 안내할 필요가 있다. 이때 교사는 먼저 학부모의 교육에 대한 의식과 변화를 이끌어 내야 한다. 이에 교사는 일반학생 학부모를 위한 교육을 실시할 필요가 있다. 그에 따른 교육내용은 다음과 같다.

첫째, 통합교육은 모든 학생이 함께 배울 수 있는 당연한 권리라는 관점과 동시에 교육공동체의 길임을 강조해야 한다. 공동체적 학교현장은 모든 학생들이 학교와 지역사회에 소속되어 학생의 권리, 책임공유 등을 함께해야 함을 안내해야 할 것이다.

둘째, 통합교육은 장애학생만을 위한 교육이 아니라 모든 학생이 함께 성장해 가는 교육이라는 점을 강조하고, 장애학생이 할 수 있는 일이나 장점 등을 강조하여 일반학생과 다르지 않다는 점을 인식시켜야 한다. 특히 통합교육을 통해 일반아동이 인간에 대한 다양성의 관점과 사회적 책임감을 가진 학생으로 성장할 수 있다는 점을 강조해야 할 것이다.

셋째, 미래의 교육이 보다 나은 삶으로의 비상을 꿈꿀 수 있도록 지원하는 교육이라면 장애학생에게도 예외가 될 수 없음을 인지하도록 해야 한다. 장애학생들이 자신에게 주어진 여건을 극복하고 보다 나은 삶을 위해 살아가기 위해서 학교와 학부모는 장애학생이 잘할 수 있도록 지원해 주어야 할 책임이 있음을 안내해야 한다.

② 학부모 상담 실시

학부모의 사고와 인식은 자녀들에게 많은 영향을 미치므로 장애인식에 관한 내용을 숙지하여 자녀들을 지도해야 할 것이다. 따라서 일반아동이 장애를 가진 친구를 수용하고 다양한 사회구성원에 대한 이해를 높일 수 있도록 학부모의 지원도 중요하다 할 것이다.

따라서 일반학생 학부모 지원에서는 앞서 제시한 장애인식 개선 교육도 필요하지만 상담의 역할도 아주 중요하다고 볼 수 있으며, 상담을 통해 장애에 대한 심리상의 갈등과 그에 따른 문제를 예방하고 치료할 수 있다. 따라서 교사는 일반 학부모가 통합교육에 관한 자신의 감정을 솔직하게 드러내고 표현하며 수용하고 이해하도록 진솔한 상담을 통해 도와야 할 것이다. 상담 과정은 다음과 같다.

부모 상담 단계	구체적 내용
라포 형성하기	• 부모와 좋은 관계를 유지하기 위해서 교사로서의 신뢰감을 주어야 한다. • 상담 시 일반학생에 대한 긍정적인 이야기로 시작한다. • 상담 소요시간을 미리 알려 주고 시간 안에 편안하게 장애관련 상담을 실시한다.
부모에게 유용한 정보 수집하기	• 부모에게 질문을 통해 학생에 대한 유용한 정보를 수집하는 단계를 가진다. • 개방형 질문을 통해 유용한 정보를 수집한다.
부모에게 유용한 정보 제공하기	• 교사는 학생에 대한 정보를 부모에게 주어야 한다. • 무엇을 지도하고 있는지, 현재 수행 능력은 어떠한지 등의 정보를 제공한다. • 어려운 용어는 자제하고 쉽게 풀어서 설명한다.
정리 및 차후 상담 날짜 정하기	• 지금까지 나눈 이야기를 정리하고 동의한 내용은 재확인한다. • 추가적인 내용이 있는지 질문하고 다음 상담 일정을 상의 후 결정하도록 한다.

7) 장애인식 개선과 인권보호 등 필수 연수 실시

통합교육이 현실화되면서 가장 중요한 요소 중의 하나는 단연코 장애인식 개선이라고 볼 수 있다. 장애인식 개선은 장애로 인해 가지고 있는 불편함을 함께 공유하고 불편함을 해소하기 위해 모두가 함께하기 위한 방안을 마련해야 한다는 생각을 가지는 것이다. 그 방안을 찾기 위한 방법 중의 하나가 장애인식교육이며 이는 통합학급에서 자연스럽게 이루어지는 것이 최상의 방법일 것이다.

(1) 대상에 따른 장애인식교육 계획

대상	내용	일정
통합학급학생 특수학급학생	• 친구 이해수업 • 친구 초대의 날 • 친구와 함께하는 체험학습	3월

전교생	• 장애인의 날 행사 • 백일장 참여 희망자 지도 • 장애이해 포스터 전시회 • 장애이해 도서를 활용한 독서 교육(학급문고, 윤독, 도서실 비치 등) • 장애이해 동영상 경진대회 개최	4월
학부모	• 장애인의 날 안내 가정통신문 제작 및 배포 • 신입생 오리엔테이션 때 통합교육 및 특수학급 안내 • 장애인식 개선 및 인권교육 특강	3월
통합학급 교사	• 장애아동의 특성 및 지도방법 공유 • 통합교육 원격 연수	3월
교직원	• 통합교육 실시 •「장애인 등에 대한 특수교육법」 및 「장애인차별금지 및 권리구제 등에 관한 법률」 연수	연중

출처: 서울특별시교육청(2024).

(2) 월별에 따른 장애인식교육 계획 및 통합교육 지원 계획

시기	구분	내용	대상	장소	연계 교과목
3월	친구이해수업	• 친구의 장애에 대해 알고 친구 행동 이해하기 • 친구를 도와주고 함께하는 방법 알기 • 다양성 수용 및 존중 알기	통합학급 학생	통합 학급	도덕 유리
	신입생 및 학부모 교육	• 통합교육 안내 • 특수학급 안내	1학년 학부모	강당	
	특수교육 보조인력 연수	• 학생 특성에 대한 정보 제공 및 행동 지도방법 안내 • 통합교육 환경에서의 적절한 지도	특수교육 보조인력		
	통합학급 지원, 학습자료 지원	• 특수교육대상자의 원활한 통합학급 수업 적응을 위한 자료 제작 및 지원	특수교육 대상자		
	개별화교육 지원팀	• 1학기 개별화교육지원팀 협의회 개최	학교관리자, 일반학급교사, 특수학급교사, 학부모	교무실	IEP 작성

4월	장애인의 날 계기교육	• 장애인의 날 기념 방송 교육 및 사후 활동 • 장애인식 개선 포스터 전시회	전교생	강당	창의적 체험활동
		• 장애인을 대하는 에티켓 • 장애이해 관련 도서 및 영화 안내	전교생, 학부모	강당 가정	가정 통신문
		• 장애이해교육 활용 도서 및 동영상 자료 안내	전교사	교무실	유인물
		• 특수교사와 함께하는 협력교수 계획 및 실시			
5월	학교행사	• 공개수업(학부모공개수업 또는 동료장학)계획 • 학교 소체육대회 및 학교행사 참여 계획	전교생	각 학급 및 운동장	
7월	친구 초청의 날	• 또래 어울림 잔치	통합학급학생	특수학급	체육
	1학기평가	• 통합교육 및 학생평가	일반학급교사, 특수학급교사		평가
8 ~ 9월	2학기 개별화 교육지원팀	• 2학기 개별화교육지원팀 협의회 참석 및 시간표 확정	학교관리자, 일반학급교사, 특수학급교사, 학부모	교무실	IEP 작성
10 ~ 11월	장애이해교육	• 청각장애 • 시각장애 • 지적장애 • 자폐성장애	통합학급 학생	각 교실	창의적 체험활동
		• 장애예방교육 및 인권교육	전교생	강당	창의적 체험활동
12월	친구 초청의 날	• 친구와 함께 요리하기	통합학급 학생 일부	특수학급	창의적 체험활동
	반별 학예회	• 학년별 학예회 등 학교행사 참여계획	통합학급	강당	
1 ~ 2월	통합교육 및 학생평가	• 생활통지표와 함께 개별화교육계획 평가서 배부 • 통합교육 평가 및 다음 학년도를 위한 학생 정보 교류	일반학급교사, 특수학급교사	일반학급 특수학급	

출처: 서울특별시교육청(2024).

(3) 교직원 대상 장애 인권 연수 및 장애인식 개선

① 교직원 대상 장애 인권 연수

인권이라는 것은 인간이 가진 기초적이고 보편적인 권리로서 자신이 가진 권리를 알고 인간을 존중하는 태도를 형성함과 동시에 존중하는 마음을 가지는 것이다. 세계 인권 선언문에서는 '누구에게나 가족과 함께 건강하고 행복하게 살 권리가 있다'고 기술하고 있으며, 이 권리를 위하여 '실업, 질병, 장애, 배우자와의 사별, 노령 또는 자신이 어찌할 수 없는 상황에서 나라가 제공하는 보장 제도를 누릴 권리를 갖는다'고 명시하고 있다. 이에 특수교사는 교직원을 대상으로 특수교육에 대한 이해를 높이고 특수교육대상학생의 지원 방법에 대해 알려 원활한 통합교육이 이루어지도록 연수를 통하여 교직원 대상 장애인식 개선과 장애 인권에 관한 내용으로 교육을 실시할 필요가 있다. 이에 교직원 대상 장애인식 개선과 장애 인권 연수를 위한 교육목표의 설정은 다음과 같다.

첫째, 인권교육은 인권과 기본적인 자유에 대한 존중을 강화하도록 교육해야 한다. 인권은 인간으로서 자신에 대한 정확한 인지의 과정이며 최소한의 삶의 조건을 인식할 수 있도록 하는 교육이 되어야 한다. 이때 자신의 존엄성과 자존감을 가지는 교육이 이루어져야 할 것이다.

둘째, 인권교육은 인간의 존엄성에 대한 이해와 감수성이 최대한 발현되도록 해야 한다. 이것은 자신뿐만 아니라 타인의 인권을 고려하고 그에 대한 책임감을 갖도록 하는 것이 중요하며 동시에 모든 사회적 맥락에서 인권을 고려해야 함을 강조하는 것이다.

셋째, 인권교육은 다양한 인간과 집단에 대한 이해와 관용, 평등과 우정이 증진되도록 해야 한다. 오늘날 글로벌한 세계는 다양한 민족과 문화, 언어가 함께 존재하고 있다. 다양한 지구촌의 사회에서 다양성이 갈등의 원인이 되어서는 안 된다는 점을 교육할 필요가 있다. 즉, 다양한 문화, 다양한 민족, 다양한 언어 등에 대한 이해가 가능할 수 있도록 서로 협력하는 것이 필요하다는 것을 강조해야 한다.

넷째, 인권교육은 모든 사람이 자유로운 사회에서 사회적 참여를 행할 수 있도록 해야 한다. 이는 모든 사람이 자유로운 사회에서 살도록 하는 것이 가장 우선시되어야 함을 강조하는 것이라 볼 수 있다.

이러한 관점에서 교사의 연수를 진행해야 할 것이다.

② 교직원 대상 장애인식 개선 연수

통합교육이 실현되기 위해서 우선적으로 실현되어야 할 과제는 장애인식 개선이다. 특히 학교현장에서 장애에 대한 올바른 인식을 가질 수 있도록 교육하는 것이 아주 중요하며 그 일선에는 교사들의 역할은 아주 중요하다. 따라서 교직원 대상의 장애인식 개선은 학생, 학부모 등의 인식 개선에도 많은 영향을 끼칠 수 있기 때문에 필수적으로 교직원 대상 연수를 진행해야 한다. 그에 따른 장애인식 개선 내용은 다음과 같다.

첫째, 인간의 존엄성, 인권, 반편견, 보편 윤리, 인간의 다양성 등에 대한 내용을 교육한다.

둘째, 장애학생을 지원하는 구체적인 방법이나 관련 사례를 제공한다.

셋째, 장애학생과 협력하거나 적절한 관계를 형성하고 상호작용하는 방법 등을 구체적으로 설명한다.

넷째, 장애인식 연수는 일회성이 아니라 정규적이고 지속적으로 실시한다.

이를 통해 성공적인 통합교육이 이루어질 수 있도록 장애를 가진 학생을 둘러싼 모든 환경이 장애에 대한 올바른 인식이 될 수 있도록 연수를 제공하여야 할 것이다.

8) 통합 환경의 생활지도 및 안전교육 계획

기본적인 예절과 바른 생활습관을 익혀 사회생활 적응능력을 향상시키며 생활 속에서 위험요소와 사고 발생 시 대처방법을 익혀 특수교육대상학생의 안전을 지키고 안전사고를 예방하는 태도와 습관을 형성하는 것을 목적으로 하고 있다. 그에 따른 방침 및 예시는 다음과 같다.

생활지도 및 안전교육 방침
1. 신체 청결 및 질서의식의 생활화를 위해 반복적인 지도를 실시한다. 2. 일관성 있는 지도를 통하여 기본적인 공중도덕과 질서의식을 생활화한다. 3. 학교, 가정, 지역사회를 연계시킨 포괄적이고 지속적인 생활 교육을 실시한다. 4. 개인의 특성과 장애 정도·능력·환경·욕구 등을 잘 이해하고 그에 알맞은 내용과 방법으로 지도한다. 5. 구체적인 현장지도를 통하여 실생활에 적용할 수 있도록 지도한다. 6. 현장실습, 작업 및 직업 지도 과정에서 발생할 수 있는 사고 예방을 위해 사전 교육 및 안전수칙 교육을 실시하고 담당교사가 지도한다. 7. 사안 발생 시 안전수칙 지침에 따라 처리하고 기관의 장에게 보고한다. 필요시 유관기관과 협력하여 처리한다.

출처: 서울특별시교육청(2024).

예시 **영역별 생활지도 및 안전교육 계획**

영역	생활지도	안전교육
개인	• 신체 청결히 하기(이, 손, 두발, 몸 등) • 화장실 바르게 사용하기 • 착·탈의 및 정리하기 • 생리적인 현상 뒤처리하기 • 소지품 및 사물함 관리하기 • 필요한 양만큼 음식물 먹기 • 물건 아껴 쓰기 및 재활용하기 • 계절별 위생 관리하기	• 출입문 안전하게 여닫기 • 질서 지켜 식당 바르게 이용하기 • 학용품 안전하게 사용하기 • 전기제품 안전하게 사용하기 • 요양호 학생의 건강상태 점검하기 • 문제 행동 안전조치 방법 알기 • 계절 활동별 안전수칙 알기

학교	• 등 · 하교 및 타종 시간 준수하기 • 학급 및 학교 규칙 준수하기 • 실내에서 조용히 하기 • 친구 사이 예절 익히기 • 고운 말과 바른말 사용하기 • 웃어른에 대한 예절 지키기 • 청결한 교실 유지하기	• 휴식시간 안전하게 이용하기 • 정수기 온수 안전하게 이용하기 • 승강기 안전하게 이용하기 • 체육 시설 안전하게 이용하기 • 실습 기구 및 약품 관리 안전하게 다루기 • 소방 안전에 대해 알기 • 적절한 대인관계 기술 익히기 • 학교폭력 예방 및 사안 신고하기
지역 사회	• 단체 생활 시의 예절 알기 • 공공장소에서 질서 지키기 • 국경일에 지킬 일 알기	• 현장체험학습 시 안전수칙 지키기 • 대중교통 이용 시 질서 지키기

출처: 서울특별시교육청(2024).

9) 학기 말 통합교육 운영계획서 평가 및 보고하기

학기 말에는 통합교육 운영계획서에 따른 통합교육 활동에 관한 평가를 진행해야 한다. 잘한 점과 수정할 점을 분석하고 다음 학년도에 반영하여야 한다.

통합교육 운영계획서 평가 방침
• 통합교육 운영계획서에 따른 통합교육 교육활동이 올바르게 추진되었는지를 평가한다. • 특수교사, 특수교육대상자 학부모, 일반학생 학부모, 통합학급 교사를 대상으로 설문 평가한다. • 평가는 연 1회 12월에 실시한다. • 통합교육 운영계획이 정상적으로 추진되었는지 점검하고 다음 학년도 교육과정 수립에 반영하여 교육활동의 개선 자료로 삼는다.

출처: 서울특별시교육청(2024).

예시

	활동에 대한 질문	응답	빈도	백분율
1	통합교육이 합리적인 절차에 따라 학부모의 의견이 반영되어 수립되고 있다고 생각하십니까?	① 전혀 그렇지 않다	0	0%
		② 대체로 그렇지 않다	0	0%
		③ 보통이다	7	20%
		④ 대체로 그렇다	24	
		⑤ 매우 그렇다	8	
2	학생들의 교육활동에 대한 평가(개별화교육계획평가, 교과평가)가 잘 이루어지고 있다고 생각하십니까?	① 전혀 그렇지 않다		
		② 대체로 그렇지 않다		
		③ 보통이다		
		④ 대체로 그렇다		
		⑤ 매우 그렇다		
3	–			

출처: 서울특별시교육청(2024).

부록

○○초등학교 특수학급 통합교육 운영계획서

Ⅰ 통합교육 여건 조성

1 법적 근거

「장애인 등에 대한 특수교육법」 제21조(통합교육)

① 각급학교의 장은 교육에 관한 각종 시책을 시행함에 있어서 통합교육의 이념을 실현하기 위하여 노력하여야 한다.

② 제17조에 따라 특수교육대상자를 배치 받은 일반학교의 장은 교육과정의 조정, 보조인력의 지원, 학습보조기기의 지원, 교원연수 등을 포함한 통합교육계획을 수립ㆍ시행하여야 한다.

③ 일반학교의 장은 제2항에 따라 통합교육을 실시하는 경우에는 제27조의 기준에 따라 특수학급을 설치ㆍ운영하고, 대통령령으로 정하는 시설ㆍ설비 및 교재ㆍ교구를 갖추어야 한다.

「장애인복지법」 제25조(사회적 인식개선)

① 국가와 지방자치 단체는 학생, 공무원, 근로자, 그 밖의 일반국민 등을 대상으로 장애인에 대한 인식개선을 위한 교육 및 공익광고 등 홍보사업을 실시하여야 한다.

「장애인복지법 시행령」 제16조(인식개선 교육의 실시)

① 법 제25조 제2항에서 '대통령령으로 정하는 교육기관 및 공공단체'란 각 호의 기관 또는 단체를 말한다.

② 법 제25조 제2항에 따른 기관 또는 단체(국가기관 등)의 장은 소속 직원ㆍ학생을 대상으로 장애인에 대한 인식개선을 위한 교육을 매년 1회 이상, 1시간 이상 실시해야 한다. 다만, 보건복지부장관이 교육 대상별로 교육 시간을 단축하여 달리 정한 경우에는 그에 따라 인식개선 교육을 실시해야 한다.

2 통합교육 목적

가. 특수교육대상학생의 사회 적응 능력을 신장시키고, 일반학생에게는 특수교육대상 학생을 이해하고 더불어 살아가는 태도와 심성을 길러 주며, 학생들의 인성 발달과 복지사회에 동참하는 의식을 고취시킨다.

나. 학생들의 다양성을 인정하고 물리적 통합을 넘어선 사회적 통합을 학교의 문화로 형성한다.

다. 통합교육 지원을 통한 일반학교의 통합교육 실천 의지를 고취시킨다.

라. 일반교원의 특수교육관련 전문성 신장을 통한 통합교육 책무성을 강화한다.

마. 교직원, 학부모, 학생의 장애인식 개선을 통한 긍정적인 학교 풍토를 조성한다.

3 방침

가. 특수교육대상학생의 수준, 통합학급의 특성을 최대한 고려하여 통합교육 방법을 결정한다.

나. 특수교육대상학생에 대한 이해를 높이기 위해 통합학급 담임에 대한 특수교육 및 통합교육 연수를 안내하고 지원한다.

다. 일반교사와 사전 협의 및 협력을 통한 교육 동반자의 역할을 할 수 있도록 한다.

라. 운동회, 현장체험학습 등 전반적인 학교행사에 모는 특수교육대상학생이 침석할 수 있도록 지원한다.

마. 학습지원, 또래 관계 개선지원, 놀이 모둠 지원, 급식 지원 등 필요시 또래 도우미를 활용하거나 특수교사나 특수교육 지원 인력이 특수교육대상학생의 통합학급과 특수학급 사이의 왕래를 도우면서 원만한 통합 활동이 이루어지도록 살핀다.

바. 일반학생, 학부모, 교직원 대상의 장애 이해 연수 및 교육활동을 전개하여 장애인에 대한 올바른 이해를 높이고 원활한 통합교육의 여건을 조성한다.

사. 특수교육대상학생이 통합학급의 학습지도에 악영향을 끼칠 우려가 있을 때는 특수학급에서 정서적 · 심리적 안정을 취할 수 있다.

아. 통합교육 장면에서 특수교육대상자와 일반학생이 함께 활동할 수 있는 교육내용으로 지원한다.

자. 특수학급운영비로 다양한 학급프로그램을 개설하여 통합학급 일반학생을 강화할 수 있다.

차. 통합교육 실행 및 개선을 위해 교사 간 협력 지원, 초·중등학교 교육과정과 특수교육 교육과정을 연계할 수 있는 자료 개발 및 보급, 관련 연수나 컨설팅 등을 제공한다.

4 통합교육 지원 방법

가. 특수교육대상학생의 장애 유형 및 정도와 통합학급의 여러 가지 사정을 고려하여 교육과정 운영 형태 및 방법과 내용을 달리한다.

나. 통합학급 적응 기간을 이용하여 통합학급 분위기 및 규칙을 이해하도록 하며 특수교육대상학생에 대한 이해자료를 배부하도록 한다.

다. 교직원 연수, 학부모 연수, 장애인식 개선 교육, 장애체험활동, 장애인의 날 행사 등 장애 이해 교육을 학기별 1회 이상 실시한다.

라. 특수교사와 통합학급 담임교사 간의 의사 교환을 통해 학생의 전반적인 생활 및 서로에게 도움이 될 부분을 확인한다.

마. 통합학급 도우미, 자원봉사, 특수교육지원인력 지원과 지역사회기관 연계를 통해 학교행사에 적극적으로 참여한다.

바. 특수교육지원인력의 자세한 지원 시간 및 방법은 개별화교육지원팀 협의회를 거쳐 결정한다.

Ⅱ 특수교육대상학생 인권지원 계획

1 추진 목적

가. 특수교육대상학생의 자기 결정권을 기르고 자신의 권리를 알아 타인으로부터 자기를 보호하고 타인의 권리를 침해하는 일이 없도록 한다.

나. 「대한민국헌법」 제31조, 「유엔 아동의 권리에 대한 협약」「장애인차별금지 및 구제에 의한 법률」「교육기본법」 제12조 및 제13조, 「초・중등교육법」 제18조의4에 근거하여 학생의 인권이 학교교육과정에서 실현될 수 있도록 함으로써 장애 유무와 관련 없이 인간으로서 존엄과 가치 및 자유와 권리를 보장하는 것을 목적으로 한다.

2 중점 추진 내용

가. 학교 내 특수교육대상학생 인권 존중 분위기 조성

1) 학교 폭력의 가해 또는 피해 학생이 특수교육대상학생인 경우 전담 기구 및 자치위원회에 특수교육 전문가(위원 또는 참고인)가 참여하여 특수교육대상학생의 장애 정도, 특수성에 대한 의견을 제시한다.
2) 관리자 및 통합학급 교사에 대한 특수교육대상학생 인권교육 연수를 권장한다.
3) 교직원을 대상으로 장애 인권 교육 및 장애인 학대 신고자 의무교육을 시행한다.

나. 비장애학생 대상 특수교육대상학생 학교(성)폭력 예방 교육 및 장애 인권 교육 시행

1) 학기당 1회 이상 다양성 존중(장애학생 인권)에 관한 교육을 시행한다.
2) 학교폭력예방교육 시 특수교육대상학생에 대한 학교 폭력 예방을 포함한다. (학기별 1회 이상, 외부 강사 수업 시 안내하여 포함 요청)
3) 본교 보건교사와 연계하여 비장애학생 성교육 시 특수교육대상학생에 대한 성폭력, 성추행에 관한 교육을 함께 시행한다.

다. 특수교육대상학생 대상 인권교육 시행

특수교육대상학생 대상으로 자기 보호 역량강화(성폭력 예방 및 인권) 교육을 시행한다.

라. 장애학생 지원 부서 지정

1) 부서명: 안전인성부

2) 담당자: 우○○(3-1 통합학급 담임교사)

3 세부 추진 계획(다양성 존중 교육)

구분	시기	내용	대상
통합 교육을 위한 학교 문화 조성	학기 초 연중	• 특수교육대상학생에 대한 교육적 요구와 학생 특성에 대한 안내 • 통합교육 방법에 대한 안내 • 학기 초 적응에 대한 상담 • 통합학급 운영과 실제 안내	통합학급 담임교사
	연중	〈다양성 존중 교육〉 • 교육과정과 연계한 학년 수준에 맞는 교육 시행 • 특수교육대상학생을 이해하는 방법에 대한 설명 • 나와 다른 친구를 바르게 도와주고 어울리는 방법 알려 주기	전교생 (창체 및 교과)
	연중	〈통합교육 분위기 조성〉 • 교직원, 학부모, 학생 대상 연수 실시 • 통합교육 연수 실시 • 장애 인식개선 관련 도서 안내	전교생, 학부모, 교직원
	연중	〈또래 관계 형성〉 • 쉬는 시간, 점심시간을 이용한 일상적인 어울림 • 특수학급의 친구 초대의 날 운영(*학교 일정 및 여건에 따라 변경될 수 있음.)	통합학급학생, 특수교육대상학생
	연중	〈장애인권교육〉 • 자신의 소중함을 알고 자존감 높이기 • 상황을 인식하고 스스로 결정하기	특수교육대상학생

III 장애이해교육 계획

1 추진 목적

일반학생의 특수교육대상학생에 대한 인식을 개선하여 모든 학생이 더불어 살아가는 학교 문화를 창조하는 데 있다.

※「교육기본법」 제4조(교육의 기회 균등), 「초 · 중등교육법」 제59조(통합교육), 「장애인 등에 대한 특수교육법」 제21조(통합교육), 「장애인 복지법」 제25조(사회적 인식개선), 「장애인복지법 시행령」 제16조(인식개선 교육의 실시) 등

2 중점 추진 내용

구분			내용	방법	시기
대상	학생	통합 학급	• 통합교육반 소개 • 특수교육대상자의 기본적인 정보(특성, 학생의 기호, 건강상의 유의점, 바르게 도와주기 등에 대한 정보) 나누기	• 친구이해교육 실시 - 3. 7. 2교시 1학년 3반 - 3. 7. 6교시 4학년 4반 - 3. 8. 1교시 6학년 3반 - 3. 12. 3교시 3학년 1반	3월 초 통합학급 적응 기간 중
		전교생	• 장애인의 날 특별기획프로그램 〈대한민국 1교시〉 시청 • 방송 소감문 쓰기 대회	• 〈대한민국 1교시〉 시청 후, 활동지 • 교내 우수작 시상 및 전국대회 출품	4월 19일 (금)
			• 장애인의 날 행사	• 장애인의 날 신문 배부 • 응모 행사(응모 사은품 제공)	4월 19일 (금)
		3학년 6학년	• 장애에 대한 이해 및 사회적 환경의 중요성을 체험을 통해 교육 • 장애체험교육(흰지팡이, 휠체어)	• 사하두바퀴장애인자립생활센터(외부강사: 051-294-1282) • 1~3교시 학급별 교육 진행 • 소요 예산: 1학급당 5만 원, 총 30만 원	3학년: 11월 27일 (수) 6학년: 11월 28일 (목)
		그 외 학년	• 장애인, 비장애인 모두가 함께 어울려 사는 세상	• 창의적 체험활동 시간을 활용한 학급별 담임교사 수업	2학기 중

<table>
<tr><td rowspan="6">대상</td><td rowspan="2">학부모</td><td>특수교육대상자</td><td>• 통합교육 안내(성공적 통합교육을 위한 가정에서의 지원 방안)
• 국립특수교육원 부설 원격연수원의 학부모 무료 연수 안내</td><td>• 문자 및 SNS를 통한 안내</td><td></td></tr>
<tr><td>일반학생</td><td>• 통합교육 안내(실태, 긍정적 효과, 성공적 통합교육을 위한 가정에서의 지원 방안)
• 장애 이해 및 인식개선 도서 및 영화 안내
• 장애인 차별 금지법 안내</td><td>• 장애인의 날 신문 배부
• 가정통신문 발송</td><td>4월
11월</td></tr>
<tr><td rowspan="3">교직원</td><td>통합학급담임</td><td>• 특수교육대상자의 기본 정보 안내
• 특수학급 안내
• 통합학급 적응 기간 안내
• 통합학급 운영 및 실제 안내</td><td>• 안내자료 배부 및 상담</td><td>통합학급 적응 기간 중</td></tr>
<tr><td rowspan="2">교직원</td><td>• 장애 이해 및 인식개선 연수</td><td>• 부산교육연수원 필수연수 통합 과정 원격연수 이수</td><td>연중</td></tr>
<tr><td>• 장애인의 날 기념 주간 운영</td><td>• 〈대한민국 1교시〉 관련 활동지 배부 및 활용 안내
• 장애인의 날 신문 배부</td><td>4월 19일
(금)</td></tr>
</table>

3 기대효과

가. 기본적인 교육을 통해 장애에 대한 이해를 증진시킬 수 있다.

나. 체험교육을 통해 비장애학생이 장애로 인한 사회적 불편과 그로 인해 야기되는 문제들을 이해함으로써 장애에 대한 인식을 개선할 수 있다.

다. 장애에 대한 올바른 이해를 통하여 장애인의 사회통합과 정상화의 기본토대를 마련할 수 있다.

Ⅳ 통합학급 지원활동

1 추진 목적

가. 통합학급에서 특수교육대상학생을 위한 교재교구, 교육환경 개선 등의 운영지원 확대를 통해 통합교육의 내실화를 도모한다.

나. 통합학급 담당교사에 대한 장학 확대를 통해 통합교육의 활성화를 도모한다.

※「초・중등교육법」 제59조(통합교육),「특수교육법」 제21조(통합교육)

2 중점 추진 내용

가. 통합학급의 특수교육대상학생 학습활동 지원

1) 일반학급 배치 특수교육대상학생에 대해 담임교사와 면담한다.

2) 통합교육과정 및 교수법을 활용하여 일반교사와 협력한다.

나. 통합학급 담당교사의 적정 배치

통합학급 담당교사는 특수학교교사자격증 소지자, 교육대학원에서 특수교육을 전공하고 있는 교사 또는 특수교육 직무연수(15시간 이상 연수, 누계가 60시간 이상) 이수자를 우선적으로 배치한다. [단, 해당자가 없는 경우 특수교육직무연수(60시간 이상) 이수를 조건으로 배치]

다. 통합학급 담당교사의 특수교육 직무연수 강화

통합학급 담임교사 중 교육경력 10년 이내 특수(통합)교육 관련 직무연수 60시간 이상(당해 연도 최소 15시간 이상 연수 이수)을 우선하여 이수 노력(자격 소지자 및 대학원 전공자 제외)

라. 통합학급 교육활동 지원을 위한 교육공동체 협력 강화

통합교육 협의회 운영: 관리자, 특수학급 교사, 통합학급 교사, 학부모 등으로 구성하여, 학기별 1회 이상 개별화교육지원팀 운영과 동시에 운영

V 정당한 교육적 편의 제공 계획

1 추진 목적

장애인 편의시설 · 설비 확충 및 구비를 통해 특수교육대상학생의 이동권을 보장하고 통합교육의 기반을 구축할 수 있다.

2 근거

가. 「장애인 등에 대한 특수교육법」 제21조(통합교육)

나. 「장애인 · 노인 · 임산부 등의 편의증진 보장에 관한 법률」 제3조(편의시설 설치의 기본원칙)

다. 「장애인차별금지 및 권리구제 등에 관한 법률」 제14조(정당한 편의제공 의무)

라. 「장애인 등에 대한 특수교육법」 제21조

각급학교의 장은 통합교육을 실시하는 경우 특수학급을 설치 · 운영하고 대통령령으로 정하는 시설 · 설비 및 교재 · 교구를 갖추어야 한다.

마. 「장애인차별금지 및 권리구제에 관한 법률 시행령」 제8조

교육책임자가 교육기관 내 교실 등 학습시설 및 화장실, 식당 등 교육활동에 필요한 모든 공간에서 이동하거나 그에 접근하기 위하여 필요한 시설 · 설비 및 이동수단을 제공하여야 한다.

3 학교행사 활동 지원계획

학교행사 활동 지원

구분	지원 방법
현장학습	• 현장학습 사전 교육 실시(장소, 시간, 활동내용, 비상 연락처, 또래 도우미 등) • 필요시, 또래 도우미 활용(또래 도우미를 활용할 때는 사전에 또래 도우미의 역할 안내 및 지도 필수) • 통합학급 담임교사와 협의하여 지원 인력 여부 결정함
운동회	• 경기의 규칙과 방식에 대한 사전교육 시행 • 특수교육대상학생에게 적절한 역할 부여 • 반별 활동에서 소외되지 않도록 참여 유도
동아리활동	• 동아리 선택 시 학생의 희망 반영 • 동아리 담당교사에게 특수교육대상학생에 대한 정보 제공 • 필요시, 또래 도우미나 특수교육 지원 인력 활용 • 동아리 담당교사와의 주기적인 상담을 통해 편의 제공
학예회	• 특수교육대상학생에게 적절한 역할 부여 • 필요시, 또래 도우미나 특수교육 지원 인력 활용 • 통합학급 담임교사와 협의하여 지원 인력 여부 결정 및 추가 지원 사항 결정

부록

○○중학교 통합교육계획서

통합교육계획

1 운영목적

가. 장애인을 개인차의 유형과 정도에 관계없이 사회의 구성원으로 인정
나. 학교 및 학급에서 다양성을 수용하고 인정하는 문화 조성
다. 장애학생 및 일반학생이 함께 조화를 이루며 공동선에 기여

2 운영방침

가. 특수교육대상학생의 통합교육이 용이하도록 물리적 환경을 조성한다.
나. 학교구성원이 장애에 대한 바른 이해를 할 수 있도록 사회적 · 심리적 환경을 구축한다.
다. 학교의 모든 생활에서 장애를 이유로 차별받거나 배제되지 않도록 한다.
라. 특수교육대상학생이 일반학생과 자연스럽게 어울릴 수 있는 기회를 제공한다.
마. 다양한 프로그램에 참여하여 일반학생과 사회적 상호작용을 촉진한다.

3 운영내용

가. 물리적 환경 구축

1) 장애인 편의 시설 점검(행정실 점검표 활용)

구분	편의 시설명	설치기준
매개시설	• 주 출입구, 장애인 전용주차구역	의무
내부시설	• 출입문, 복도(손잡이), 경사로, 승강기	의무
위생시설	• 장애인화장실(대, 소변기)	의무
안내시설	• 점자블록, 유도 및 안내 설비, 경보 및 피난설비	의무

2) 특수교육관련 서비스 제공: 지원이 필요한 항목의 정보 및 지원

3) 통합학급 담임교사: 60시간 이상의 특수교육 연수 이수

나. 심리적 · 사회적 환경 구축

1) 개별화교육지원팀 구성: 교육적 요구에 맞는 지원을 위한 지원팀 구성

2) 통합학급담임교사의 역할 강조: 함께 학습하고 어울릴 수 있는 1인 1역할 제공, 특수교사와 협력관계 유지

3) 장애이해교육 실시: 일반학생, 학부모, 교직원 대상 연 2회 실시

대상	내용	방법
일반 학생	• 학기 초 장애이해 및 반편견 교육 - 장애발생예방교육, 에티켓, 장애이해 문예활동 등 • 장애인식 개선 주간 행사: 장애이해교육영상, 퀴즈 참여 후 이벤트 • 2학기 장애인식 개선 교육: 장애 유형별 장애이해체험활동 실시	훈화, 체험, 게시판 이용, 문예활동, 학급별 교육
학부모	• 통합교육 안내 • 장애인 인권 및 사회적 통합을 위한 우리의 자세 • 장애인 차별금지법 안내	가정통신문
교직원	• 통합교육 및 특수학급 운영의 이해 • 특수교육대상학생 특성 및 지노방법 • 긍정적 행동지원 방안 • 직장 내 장애인식 개선 교육, 장애아동 학대예방교육 • 특수교사에게 묻고 싶은 이야기 Q&A	연수물, 강의
통합	• 또래도우미와 함께하는 장애이해교육 프로그램 • 통합학급학생과 함께하는 동아리, 스포츠 활동 실시 • 통합체육(일반체육활동의 통합체육)과 야외체험활동	학교프로그램 이용

4) 또래 도우미 활동 실시(별도 계획수립)

특수교육대상자가 배치된 통합학급에서 또래 도우미를 선정하여 특수교육대상자의 일상생활을 도움으로써 원만한 학교생활이 이루어지도록 한다.

또래도우미의 역할	• 통합학급에서의 각종 전달사항 알림 • 특수교육대상자의 통합학급 적응에 대한 정보제공 • 친구 되어 주기 • 수업 준비 돕기(교과서 펴기, 수업 준비물 챙기기 등) • 이동 수업(수준별 수업, 강당, 특별실 등) 시 도움

다. 교육과정 지원을 위한 환경 구축

1) 통합학급에서 일반 교육과정을 함께 경험함으로써 모든 활동에 참여가 극대화되도록 교육과정 수정(교육내용 및 방법을 재구조화)을 한다.
2) 통합교수 계획은 통합이 이루어지는 과목 중 선정하여 통합교사가 중심이 되어 세우며 특수교사와 학부모와 함께하는 개별화교육지원팀을 통해 결정한다.
3) 통합교수는 통합학급에서의 수업목표, 방법 수정을 모두 포함하며 협의를 통한 수정 방향, 방법 제시, 보조인력 지원, 자료제공, 교수협력 수업 등 다양한 방법으로 특수교사가 지원할 수 있다.
4) 교육과정 수정은 특수학급 학생의 최대한의 수업참여를 목적으로 하므로 되도록 최소한의 수정을 하는 것을 원칙으로 한다.
5) 교육과정 수정의 방향은 특수학급 학생의 개별화교육계획의 목표와 연관성 있게 진행되어야 한다.

참고문헌

서울특별시교육청(2015). 특수교육 운영 계획 도움 자료.

서울특별시교육청(2024). 곁에 두고 바로 쓰는 통합학급 길라잡이 · 중학교.

서울특별시교육청(2024). 곁에 두고 바로 쓰는 통합학급 길라잡이 · 초등학교.

신재현, 고은, 김정연, 소응현, 양명희, 이대식, 이아현, 최승숙, 최종근(2024). **통합교육 이론과 실제**. 서울: 북앤정.

전선주 외 공저(2014). **아하! 통합교육**. 서울: 학지사.

한국특수교육학회(2018). **통합교육**. 서울: 학지사.

제9장

교원 인사 실무

1 교원 신분

1) 교육공무원과 교원

우리나라는 교육공무원이 국가공무원에 속하는 전 세계에서 몇 안 되는 국가 중에 하나이다. 그것은 군사부일체(君師父一體), 즉 스승을 존중하는 우리나라의 전통이 반영된 것이라고 할 수 있지만 그만큼 교원에게 공무원으로서의 높은 도덕성과 품위유지를 요구한다고 할 수 있다.

교육공무원은 교육을 통하여 국민에게 봉사하는 직무와 책임의 특수성을 가진 공무원으로서 그 자격, 임용, 보수, 연수 및 신분보장 등에 관하여 「국가공무원법」 및 「지방공무원법」에 대한 특례를 규정한 「교육공무원법」이 적용된다. 교육공무원에 대해서 「교육공무원법」에서는 다음과 같이 열거하고 있다.

여기서 교원은 교육기관(국 · 공립 유, 초 · 중 · 고등학교, 대학교)에 근무하는 교장, 교감, 교사, 원장, 원감, 교수, 학장, 총장을 일컫는다. 교육전문직은 교육기관 · 교육행정기관 · 연구기관에 근무하는 장학관, 장학사, 교육연구관, 교육연구사 등을 말한다. 반면에 교직원은 학교에서 근무하는 교원과 학교행정직원 및 교육공무직을 포함하는 개념이라고 할 수 있다.

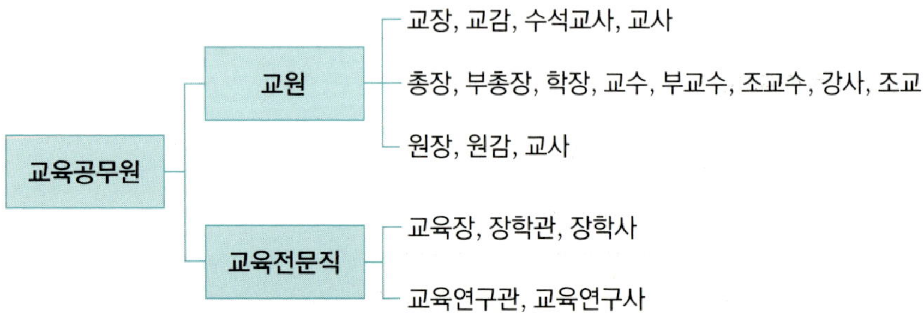

그림 9-1 교육공무원의 정의(「교육공무원법」 제2조)

사립학교 교원은 근무학교의 운영 주체가 국가 및 지방자치단체가 아니므로 교육공무원은 아니다. 다만, 사립학교 교원의 신분과 대우는 「사립학교법」에 근거하여 교육공무원의 신분보장과 권리, 의무, 그에 따른 처벌을 그대로 적용받도록 규정되어 있다.

2) 교육공무원의 자격 기준

교육공무원의 자격 기준은 「초·중등교육법」 제21조에 규정되어 있다.

- 교장과 교감은 〈표 9-1〉의 자격 기준에 해당하는 사람으로서 대통령령으로 정하는 바에 따라 교육부장관이 검정·수여하는 자격증을 받은 사람이어야 한다.
- 교사는 〈표 9-2〉 정교사(1급·2급), 준교사, 전문상담교사(1급·2급), 사서교사(1급·2급), 실기교사, 보건교사(1급·2급) 및 영양교사(1급·2급)로 나누되, 〈표 9-2〉의 자격 기준에 해당하는 사람으로서 대통령령으로 정하는 바에 따라 교육부장관이 검정·수여하는 자격증을 받은 사람이어야 한다.
- 수석교사는 제2항의 자격증을 소지한 사람으로서 15년 이상의 교육경력(「교육공무원법」 제2조 제1항에 따른 교육전문직원으로 근무한 경력을 포함한

다)을 가지고 교수 · 연구에 우수한 자질과 능력을 가진 사람 중에서 대통령령으로 정하는 바에 따라 교육부장관이 정하는 연수 이수 결과를 바탕으로 검정 · 수여하는 자격증을 받은 사람이어야 한다.

표 9-1 교장 · 교감 자격 기준(「초 · 중등교육법」 제21조 제1항 관련)

학교별 \ 자격	교장
중등학교	1. 중등학교의 교감 자격증을 가지고 3년 이상의 교육경력과 일정한 재교육을 받은 사람 2. 학식 · 덕망이 높은 사람으로서 대통령령으로 정하는 기준에 해당한다는 인정을 교육부장관으로부터 받은 사람 3. 교육대학 · 전문대학의 학장으로 근무한 경력이 있는 사람 4. 특수학교의 교장 자격증을 가진 사람 5. 공모 교장으로 선발된 후 교장의 직무수행에 필요한 교양과목, 교직과목 등 교육부령으로 정하는 연수과정을 이수한 사람
초등학교	1. 초등학교의 교감 자격증을 가지고 3년 이상의 교육경력과 일정한 재교육을 받은 사람 2. 학식 · 덕망이 높은 사람으로서 대통령령으로 정하는 기준에 해당한다는 인정을 교육부장관으로부터 받은 사람 3. 특수학교의 교장 자격증을 가진 사람 4. 공무 교장으로 선발된 후 교장의 직무수행에 필요한 교양과목, 교직과목 등 교육부령으로 정하는 연수과정을 이수한 사람
고등기술학교	1. 중등학교의 교장 자격증을 가진 사람 2. 실기교사 자격증을 가지고 9년 이상의 교육경력과 일정한 재교육을 받은 사람
특수학교	1. 특수학교의 교감 자격증을 가지고 3년 이상의 교육경력이 있는 사람으로서 일정한 재교육을 받은 사람 2. 초등학교 또는 중등학교의 교장 자격증을 가지고 필요한 보수(補修)교육을 받은 사람. 이 경우 특수학교 교원 자격증을 가졌거나 특수학교(특수학급 포함)에서 교원으로 근무한 경력이 있으면 보수교육을 면제한다. 3. 학식 · 덕망이 높은 사람으로서 대통령령으로 정하는 기준에 해당한다는 인정을 교육부장관으로부터 받은 사람 4. 공모 교장으로 선발된 후 교장의 직무수행에 필요한 교양과목, 교직과목 등 교육부령으로 정하는 연수과정을 이수한 사람

자격 / 학교별	교감
중등학교	1. 중등학교 정교사(1급) 자격증 또는 보건교사(1급) 자격증을 가지고 3년 이상의 교육경력과 일정한 재교육을 받은 사람 2. 중등학교 정교사(2급) 자격증 또는 보건교사(2급) 자격증을 가지고 6년 이상의 교육경력과 일정한 재교육을 받은 사람 3. 교육대학의 교수·부교수로서 6년 이상의 교육경력이 있는 사람 4. 특수학교의 교감 자격증을 가진 사람
초등학교	1. 초등학교 정교사(1급) 자격증 또는 보건교사(1급) 자격증을 가지고 3년 이상의 교육경력과 일정한 재교육을 받은 사람 2. 초등학교 정교사(2급) 자격증 또는 보건교사(2급) 자격증을 가지고 6년 이상의 교육경력과 일정한 재교육을 받은 사람 3. 특수학교의 교감 자격증을 가진 사람
고등기술학교	1. 중등학교 교감 자격증을 가진 사람 2. 실기교사 자격증을 가지고 6년 이상의 교육경력과 일정한 재교육을 받은 사람
특수학교	1. 특수학교 정교사(1급) 자격증 또는 보건교사(1급) 자격증을 가지고 3년 이상의 교육경력이 있는 사람으로서 일정한 재교육을 받은 사람 2. 특수학교 정교사(2급) 자격증 또는 보건교사(2급) 자격증을 가지고 6년 이상의 교육경력이 있는 사람으로서 일정한 재교육을 받은 사람 3. 초등학교 또는 중등학교의 교감 자격증을 가지고 필요한 보수교육을 받은 사람. 이 경우 특수학교 교원 자격증을 가졌거나 특수학교(특수학급을 포함한다)에서 교원으로 근무한 경력이 있으면 보수교육을 면제한다.

표 9-2 교사 자격 기준(「초·중등교육법」 제21조 제2항 관련)

자격 / 학교별	정교사(1급)
중등학교	1. 중등학교의 정교사(2급) 자격증을 가지고 교육대학원 또는 교육부장관이 지정하는 대학원 교육과에서 석사학위를 받은 사람으로서 1년 이상의 교육경력이 있는 사람 2. 중등학교 정교사 자격증을 가지지 아니하고 교육대학원 또는 교육부장관이 지정하는 대학원 교육과에서 석사학위를 받은 후 교육부장관으로부터 중등학교 정교사(2급) 자격증을 받은 사람으로서 3년 이상의 교육경력이 있는 사람

	3. 중등학교의 정교사(2급) 자격증을 가진 사람으로서 3년 이상의 교육경력을 가지고 일정한 재교육을 받은 사람 4. 교육대학 · 전문대학의 교수 · 부교수로서 3년 이상의 교육경력이 있는 사람
초등학교	1. 초등학교 정교사(2급) 자격증을 가진 사람으로서 3년 이상의 교육경력을 가지고 일정한 재교육을 받은 사람 2. 초등학교 정교사(2급) 자격증을 가진 사람으로서 교육경력이 3년 이상이고, 방송통신대학 초등교육과를 졸업한 사람 3. 초등학교 정교사(2급) 자격증을 가지고 교육대학원 또는 교육부장관이 지정하는 대학원의 교육과에서 초등교육과정을 전공하여 석사학위를 받은 사람으로서 1년 이상의 교육경력이 있는 사람
특수학교	1. 특수학교 정교사(2급) 자격증을 가지고 3년 이상의 교육경력이 있는 사람으로서 일정한 재교육을 받은 사람 2. 특수학교 정교사(2급) 자격증을 가지고 1년 이상의 교육경력이 있는 사람으로서 교육대학원 또는 교육부장관이 지정하는 대학원에서 특수교육을 전공하고 석사학위를 받은 사람 3. 유치원 · 초등학교 또는 중등학교 정교사(1급) 자격증을 가지고 필요한 보수교육을 받은 사람 4. 유치원 · 초등학교 또는 중등학교 정교사(2급) 자격증을 가지고 1년 이상의 교육경력이 있는 사람으로서 교육대학원 또는 교육부장관이 지정하는 대학원에서 특수교육을 전공하고 석사학위를 받은 사람

자격 학교별	정교사(2급)
중등학교	1. 사범대학을 졸업한 사람 2. 교육대학원 또는 교육부장관이 지정하는 대학원 교육과에서 석사학위를 받은 사람 3. 임시 교원양성기관을 수료한 사람 4. 대학에 설치하는 교육과를 졸업한 사람 5. 대학 · 산업대학을 졸업한 사람으로서 재학 중 일정한 교직과(敎職科) 학점을 취득한 사람 6. 중등학교 준교사 자격증을 가진 사람으로서 2년 이상의 교육경력을 가지고 일정한 재교육을 받은 사람 7. 초등학교의 준교사 이상의 자격증을 가지고 대학을 졸업한 사람 8. 교육대학 · 전문대학의 조교수로서 2년 이상의 교육경력이 있는 사람

	9. 제22조에 따른 산학겸임교사 등(명예교사는 제외한다)의 자격 기준을 갖춘 사람으로서 임용권자의 추천과 교육감의 전형을 거쳐 교육감이 지정하는 대학 또는 교원연수기관에서 대통령령으로 정하는 교직과목과 학점을 이수한 사람. 이 경우 임용권자의 추천 대상자 선정기준과 교육감의 전형 기준에 관하여는 대통령령으로 정한다.
초등학교	1. 교육대학을 졸업한 사람 2. 사범대학을 졸업한 사람으로서 초등교육과정을 전공한 사람 3. 교육대학원 또는 교육부장관이 지정하는 대학원의 교육과에서 초등교육과정을 전공하고 석사학위를 받은 사람 4. 초등학교 준교사 자격증을 가진 사람으로서 2년 이상의 교육경력을 가지고 일정한 재교육을 받은 사람 5. 중등학교 교사자격증을 가진 사람으로서 필요한 보수교육을 받은 사람 6. 전문대학을 졸업한 사람 또는 이와 같은 수준 이상의 학력이 있다고 인정되는 사람을 입소 자격으로 하는 임시 교원양성기관을 수료한 사람 7. 초등학교 준교사 자격증을 가진 사람으로서 교육경력이 2년 이상이고 방송통신대학 초등교육과를 졸업한 사람
특수학교	1. 교육대학 및 사범대학의 특수교육과를 졸업한 사람 2. 대학·산업대학의 특수교육관련 학과를 졸업한 사람으로서 재학 중 일정한 교직과정을 마친 사람 3. 대학·산업대학의 특수교육관련 학과를 졸업한 사람으로서 교육대학원 또는 교육부장관이 지정하는 대학원에서 특수교육을 전공하고 석사학위를 받은 사람 4. 유치원·초등학교 또는 중등학교 정교사(2급) 자격증을 가지고 필요한 보수교육을 받은 사람 5. 유치원·초등학교 또는 중등학교 정교사(2급) 자격증을 가지고 교육대학원 또는 교육부장관이 지정하는 대학원에서 특수교육을 전공하고 석사학위를 받은 사람 6. 특수학교 준교사 자격증을 가지고 2년 이상의 교육경력이 있는 사람으로서 일정한 재교육을 받은 사람 7. 유치원·초등학교·중등학교 또는 특수학교 준교사 자격증을 가지고 2년 이상의 교육경력이 있는 사람으로서 교육대학원 또는 교육부장관이 지정하는 대학원에서 특수교육을 전공하고 석사학위를 받은 사람

유치원의 원장과 원감, 교사에 대한 규정은 별도로 「유아교육법」에 그 자격이 규정되어 있다. 다음을 참고하라.

표 9-3 원장 · 원감 자격 기준(「유아교육법」 제22조 제1항 관련)〈개정 2013. 3. 23.〉

학교별 \ 자격	자격 기준
원장	1. 유치원의 원감자격증을 가지고 3년 이상의 교육경력과 소정의 재교육을 받은 자 2. 학식 · 덕망이 높은 자로서 대통령령이 정하는 기준에 해당한다고 교육부장관의 인정을 받은 자
원감	1. 유치원 정교사(1급)자격증을 가지고 3년 이상의 교육경력과 소정의 재교육을 받은 자 2. 유치원 정교사(2급)자격증을 가지고 6년 이상의 교육경력과 소정의 재교육을 받은 자

비고: 1. 원장 · 원감, 「초 · 중등교육법」의 규정에 의한 교장 · 교감, 교육장 · 장학관 · 장학사 · 교육연구관 · 교육연구사의 경력연수는 교육경력연수로 볼 수 있다.

표 9-4 교사 자격 기준(「유아교육법」 제22조 제2항 관련)〈개정 2013. 3. 23.〉

	자격 기준
정교사(1급)	1. 유치원 정교사(2급)자격증을 가진 자로서 3년 이상의 교육경력을 가지고 소정의 재교육을 받은 자 2. 유치원 정교사(2급)자격증을 가지고 교육대학원 또는 교육부장관이 지정하는 대학원의 교육과에서 유치원 교육과정을 전공하여 석사학위를 받은 자로서 1년 이상의 교육경력이 있는 자
정교사(2급)	1. 대학에 설치하는 유아교육과 졸업자 2. 대학(전문대학 및 이와 동등 이상의 각종 학교와 「평생교육법」 제31조 제4항에 따른 전문대학학력인정 평생교육시설을 포함한다) 졸업자로서 재학 중 소정의 보육과 교직학점을 취득한 자 3. 교육대학원 또는 교육부장관이 지정하는 대학원의 교육과에서 유치원 교육과정을 전공하고 석사학위를 받은 자 4. 유치원 준교사자격증을 가진 자로서 2년 이상의 교육경력을 가지고 소정의 재교육을 받은 자
준교사	1. 유치원 준교사 자격검정에 합격한 자

또한 교육전문직원과 수석교사의 자격 기준은 「교육공무원법」에서 다음과 같이 정하고 있다.

표 9-5 「교육공무원법」 [별표 1] 〈개정 2011. 9. 30.〉 교육전문직원의 자격 기준 (제9조 관련)

기준 / 직명	자격 기준
장학관 · 교육연구관	1. 대학 · 사범대학 · 교육대학 졸업자로서 7년 이상의 교육경력이나 2년 이상의 교육경력을 포함한 7년 이상의 교육행정경력 또는 교육연구경력이 있는 사람 2. 2년제 교육대학 또는 전문대학 졸업자로서 9년 이상의 교육경력이나 2년 이상의 교육경력을 포함한 9년 이상의 교육행정경력 또는 교육연구경력이 있는 사람 3. 행정고등고시 합격자로서 4년 이상의 교육경력이나 교육행정경력 또는 교육연구경력이 있는 사람 4. 2년 이상의 장학사 · 교육연구사의 경력이 있는 사람 5. 11년 이상의 교육경력이나 2년 이상의 교육경력을 포함한 11년 이상의 교육연구경력이 있는 사람 6. 박사학위를 소지한 사람
장학사 · 교육연구사	1. 대학 · 사범대학 · 교육대학 졸업자로서 5년 이상의 교육경력이나 2년 이상의 교육경력을 포함한 5년 이상의 교육행정경력 또는 교육연구경력이 있는 사람 2. 9년 이상의 교육경력이나 2년 이상의 교육경력을 포함한 9년 이상의 교육행정경력 또는 교육연구경력이 있는 사람

비고
1. 이 표의 "대학"은 한국방송통신대학 학사과정을, "전문대학"은 한국방송통신대학 전문대학 과정과 종전의 초급대학, 실업고등전문학교 및 전문학교를 포함한다.
2. 특수지 근무를 위하여 장학관, 교육연구관 또는 장학사, 교육연구사를 임용할 때에는 교육경력으로 교육행정경력 또는 교육연구경력을 갈음할 수 있다.

표 9-6 수석교사의 자격 기준(제6조의2 관련)〈신설 2011. 7. 25.〉

학교별＼기준	자격 기준
유치원 (「유아교육법」 제22조)	유치원정교사(1급, 2급)의 자격증을 소지한 사람으로서 15년 이상의 교육경력(교육전문직경력 포함)을 가지고 교수연구에 우수한 자질과 능력을 가진 사람 중에서 대통령령으로 정하는 바에 따라 교육부장관이 정하는 연수이수 결과를 바탕으로 검정 수여하는 자격증을 받은 사람이어야 한다.
초·중등, 특수 (「초·중등교육법」 제21조)	정교사(1급, 2급)의 자격증을 소지한 사람으로서 15년 이상의 교육경력(교육전문직경력 포함)을 가지고 교수연구에 우수한 자질과 능력을 가진 사람 중에서 대통령령으로 정하는 바에 따라 교육부장관이 정하는 연수이수 결과를 바탕으로 검정 수여하는 자격증을 받은 사람이어야 한다.

수석교사는 교사자격증을 소지한 사람으로서 15년 이상의 교육경력(교육전문직원으로 근무한 경력을 포함)을 가지고 교수·연구에 우수한 자질과 능력을 가진 사람 중에서 대통령령으로 정하는 바에 따라 교육부장관이 정하는 연수 이수 결과를 바탕으로 검정·수여하는 자격증을 받은 사람이어야 한다.

3) 교육공무원의 대우

교사는 공무원으로 임용되어 국가공무원으로 생활하고 있지만 다른 공무원들처럼 계급이 명확한 것도 아니고 급수가 따로 정해져 있는 것도 아니다. 그래서 교사가 공무원으로 몇 급인지, 몇 급 공무원과 비슷한 대우를 받는지 궁금해하는 경우가 많다. 교육공무원과 다른 공무원의 계급별 대우 수준을 알아보자.

인사혁신처에서는 「공무원임용규칙」(인사혁신처 예규 제191호)에 각기 다른 계급 체계를 갖고 있는 공무원 집단들의 직급체제를 비슷한 직급끼리 공무원 경력의 상당계급표를 규정해 놓고 있다. 다른 기관으로 파견을 보내거나 여러 공무원 집단이 함께 공동업무를 추진할 때 각 공무원 간의 계급에 해당하는 서열을 정하는 공통된 규정이 필요할 수 있기 때문이다.

표 9-7 공무원경력의 상당계급기준표(공무원임용규칙 제5조, 제19조 및 제111조 관련) 〈개정 2022. 12. 27.〉

일반직	4급	5급	6급	7급	8급	9급
경찰	총경	경정	경감 경위	경사	경장	순경
소방	소방정	소방령	소방경 소방위	소방장	소방교	소방사
군인	소령	대위	중위	소위 · 준위 · 원사	상사 · 중사	하사
국가정보원 직원 경호공무원 군무원	4급	5급	6급	7급	8급	9급
교육공무원 – 대학교원(전문대학 포함)	부교수	조교수	전임강사			
교육공무원 – 초·중등 교원 및 기타 교육공무원 – 초·중등교원 봉급표 적용대상자	24호봉 이상	16~23 호봉	12~15 호봉	11호봉 이하		
교육공무원 – 초·중등 교원 및 기타 교육공무원 – 대학교원 봉급표 적용대상자	대학: 17~23호봉 전문대학: 19~25호봉	대학: 11~16호봉 전문대학: 13~18호봉	대학: 7~10호봉 전문대학: 9~12호봉	대학: 6호봉 이하 전문대학: 8호봉 이하		
판사 · 검사	4-2호봉					
임기제 공무원 – 전문임기제	"가급"으로 재직한 기간	"나급"으로 재직한 기간	"다급"으로 재직한 기간	"라급"으로 재직한 기간	"마급"으로서 "마급" 연봉상한액의 6할을 초과한 기본연봉을 받고 재직한 기간	"마급"으로서 "마급" 연봉상한액의 6할 이하의 기본연봉을 받고 재직한 기간
임기제 공무원 – 한시임기제		"5호"로 재직한 기간	"6호"로 재직한 기간	"7호"로 재직한 기간	"8호"로 재직한 기간	"9호"로 재직한 기간
별정직공무원	4급 상당	5급 상당	6급 상당	7급 상당	8급 상당	9급 상당
전문경력관 전문군무경력관	"가"군 27호봉 이상	"가"군 26호봉 이하	"나"군 28호봉 이상	"나"군 27호봉 이하	"다"군 28호봉 이상	"다"군 27호봉 이하

〈공무원경력의 상당계급기준표〉는 교사를 비롯한 각 공무원이 몇 급 대우에 해당하는지를 정리해 놓았다. 교사 외에도 각기 승진계급이 다른 국립대 교수, 경찰, 소방, 검사, 판사, 군인 등이 해당되는 급수에 맞게 배열되어 있다.

제시된 상당계급기준표에 의하면 평교사는 7급 대우에 해당하는 것으로 되어 있다. 교사는 승진계급이 명확하지 않기 때문인지 호봉에 의해서 대우가 변하고 있다. 11호봉 이하, 즉 대학을 졸업하고 임용되면 보통 9호봉이므로 임용에 합격하고 3년 차 교사까지가 7급 대우이다. 12호봉에서 15호봉까지는 6급 대우, 16호봉에서 23호봉까지는 5급 대우이다. 그리고 24호봉 이상은 4급 대우에 해당된다.

그런데 교직사회 내의 계급인 교감과 교장도 아니고, 장학사, 장학관도 아닌데 단지 호봉이 24호봉(교직 경력 15년)만 넘으면 4급 서기관과 동일한 대우를 받는다는 것은 현실적이지 않다. 보통 일반 행정직 공무원이 4급 서기관이 되려면 9급에서 시작하여 35년, 7급에서는 25년 이상을 근무해야 한다고 한다. 소규모 시군의 부군수나 부시장, 경찰서장, 소방서장, 세무서장 등이 4급인데 24호봉 이상의 교사라는 이유로 4급 대우를 받을 수는 없다. 일반직 공무원들 앞에서 내가 24호봉 교사이니 4급 대우를 받아야 한다고 말한다면 이상한 사람 취급을 받게 될 것이다. 현실적이지 못한 이런 규정이 쉽게 바뀌시 않는 이유는 각 공무원집단끼리의 이해관계가 얽히기 때문에 쉽게 양보하고 포기하지 않기 때문일 수 있다. 특히 군인들의 계급인플레이션이 심한데 군인대위계급이면 중대장 정도의 직급일 수 있는데 군인대위가 5급 사무관 대우를 받는다는 것은 현실적이지 않다.

일반적으로 4급 상당은 교육장이나 도교육청 과장대우, 5급 상당은 학교장이나 장학관, 6급 상당은 교감이나 장학사, 7급 상당은 평교사 정도로 대우를 받고 있다고 할 수 있다.

4) 교직원의 의무와 책임

교직원의 임무(「초 · 중등교육법」 20조)

- 교장: 교장은 교무를 총괄하고 민원처리를 책임지며 소속 교직원을 지도 · 감독하고 학생을 교육한다.
- 교감: 교감은 교장을 보좌하여 교무를 관리하고 학생을 교육하며, 교장이 부득이한 사유로 직무를 수행할 수 없을 때에는 교장의 직무를 대행한다. 교감이 없는 학교에서는 교장이 미리 지명한 교사(수석교사 포함)가 교장의 직무를 대행한다.
- 수석교사: 교사의 교수 · 연구활동을 지원하며, 학생을 교육한다.
- 교사: 교사는 법령에서 정한 바에 따라 학생을 교육한다.
- 행정직원 등 직원: 법령에서 정하는 바에 따라 학교의 행정사무와 그 밖의 사무를 담당한다.

※ 교무란? 학교사무의 전반을 지칭하며, 학교업무가 교무업무와 행정업무로 이원적으로 운영되어야 한다는 근거는 없다. (법무부, 교육부 유권해석)

2 교원 인사

교원 인사는 교원의 신분과 자격, 선발과 임명, 전보와 승진, 근무 부담과 휴가, 보수와 후생, 신분보장, 징계, 퇴직제도, 근무평정, 교직단체, 윤리강령 등 광범위한 내용을 포함하는 개념이다.

인사 관련 용어

먼저, 교원 인사에 대해서 알아보기 전에 교육인사행정에 사용되는 인사 관련 용어부터 익혀야 할 필요가 있다.

- 교육기관
  - 「유아교육법」 제2조에서 정의하는 유치원
  - 「초 · 중등교육법」 제2조에서 정의하는 학교: 1. 초등학교 2. 중학교 · 고등공민학교 3. 고등학교 · 고등기술학교 4. 특수학교 5. 각종학교
  - 「교육공무원법」 제39조에서 정의하는 교육공무원의 재교육과 연수를 실시하는 연수기관
  - 교육관계법령이나 조례에 따라 설치되는 학생수련기관 등 교육연수기관
- 교육행정기관: 「교육공무원법」 제2조, 국가교육위원회, 교육부 및 그 소속기관과 시 · 도의 교육 관서
- 교육연구기관: 교육에 관하여 전문적으로 조사 · 연구를 하기 위하여 설립된 국립 또는 공립의 기관

  예 국립특수교육원, 한국교육과정개발원
- 교육공무원: 「교육공무원법」 제2조
  - 교육기관의 교원 및 조교
  - 교육행정기관에 근무하는 장학관 및 장학사
  - 교육기관, 교육행정기관 또는 교육연구기관에 근무하는 교육연구관 및 교육연구사
- 임용: 「교육공무원법」 제2조 제6항, 신규채용, 승진, 승급, 전직, 전보, 겸임, 파견, 강임, 휴직, 직위해제, 정직, 복직, 면직, 해임 및 파면 등을 말함
- 직위: 각 공무원의 직무상 위치나 서열을 의미하며, 직위에 따라 담당 직무와 책임 범위가 다름.

  예 직위해제
- 직급: 직위의 높낮이를 나타내는 개념으로, 직급이 높을수록 권한과 책임 범위가 넓음.

  예 교사—교감—교장
- 직렬: 업무의 종류에 따라 분류하는 개념으로, 업무가 유사하거나 동일한

직무군을 의미

예 교장—장학관—연구관

예 교감—장학사—연구사

- 승진: 하위직급에서 직무와 책임 범위가 높은 상위직급으로 수직적 인사이동

  예 교사 → 교감(원감) → 교장(원장)

  예 장학사 → 장학관

  예 교육연구사 → 교육연구관

- 승급: 일정 재직기간 경과 또는 법령 등의 규정에 의하여 상위 호봉 부여
- 전직: 교육공무원의 종별과 자격을 달리하는 임용 또는 직렬을 달리하는 임용

  예 교사, 교감(원감), 교장(원장) ⟷ 교육전문직

  교육연구사 ⟷ 장학사

  교육연구관 ⟷ 장학관

  초등학교교원 ⟷ 중등학교교원

  유치원교원 ⟷ 초등학교교원, 중등학교교원

- 전보: 교육공무원을 같은 직위 및 자격에서 근무기관이나 부서를 달리하는 임용
  - 정기 전보: 3.1일 자, 9.1일 자
  - 비정기 전보
    - 직무수행능력이 부족하거나 근무성적이 저조한 교원
    - 징계처분을 받은 교원
    - 「교육공무원법」 제10조의3 제1항 각 호(금품수수, 시험문제유출, 학생에 대한 신체적 폭력)의 사유와 관련하여 주의 또는 경고 처분을 받은 교원
    - 당해 학교에서 재직하는 동안 3회 이상 주의 또는 경고 처분을 받은 교원
    - 기타 임용권자가 정하는 사유

- 전보 유예(「교육공무원임용령」 제13조의3 제5항)
  ※ 교육상 특히 필요하다고 인정할 때에는 전보권자가 정하는 기간 동안 유예 가능(공립학교의 장은 해당 학교 교육과정의 원활한 운영과 학교 발전을 위하여 해당 학교에 근무 중인 교원의 동의를 받아 다른 기관으로의 전보 유예를 임용권자에게 요청할 수 있음)

- 겸임: 임용권자의 필요에 따라서 한 사람에게 둘 또는 그 이상의 직위를 부여하는 것
  ※ 겸직: 개인적인 필요에 의해서 둘 이상의 직위를 부여하는 것
- 파견근무: 업무수행 또는 그와 관련된 행정지원, 연수, 기타 능력개발 등을 위하여 공무원을 다른 기관으로 일정한 기간 동안 이동시켜 근무하게 하는 것
- 강임: 동종의 직무 내에서 하위 직위를 임명하는 것
- 직위해제: 공무원에게 그의 직위를 계속 유지시킬 수 없다고 인정되는 사유가 있는 경우에 이미 부여된 직위를 해면하는 행정행위
- 파면: 징계의 일종, 공무원을 강제 퇴임시키는 것. 퇴직급여 1/2 지급
- 해임: 징계의 종류, 3년간 임용 자격 제한되나 퇴직급여에는 전혀 제한 없음.
- 휴직: 공무원의 신분은 보유하되 직무 담임을 일시 해제하는 것
- 정직: 징계의 일종으로 공무원의 신분은 보유하되 직무에 종사하지 못하도록 하고, 그 기간 중 보수의 2/3를 감액지급(1월 이상 3월 이하의 기간)
- 감봉: 징계의 일종으로 일정한 기간 봉급의 1/3을 감하는 것(1~3개월)
- 견책: 징계의 일종, 전과에 대하여 훈계하고 회개하게 하는 것
- 면직: 공무원 관계를 소멸시키는 것
- 퇴직: 휴직, 사직, 기타 사망 외의 사유로 인한 모든 해직
- 복직: 휴직, 직위해제, 또는 정직 중에 있는 교육공무원을 직위에 복귀시키는 것
- 직무대리: 관청의 권한, 즉 직무를 당해 관청 자신이 행사하지 않고 다른

사람으로 하여금 대신케 하는 것

- 인사교류: 공무원의 경력 발전 계통을 어느 한 기관에 국한시키지 않고 담당업무의 성격이 유사한 범위 내에서 기관 상호 간에 이동시키는 것
- 추서: 사망한 자를 사망 당일의 직급보다 상위의 직급으로 임용하는 것
- 교육훈련: 공무원의 직무수행에 필요한 기술과 지식을 습득케 하여 가치관, 태도발생적 향상을 기하려는 인사활동
- 교원: 교육기관에서 원아나 학생을 직접 지도하는 사람 또는 각급 학교에서 원아나 학생을 직접 지도 · 교육하는 사람(※ 교장과 교감은 교원이지만 교사는 아니다)

3 교원 임용과 승진

1) 교원의 임용

(1) 임용의 정의

임용이란 '임용고시'에서처럼 좁게는 신규채용의 의미로 국한되어 사용되기도 하지만 넓게는 교육공무원의 신분을 발생 · 변경 및 소멸시키는 모든 행위를 말한다. 「교육공무원법」 제2조 제6항에 따르면 임용이란 신규채용 · 승진 · 승급 · 전직 · 전보 · 겸임 · 파견 · 강임 · 휴직 · 직위해제 · 정직 · 복직 · 면직 · 해임 및 파면 등을 말한다고 했다. 임용은 자격, 근무성적, 연수성적, 기타 능력의 실증에 의하여 행해지며, 임용 방법과 절차는 국 · 공립학교와 사립학교 간, 대학 간의 차이가 있다.

(2) 교원의 신규채용

채용은 모집과 시험을 포함하는 선발과 임명의 과정이다. 모집은 공무원으로 임용하기 위해 적합한 후보자를 유인하는 절차를 말하고, 시험은 후보자들

중에서 적격자를 선발하는 과정이며, 임명은 선발된 후보자에게 직위를 부여하는 행위를 말한다. 교사임용과정을 살펴보면 다음과 같다.

- 교사의 채용은 공개전형에 의하여 선발하며 필기시험, 실기시험 및 면접시험 등의 방법에 의한다(「교육공무원법」 제11조 및 「교육공무원임용령」 제11조).
- 응시자격: 채용 예정직에 해당하는 교사자격증을 취득한 자 및 교사자격증을 취득할 졸업예정자 또는 수료예정자(「교육공무원임용령」 제11조의3)
- 교사임용후보자명부 작성(「교육공무원임용령」 제10조, 제12조, 「교사임용후보자명부 작성규칙」 제3조~제8조)
  - 공개전형에 합격한 자에 대하여 고순위자순으로 작성
  - 유치원, 초등학교, 중등학교(교과목별), 특수학교(지역에 따라 과목구분 있음), 실기(교과목별), 보건교사, 사서교사, 전문상담교사, 영양교사로 구분하여 작성
  - 작성된 임용후보자명부의 고순위자순으로 채용예정인원의 3배수 범위 안에서 임용 또는 임용제청
  - 명부의 유효기간은 작성일부터 1년(필요에 따라 2년의 범위 안에서 연장 가능)
  - 임용되지 아니한 자의 명부 처리 방법은 연장 기간 내의 새로 시행한 공개 전형 합격자 순위보다 상위에 등재
  - 명부에 기재된 자가 명부에서 삭제되는 경우(교사로 임용된 때, 임용의 결격 사유에 해당될 때, 공무원채용신체검사에서 불합격 판정을 받을 때)

(3) 채용의 제한 및 결격사유

「교육공무원법」 제10조의3의 다음 각 호 중의 하나의 행위로 인하여 파면 · 해임되거나 금고 이상의 형을 선고받은 사람은 원칙적으로 교원으로의 채용이 제한된다.

- 금품수수 행위
- 시험문제 유출 및 성적조작 등 학생성적 관련 비위 행위
- 학생에 대한 신체적 폭력행위

공무원 임용의 결격 사유

- 「국가공무원법」 제33조의 결격사유
  - 피성년 후견인
  - 파산선고를 받고 복권되지 아니한 자
  - 금고 이상의 실형을 받고 그 집행이 끝나거나 집행이 면제된 날부터 5년 미경과자
  - 금고 이상의 형의 집행유예를 선고받고 유예기간이 끝난 지 2년 미경과자
  - 금고 이상 형의 선고유예를 받은 경우에 그 선고유예 기간 중인 자
  - 법원의 판결 또는 다른 법률에 의하여 자격 상실 또는 정지된 자
  - 공무원으로 재직기간 중 직무와 관련하여 「형법」 제355조 및 제356조에 규정된 범죄를 범한 자로서 300만 원 이상의 벌금형을 선고받고 그 형이 확정된 후 2년이 지나지 아니한 자
  - 성폭력범죄, 사이버성폭력 범죄, 스토킹범죄 등으로 100만 원 이상의 벌금을 선고받고 그 형이 확정된 후 3년이 지나지 않은 자
  - 미성년자, 아동청소년 대상 성범죄를 범한 사람으로서 20년이 지나지 아니한 사람
  - 징계에 의한 파면 처분을 받은 때로부터 5년 미경과자
  - 징계에 의한 해임 처분을 받은 때로부터 3년 미경과자

- 「교육공무원법」 제10조의4 결격사유
  - 「국가공무원법」 제33조에 해당하는 사람
  - 미성년자에 대한 성폭력범죄 행위로 파면·해임되거나 형 또는 치료감호를 선고받아 그 형 또는 치료감호가 확정된 사람

- 성인 대상 성폭력범죄 행위로 파면 또는 해임되거나 100만 원 이상의 벌금형이나 그 이상의 형을 선고받아 그 형이 확정된 사람(집행유예를 선고받은 후 그 집행유예기간이 경과한 사람을 포함한다)
- 마약 · 대마 또는 향정신성의약품 중독자

● 「공직선거법」 제266조(선거범죄로 인한 공무담임 등의 제한)

- 다른 법률의 규정에도 불구하고 제230조(매수 및 이해유도죄), 제231조(재산상의 이익목적의 매수 및 이해유도죄), 제232조(후보자에 대한 매수 및 이해유도죄), 제233조(당선인에 대한 매수 및 이해유도죄), 제234조(당선무효유도죄), 제237조부터 제255조까지, 제256조 제1항부터 제3항까지, 제257조부터 제259조까지의 죄(당내경선과 관련한 죄는 제외한다) 또는 「정치자금법」 제49조의 죄(선거비용)를 범함으로 인하여 징역형의 선고를 받은 자는 그 집행을 받지 아니하기로 확정된 후 또는 그 형의 집행이 종료되거나 면제된 후 10년간, 형의 집행유예의 선고를 받은 자는 그 형이 확정된 후 10년간, 100만 원 이상의 벌금형의 선고를 받은 자는 그 형이 확정된 후 5년간 공무원에 취임하거나 임용될 수 없으며, 이미 취임 또는 임용된 자의 경우에는 그 직에서 퇴직된다.

2) 승진과 강임

승진이란 동일한 직렬 내에서 수직적인 상향이동을 말한다. 예컨대 교사 → 교감(장학사) → 교장(장학관)으로 이동하는 경우이다. 승진은 구성원의 성취에 대한 욕구를 충족시켜 주고 노력에 대한 보상수단이며 조직의 입장에서는 조직의 목적을 달성하는 데 기여한 사람에게 승진의 기회를 줌으로써 조직의 목적을 달성시키기 위한 효율적인 수단으로 작용할 수도 있다. 승진은 보다 높은 사회적 위신과 명예, 보수 등을 수반하고 사기에도 많은 영향을 끼치기 때문에 공정하고 합리적인 승진규정을 마련하고 있고 투명하게 집행되어야 한다. 보통 교육공무원의 승진은 근무기간 20년 동안 축적된 근무실적을 종합하여 승진자를 선발하고 있다.

교육공무원의 승진규정에서 정하고 있는 평정분야는 근무경력, 근무성적, 재교육성적(연수성적), 그 밖에 실제 증명되는 능력(가산점) 등으로 구성된다. 20여 년 동안 나이스 인사기록(교육공무원 인사기록카드)에 등재된 사항들을 종합하여 승진대상자 명부를 작성한다. 교사에서 교감으로 승진 시 경력평정점 70점, 근무성적평정점 100점, 연수성적평정점 30점, 가산점의 비율로 평정된다. 보통 205점 이상의 성적을 받은 교사들이 승진대상자 명부에 등재된다.

다음의 교사 승진 규정을 참조하기 바란다.

표 9-8 2025학년도 교감자격연수대상자의 평정표

구분	평정연도	소속기관	평정점	반영비율	환산점	합계
근무성적	2024	○○○○학교	100.000	34%	34.000	100.000
	2023	○○○○학교	100.000	33%	33.000	
	2022	○○○○학교	100.000	33%	33.000	
	2021			–	–	
	2020					
경력		기본경력	64.000	–		69.198
		초과경력	5.198			
연수성적		자격연수성적	8.775	–		
		직무연수성적	18.000			
		연구실적	3.000	–		29.775
가산점		경력가산점	4.965			
		실적가산점	2.500	–		7.465
평정 총점		–				206.438

* 실제 승진대상자의 평정표임.

〈교육공무원(교사) 승진규정〉(2024. 3. 1.)

1장 총칙

2장 경력평정

제4조 경력평정은 당해 교육공무원의 인사기록카드에 의해서 평정한다.

제6조 경력평정은 매 학년도(3월 1일~다음 연도 2월 말일) 종료일을 기준으로 정기적으로 실시한다.

제7조 경력은 기본경력과 초과경력으로 나눈다.

제8조 기본경력은 평정대상경력으로부터 15년, 초과경력은 기본경력 전 5년으로 한다.

제9조 교사의 평정대상경력은 교육경력(군경력포함), 전일제강사 및 기간제교사 경력으로 한다.

제10조 등급별 평정점은 70점 만점[별표 2]

■ 교육공무원 승진규정 [별표 2] 〈개정 2007. 5. 25.〉

경력의 등급별 평정점(제10조 관련)

구분	등급	평점 만점	근무기간 1월에 대한 평정점	근무기간 1일에 대한 평정점
기본경력	가경력	64.00	0.3555	0.0118
	나경력	60.00	0.3333	0.0111
	다경력	56.00	0.3111	0.0103
초과경력	가경력	6.00	0.1000	0.0033
	나경력	5.00	0.0833	0.0027
	다경력	4.00	0.0666	0.0022

비고: 교육공무원의 경력이 기본경력 15년, 초과경력 5년인 경우에는 그 경력평정 점수는 각각 평정만점으로 평정한다.

※ 교사의 경우 가경력과 나경력만을 평정하며 가경력은 각급 학교의 교사경력, 군경력 등을 포함하고 나경력은 강사 및 기간제교사 경력 등을 포함한다.

3장 근무성적평정(교사)

제28조의2 매 학년도 종료일을 기준으로 해당 교사의 근무실적, 근무수행능력 및 근무수행 태도에 관하여 근무성적평정 및 다면평가 실시

제28조의3 근무성적평정표(별지 제4호서식), 다면평가표(별지 제4호의2서식), 근무성적 및 다면평가 합산표(별지 제4호의3서식)

■ 교육공무원 승진규정 [별지 제4호서식] 〈개정 2015. 12. 31.〉

(앞쪽)

<table>
<tr><th colspan="11">교사 근무성적평정표</th></tr>
<tr><td colspan="4">① 평정기간</td><td colspan="4">② 확인자</td><td colspan="3">③ 평정자</td></tr>
<tr><td colspan="4">. . . 부터
. . . 까지</td><td colspan="4">직위
성명 (인)</td><td colspan="3">직위
성명 (인)</td></tr>
<tr><td colspan="3" rowspan="2">평정사항
평정요소
평정 대상자 소속 / 평정 대상자 성명</td><td>근무수행 태도</td><td colspan="4">근무실적 및 근무수행능력</td><td rowspan="2">⑨ 평정점</td><td rowspan="2">⑩ 환산점</td><td rowspan="2">⑪ 총점</td></tr>
<tr><td>④ 교육공무원으로서의 태도 (10점)</td><td>⑤ 학습지도 (40점)</td><td>⑥ 생활지도 (30점)</td><td>⑦ 전문성 개발 (5점)</td><td>⑧ 담당업무 (15점)</td></tr>
<tr><td rowspan="2"></td><td rowspan="2"></td><td>평정자</td><td></td><td></td><td></td><td></td><td></td><td></td><td></td><td rowspan="2"></td></tr>
<tr><td>확인자</td><td></td><td></td><td></td><td></td><td></td><td></td><td></td></tr>
<tr><td rowspan="2"></td><td rowspan="2"></td><td>평정자</td><td></td><td></td><td></td><td></td><td></td><td></td><td></td><td rowspan="2"></td></tr>
<tr><td>확인자</td><td></td><td></td><td></td><td></td><td></td><td></td><td></td></tr>
<tr><td rowspan="2"></td><td rowspan="2"></td><td>평정자</td><td></td><td></td><td></td><td></td><td></td><td></td><td></td><td rowspan="2"></td></tr>
<tr><td>확인자</td><td></td><td></td><td></td><td></td><td></td><td></td><td></td></tr>
<tr><td rowspan="2"></td><td rowspan="2"></td><td>평정자</td><td></td><td></td><td></td><td></td><td></td><td></td><td></td><td rowspan="2"></td></tr>
<tr><td>확인자</td><td></td><td></td><td></td><td></td><td></td><td></td><td></td></tr>
</table>

■ 교육공무원 승진규정 [별지 제4호의2서식] 〈개정 2016. 12. 30.〉

(제1쪽)

정성(定性)평가 방법에 따른 교사 다면평가표

① 평가기간	② 확인자	③ 평정자
. . . 부터 . . . 까지	직위 성명 (인)	직위 성명 (인)

평정사항			태도	근무실적 및 근무수행능력				⑨ 평가점	⑩ 환산점
평가 대상자 소속	평가 대상자 성명	평정요소	④ 교육공무원으로서의 태도 (10점)	⑤ 학습지도 (40점)	⑥ 생활지도 (30점)	⑦ 전문성개발 (5점)	⑧ 담당업무 (15점)		
		다면평가자							
		다면평가자							
		다면평가자							

■ 교육공무원 승진규정 [별지 제4호의3서식] 〈개정 2012. 11. 6.〉

교사 근무성적평정 및 다면평가 합산표

① 평정기간	② 평정 분포비율	③ 조정자	④ 확인자	⑤ 평정자
. . . 부터 . . . 까지	• 수(95점 이상) 30% • 우(90점 이상 95점 미만) 40% • 미(85점 이상 90점 미만) 20% • 양(85점 미만) 10%	직위 성명 (인)	직위 성명 (인)	직위 성명 (인)

<table>
<tr><th colspan="4">점수 및 순위</th><th rowspan="2">⑥
환산점</th><th rowspan="2">⑦
총점</th><th rowspan="2">⑧
조정점</th><th rowspan="2">⑨
순위</th></tr>
<tr><th>평정
대상자
소속</th><th>평정
대상자
성명</th><th colspan="2">평정 종류</th></tr>
<tr><td rowspan="3"></td><td rowspan="3"></td><td rowspan="2">근무성적
평정</td><td>평정자</td><td></td><td rowspan="3"></td><td rowspan="3"></td><td rowspan="3"></td></tr>
<tr><td>확인자</td><td></td></tr>
<tr><td colspan="2">다면평가</td><td></td></tr>
<tr><td rowspan="3"></td><td rowspan="3"></td><td rowspan="2">근무성적
평정</td><td>평정자</td><td></td><td rowspan="3"></td><td rowspan="3"></td><td rowspan="3"></td></tr>
<tr><td>확인자</td><td></td></tr>
<tr><td colspan="2">다면평가</td><td></td></tr>
<tr><td rowspan="3"></td><td rowspan="3"></td><td rowspan="2">근무성적
평정</td><td>평정자</td><td></td><td rowspan="3"></td><td rowspan="3"></td><td rowspan="3"></td></tr>
<tr><td>확인자</td><td></td></tr>
<tr><td colspan="2">다면평가</td><td></td></tr>
</table>

제28조의4 ① 평정자와 확인자는 승진후보자명부작성자(보통, 교육감)가 정한다.(※ 교사의 평정자는 주로 교감, 확인자는 교장이 된다.)

② 다면평가자는 동료교사 중 평가인원에 따라 다음과 같은 동료교사로 구성한다.

1. 평가대상자가 15명 이하인 경우: 3명
2. 평가대상자가 16명 이상 20명 이하인 경우: 4명
3. 평가대상자가 21명 이상 25명 이하인 경우: 5명
4. 평가대상자가 26명 이상 30명 이하인 경우: 6명
5. 평가대상자가 31명 이상 35명 이하인 경우: 7명
6. 평가대상자가 36명 이상인 경우: 8명

제28조의7 근무성적평점(평정자 20점, 확인자 40점)과 다면평가평정점(40점 만점)을 합산하여 100점 만점으로 산출한다.

4장 연수성적평정

제29조 연수성적평정은 교육성적평정과 연구실적평정으로 나뉜다.

제32조 제1항 교육성적평정은 직무연수성적평정과 자격연수성적평정을 합산한다.

제2항 직무연수성적평정은 「교원 등의 연수에 관한 규정」에 의한 연수기관 또는 교육부장관이 지정한 연수기관에서 10년 이내에 이수한 60시간 이상의 직무연수성적(교감, 승진자격 평정 시 3개, 교장자격, 승진 평정 시 1개)

제3항 자격연수성적평정은 승진대상 직위와 관련이 깊은 자격연수성적 하나만을 평정대상으로 한다[교(원)장, 교(원)감, 초1정, 유1정].

제34조 연구실적평정은 연구대회입상실적과 학위취득실적으로 나누어 평정한다.

제35조 연구대회입상실적평정은 전국규모연구대회, 시·도 규모 연구대회에서 입상실적을 대상으로 하고 2인 공동작인 경우 70%, 3인 공동작인 경우 50%, 4인 이상 공동작인 경우 30%로 평정함

제36조 학위취득실적평정은 교육공무원이 해당 직위에서 취득한 석사 또는 박사학위 중 하나를 평정한다.

5장 승진후보자명부 작성 시 근무평정

제40조 제1항 교사평정 만점: 경력 70점, 근무성적 100점, 연수성적 30점

제40조 제3항 승진후보자의 근무성적평정은 명부작성기준일로부터 3년 이내의 해당 직위에서 평정한 평정점을 대상으로 하고 다음 계산방식에 의거하여 산정한다.

근무성적평정점={(최근 1년 이내 평정점×34/100)+(최근 1년 전~2년 이내 평정점×33/100)+(최근 2년 전~3년 이내 평정점×33/100)}

제41조(가산점) 제2항 가산점은 공통 가산점과 선택 가산점으로 구분한다.

제3항 공통 가산점은 교육부장관이 지정한 연구시범학교근무경력, 재외국민교육기관 파견근무경력, 직무연수실적, 학교폭력예방 및 대응실적이 있다.

제5항 선택 가산점은 도서벽지근무경력, 농어촌학교근무경력, 기타(보직교사 근무경력, 장학사, 한센병자녀학교, 도연구시범학교근무, 국가기술자격증, 교육 기관파견, 전국소육체육대회, 영재교실, 발명교실, 청소년단체, 경로효행, 학력향상, 특수교육지원센터 등)로 한다.

그림 9-2 교육공무원(교사) 승진규정(2024. 3. 1.)

강임은 승진임용과 반대되는 임용행위로서 동일 직렬 내에서 현재의 직위 이하에 임용되는 것을 말한다. 강임의 요건으로는 직제 또는 정원의 변동이나 예산의 감소 등으로 직위가 폐직되거나 하위의 직위로 변경되어 과원이 된 경우 또는 본인이 동의한 경우에는 소속공무원을 강임할 수 있다(「국가공무원법」 제73조의4).

교육공무원을 강임할 때에는 바로 하위의 직위에 임용함을 원칙으로 하며, 근무성적평정, 경력평정, 재교육성적 및 연수성적, 기타 훈련성적의 하순위자로부터 행하며 본인이 원할 때에는 순위를 불구하고 강임할 수 있다(「교육공무원 임용령」 제18조).

3) 전직과 전보

전직은 같은 직렬이 아닌 다른 직렬의 직위에 임용되는 것을 말한다. 예컨대, 교감이 교육전문직(장학사, 연구사)으로, 교육전문직(장학사, 연구사)이 교감으로, 교장이 장학관(연구관) 또는 교육장으로 임용되는 경우이다.

전직 방법에는 특별한 규정이 없고 자격증이 있거나 자격 기준에 합당하면 임용이 가능하다. 이때 피임용자의 전공분야, 재교육 성적, 근무 경력 및 적성 등이 고려되어야 하며 특히 장학직 임용은 교육경력 및 교육지도 능력과 교육발전 및 교육풍토 개선의 자질과 능력이 있는 자이어야 한다.

전보는 같은 직렬 안에서 현 직위를 유지하면서 임지만을 달리하는 수평적 이동을 말한다. 전보는 본인의 희망, 소속기관장의 내신 또는 의견, 생활근거지, 부부교사의 경우 그들의 거주 환경 · 근무 연한, 근무 또는 연구실적, 근무하는 학교의 위치와 사회적 명성 등 여러 요인을 고려하여 전보가 이루어지고 있다. 전보는 일정한 기준에 의거하여 공정하게 이루어져야 하며 특별한 경우를 제외하고는 어떤 직위에 임명 배치된 날로부터 1년 이내에는 전보하지 않는 것을 원칙으로 한다. 전보는 객관적으로 공정 타당한 기준을 세워서 합리적인 원칙을 준수해야 한다. 그렇지 않으면 인사이동에 수반되기 쉬운 불평을 잠재울 수 없고 사기의 앙양에도 악영향을 미칠 수 있기 때문이다.

4 교원의 휴직과 복직 및 휴가

1) 교원의 근무상황 관리

교원의 복무와 관련하여 인사혁신처 예규 제193호(2025. 2. 11.)인 국가공무원 복무 · 징계 관련 예규에는 공무원의 근무상황과 관련된 용어를 다음과 같이 정의하고 있다.

- 출근: 근무시작 시간 전까지 근무장소(사무실 또는 현장)에 도착하는 것
- 지각: 근무장소에 근무시작 시간 이후에 출근하는 것
- 조퇴: 근무종료 시간 이전에 퇴근하는 것
- 외출: 근무시간 중 개인용무를 위하여 근무장소 외부로 나간 후, 근무종료 시간 이전에 돌아오는 것
- 퇴근: 그 날의 업무를 종료하고 근무종료 시간 이후에 근무장소를 떠나는 것
- 결근: 출장, 휴가 등의 정당한 사유 없이 근무종료 시간까지 출근하지 아니하거나 국가공무원 복무규정에서 정한 휴가일수를 초과하여 휴가를 사용한 경우

2) 교원 휴직과 복직

휴직은 교육공무원으로서 신분을 보유하면서 담당 업무 수행을 일시적으로 해제하는 행위이며 복직은 휴직상태에 있는 교육공무원을 다시 담당 직무에 종사하도록 임용하는 것을 말한다. 「교육공무원법」 제44조에는 교육공무

원의 휴직에 대한 12개 조항을 규정해 놓았다. 휴직은 본인의 원에 의해서 허가되는 경우(청원휴직)와 임용권자의 직권으로 명하는 경우(직권휴직)로 구분할 수 있는데 1~4호, 11호는 직권휴직에 속하고 나머지 조항은 청원휴직에 속한다고 할 수 있다.

(1) 직권휴직(「교육공무원법」 제44조 제1항, 제45조 제1항)

표 9-9 직권휴직

종류	질병휴직	병역휴직	생사불명	법정의무수행	노조전임자
근거	제1호	제2호	제3호	제4호	제11호
요건	신체·정신상의 장애로 장기요양을 요할 때(불임·난임으로 인하여 장기간의 치료가 필요한 경우를 포함)	병역의 복무를 위하여 징·소집된 때	천재지변·전시·사변, 기타의 사유로 생사·소재가 불명한 때	기타 법률상 의무 수행을 위해 직무를 이탈하게 된 때	교원노동조합 전임자로 종사하게 된 때
기간	1년 이내(공무원연금법에 따른 공무상 질병 또는 부상으로 인한 경우는 3년 이내)	복무기간	3월 이내	복무 기간	전임기간
재직경력 인정	• 경력평정: 미산입(단, 공무상 질병인 경우 산입) • 승급제한(단, 공무상 질병인 경우는 포함)	경력평정: 산입 승급인정	경력평정: 산업 승급인정	경력평정: 산입 승급인정	경력평정: 산입 승급인정
결원보충	6월 이상 휴직 시 결원보충	6월 이상 휴직 시 결원보충	결원보충 불가	6월 이상 휴직 시 결원보충	6월 이상 휴직 시 결원보충
봉급	• 봉급 7할 지급(결핵은 8할) • 공무상 질병은 전액지급	지급 안 함	지급 안 함	지급 안 함	지급 안 함

수당	• 공통수당: 보수와 같은 율 지급 • 기타수당, 휴직 사유별 차등 지급	지급 안 함	지급 안 함	지급 안 함	지급 안 함
기타	• 의사진단서 첨부				

(2) 청원휴직(「교육공무원법」 제44조 제1항, 제45조 제1항)

표 9-10 청원휴직

종류	유학휴직	고용휴직	육아휴직	입양휴직	연수휴직	간병휴직	동반휴직
근거	제5호	제6호	제7호	제7호의2	제8호	제9호	제10호
요건	학위취득을 목적으로 해외유학을 하거나 외국에서 1년 이상 연구 · 연수하게 된 때	국제기구, 외국기관 또는 재외국민 교육기관 등에 임시로 고용된 때	만 8세 이하(초등학교 2학년 이하)의 자녀를 양육하기 위하여 필요하거나 여성공무원이 임신 또는 출산하게 된 경우	만 19세 미만의 아동을 입양하는 경우(제7호에 따른 육아휴직 대상이 되는 아동 제외)	교육부장관 또는 교육감이 지정하는 연구기관 · 교육기관 등에서 연수하게 된 때	조부모, 부모(배우자의 부모 포함), 배우자, 자녀 또는 손자녀를 부양하거나 돌보기 위하여 필요한 경우(조부모와 손자녀 휴직의 경우 요건 필요)	배우자가 국외근무를 하거나 제5호에 해당된 때
기간	3년 이내(학위취득의 경우, 3년 연장 가능)	고용기간	자녀 1명에 대하여 1년(여성 교육공무원은 3년) 이내	6월 이내(입양자녀 1명당)	3년 이내	1년 이내(재직기간 중 총 3년)	3년 이내(3년 연장 가능)
재직 경력 인정	• 경력평정: 5할 산입 • 승급인정	• 경력평정: 산입 • 승급인정(비상근으로 근무한 경우는 각 5할 산입)	• 경력평정: 산입 • 승급인정	• 경력평정: 산입 • 승급인정	• 경력평정: 5할 산입 • 승급제한	• 경력평정: 제외 • 승급제한	• 경력평정: 제외 • 승급제한

결원 보충	6월 이상 휴직 시 결원 보충	6월 이상 휴직 시 결원 보충	6월 이상(출산휴가와 연계한 경우 3월 이상) 휴직 시 결원 보충이 가능하고, 출산휴가일부터 후임자 보충 가능	6월 이상 휴직 시 결원 보충	6월 이상 휴직 시 결원 보충	6월 이상 휴직 시 결원 보충	6월 이상 휴직 시 결원 보충
봉급	봉급 5할 지급(3년 이내)	지급 안 함	지급 안 함	지급 안 함	지급 안 함	지급 안 함	지급 안 함
수당	• 공통수당: 5할 지급 (3년 이내) • 기타수당: 미지급	지급 안 함	4할 지급 (1년 이내) 상한: 100만 원 하한: 50만 원	지급 안 함	지급 안 함	지급 안 함	지급 안 함
기타			출산휴가 별도신청 가능				

3) 교원의 휴가

(1) 휴가의 종류

- 연가: 정신적 · 신체적 휴식을 취함으로써 근무능률을 유지하고 개인생활의 편의를 위하여 사용하는 휴가

표 9-11 재직기간별 연가일수

재직기간	연가일수	재직기간	연가일수
1개월 이상 1년 미만	11일	4년 이상 5년 미만	17일
1년 이상 3년 미만	15일	5년 이상 6년 미만	20일
3년 이상 4년 미만	16일	6년 이상	21일

- 병가: 질병 또는 부상으로 직무를 수행할 수 없는 경우 또는 감염병에 걸려 다른 공무원의 건강에 영향을 미칠 우려가 있을 때 부여받는 휴가
- 공가: 공무원이 일반국민의 자격으로 국가기관의 업무수행에 협조하거나 법령상 의무의 이행이 필요한 경우에 부여받는 휴가

 1.「병역법」 등 법령에 따른 병역판정검사 · 소집 · 검열점호 등에 응하거나 동원 또는 훈련에 참가할 때
 2. 공무에 관하여 국회 · 법원 · 검찰 · 경찰 또는 기타 국가기관에 소환된 때
 3. 법률에 따라 투표에 참가할 때
 4. 승진시험 · 전직시험에 응시할 때
 5. 원격지 간의 전보 발령을 받고 부임할 때
 6. 건강진단 또는 건강검진 및 결핵검진 등을 받을 때
 7.「혈액관리법」에 따라 헌혈에 참가할 때
 8.「공무원 인재개발법 시행령」 제32조 제5호에 따른 외국어능력에 관한 시험에 응시할 때
 9. 올림픽, 전국체전 등 국가적인 행사에 참가할 때
 10. 천재지변, 교통차단 또는 그 밖의 사유로 출근이 불가능할 때
 11. 노동조합 교섭위원으로 선임되어 단체교섭 및 단체협약 체결에 참석하거나 노조대의원회에 참석할 때
 12. 공무국외출장, 파견 또는 교육훈련을 위하여「검역법」 제5조 제1항의 '검역관리지역' 및 '중점검역관리지역'으로 가기 전에 같은 법 제2조 제1호에 따른 검역감염병 예방접종을 할 때
 13.「감염병의 예방 및 관리에 관한 법률」에 따른 제1급감염병에 대하여 같은 법 제24조 또는 제25조에 따라 필수예방접종 또는 임시예방접종을 받거나 같은 법 제42조 제2항 제3호에 따라 감염 여부 검사를 받을 때

- 특별휴가: 사회통념 및 관례상 특별한 사유(경조사 등)가 있는 경우 부여

받는 휴가

(2) 휴가의 실시원칙

- 교원의 휴가는 연가, 병가, 공가, 특별휴가로 구분
- 기관장 또는 학교의 장은 휴가를 승인함에 있어 소속교원이 원하는 시기에 법정휴가일수가 보장되도록 하되, 휴가로 인하여 업무공백이 발생하지 않도록 업무대행자 지정, 인계, 인수 등 필요한 조치를 취해야 함.

(3) 휴가 등의 허가권자 및 절차

- 교원이 휴가, 지각, 조퇴, 외출과「공무원 여비 규정」제18조의 규정에 의한 근무지 내 출장을 하고자 하는 때에는「위임전결규정」이 정한 허가권자에게 나이스 출장신청에 의하여 미리 신청을 하여 사유 발생 전까지 허가를 받아야 함.
  - 다만, 병가 · 특별휴가 등 불가피한 경우에는 당일 정오까지 필요한 절차를 취하여야 하며 이 경우 다른 교원으로 하여금 이를 대행하게 할 수 있음.
- 교원이 정해진 시간까지 출근할 수 없을 때에는 소속기관에 미리 신고하여야 하고, 그 후 출근한 때에는 지각으로, 출근하지 않는 때에는 결근으로 처리함.

  ※ 출근이라 함은 정해진 근무시간까지 근무장소(사무실 또는 현장)에 도착하는 것을 말함.
- 학교장의 휴가는 직근 상급기관의 장(교육감 또는 교육장, 국립은 총장 또는 장관)의 허가를 받아 실시함.
  - 문서 · 전화 또는 구두로 휴가를 신청할 수 있으며, 직근 상급기관의 근무상황부 또는 근무상황카드에 의하여 관리함.

(4) 휴가일수의 계산

- 연가, 병가, 공가 및 특별휴가는 별개의 요건에 따라 운영되므로 그 휴가일수의 계산은 휴가종류별로 따로 계산함. 반일연가는 14:00를 기준으로 하여 오전, 오후로 구분함.
- 퇴직 후 당해 연도에 재임용된 교원의 휴가일수 산정 시는 퇴직 전 근무기관에서 사용한 휴가일수를 공제하여야 함.
  - 필요한 경우 퇴직 전 근무기관에 휴가사용 내역을 확인 후 조치
- 법정휴가일수를 초과한 휴가는 결근으로 처리함.
- 지각 · 조퇴 · 외출의 정의
  - '지각'이라 함은 정해진 근무시간까지 출근하지 못하는 것을 말함.
  - '조퇴'라 함은 질병 기타 사유에 의하여 퇴근시간 전에 퇴근하는 것을 말함.
  - '외출'이라 함은 근무시간 중 개인용무를 위하여 학교 외부로 나간 후 퇴근시간 전에 돌아오는 것을 말함.

(5) 특별 휴가

① 경조사휴가

㉠ 경조사별 휴가일수

「교원휴가에 관한 예규」(교육부 예규)

표 9-12 경조사별 휴가일수

구분	대상	일수
결혼	본인	5
	자녀	1
출산	배우자(한 번에 둘 이상의 자녀를 출산한 경우)	20(25)
사망	배우자, 본인 및 배우자의 부모	5
	본인 및 배우자의 조부모 · 외조부모	3
	자녀와 그 자녀의 배우자	3
	본인 및 배우자의 형제자매	1
입양	본인	20

㉡ 입양은 「입양특례법」에 의한 입양에 한하며, 입양휴가를 사용하고자 하는 자는 「입양특례법」에 따라 가정법원의 허가를 받거나 「가족관계의 등록 등에 관한 법률」에서 정하는 바에 따라 신고할 때에 사용할 수 있음.

㉢ 경조사 휴가는 그 사유가 발생한 날을 포함하여 전후에 연속하여 실시하는 것이 원칙임.

※ 경조사 휴가는 토요일 · 공휴일로 인하여 분리되는 경우를 제외하고는 분할하여 사용할 수 없음.

예 토요일에 부모가 사망한 경우의 경조사 휴가일수는 다음주 월, 화, 수, 목, 금으로 5일의 휴가를 얻을 수 있음.

예 토요일에 자녀가 결혼하는 경우 전일 금요일 또는 다음 주 월요일에 경조사 휴가를 얻을 수 있음.

② 출산휴가

㉠ 임신하거나 출산한 공무원은 출산 전과 출산 후를 통하여 90일의 출산휴가를 사용할 수 있으며, 출산 후의 휴가기간이 45일 이상이 되게 함. 다만, 한 번에 둘 이상의 자녀를 임신한 경우에는 120일의 출산휴가를 사용할 수 있으며 출산 후의 기간이 60일 이상이 되게 해야 함.

※ 휴가기간의 배치는 의료기관의 진단서에 의한 출산 예정일을 기준으로 하되, 조산의 우려 등 특별한 경우는 예외 인정

㉡ 미숙아(임신 37주 미만의 출생아 또는 출생 시 체중이 2,500g 미만)를 출산하여 1일 이내에 신생아중환자실에 입원한 경우에는 100일의 출산휴가를 사용할 수 있음. 이 경우 출산휴가를 추가로 받기 위해서는 출산휴가 종료 예정일 7일 전까지 미숙아출산 사실을 증명할 수 있는 출생보고서 또는 출생증명서, 중환자실 입원기록을 확인할 수 있는 진료비 세부내역서나 진단서 등을 제출해야 함.

㉢ 임신 중 유산 또는 사산한 여성공무원은 다음 기준에 따라 유산, 사산

휴가를 사용할 수 있음. 다만, 인공임신중절수술에 의한 유산의 경우는 휴가를 부여하지 않음.

- 유산 또는 사산한 공무원의 임신기간(이하 "임신기간"이라 한다)이 15주 이내인 경우: 유산 또는 사산한 날로부터 10일까지
- 임신기간이 16주 이상 21주 이내인 경우: 유산 또는 사산한 날로부터 30일까지
- 임신기간이 22주 이상 27주 이내인 경우: 유산 또는 사산한 날부터 60일까지
- 임신기간이 28주 이상인 경우: 유산 또는 사산한 날부터 90일까지

※ 휴가기간은 유산, 사산한 날부터 기산하므로 유산 · 사산한 날 이후 일정기간이 지나서 청구하면 그 기간만큼 휴가기간이 단축됨.

㉣ 배우자가 유산하거나 사산한 경우 남성공무원은 3일의 배우자 유산휴가 또는 사산휴가를 사용할 수 있음. 이 경우 ㉢에 따른 기간 내에 휴가를 사용하여야 하며 1회에 한해서 분할사용 가능

㉤ 출산 및 유산, 사산 휴가는 산모의 건강을 고려하여 일정기간 휴가를 부여하는 것이며, 임신 중 심한 입덧이나 부작용 등으로 안정의 필요가 있을 경우에는 일반병가를 승인

③ 난임치료시술휴가

㉠ 여성공무원

- 인공수정 시술을 받는 경우: 시술을 할 때마다 2일의 휴가를 사용할 수 있으며 시술일 당일을 반드시 포함하고, 나머지 1일은 시술일 전날, 시술 후 2일 이내 또는 인공시술을 위하여 반드시 수반되는 병원진료일 중에 선택할 수 있음
- 체외수정 시술을 받는 경우

ⓐ 동결보존된 배아를 이식하는 체외수정 시술을 받는 경우: 3일휴가

ⓑ 난자를 채취하여 체외수정 시술을 받는 경우: 4일휴가

㉡ 남성공무원: 정자채취일 당일

④ 여성보건휴가: 여성공무원은 생리기간 중 휴식을 위하여 매월 1일의 여성보건휴가(무급)를 사용할 수 있음.

⑤ 모성보호시간

㉠ 임신 중인 여성공무원은 1일 2시간의 범위에서 휴식이나 병원진료 등을 위한 '모성보호시간'을 사용할 수 있음.

㉡ 인력운영 상황, 대국민 서비스 제공 및 공무수행 필요성 등을 종합적으로 고려하여 승인함.

㉢ 모성보호시간은 근무일에 출근을 전제로 하는 특별휴가(육아시간)와 중복하여 사용할 수 없음.

⑥ 육아시간

㉠ 8세 이하 또는 초등학교 2학년 이하의 자녀를 가진 공무원은 36개월의 범위에서 1일 2시간의 육아시간을 사용할 수 있음.

※ '만 9세가 되는 날(생일)의 전날' 또는 '초등학교 3학년이 되는 날(주로 3월 1일)의 전날' 두 가지 요건 중 하나만 충족해도 사용 가능하며, 학년을 기준으로 사용할 경우에는 자녀의 재학증명서를 제출하여야 함.

㉡ 인력운영 상황, 대국민 서비스 제공 및 공무수행 필요성 등을 종합적으로 고려하여 승인함. 부서장은 수업 등 학생지도에 지장이 없는 범위 내에서 육아시간을 사용할 수 있도록 보장하여야 함.

㉢ 육아시간 사용 시 36개월은 다음과 같이 산정함.

- 1개월이 30일이 안되는 달도 해당월을 연속 사용한 것으로 봄.
- 기산일로부터 익월의 기산일에 해당하는 날의 전일까지를 1개월로 봄.

(예 1: 4. 15.~6. 14.까지 연속 사용한 경우 2개월을 사용한 것으로 봄)

(예 2: 2월이 28일인 경우 30일이 안되더라도 1개월을 사용한 것으로 봄)

- 연속하여 사용하지 않은 경우 사용일수를 합산 20일마다 1개월 사용한 것으로 봄.

  (예 1: 4. 2.~6.(5일), 4. 16.~20.(5일), 4. 24.~27.(4일), 5. 14.~18.(5일), 5. 28.(1일)을 사용한 경우 총 20일을 사용했으므로 1개월을 사용한 것으로 봄)

㉣ 육아시간 사용 가능 자녀가 2명 이상인 경우에는 자녀 1인당 각각 사용할 수 있으나, 동일한 날에 중복하여 사용할 수 없음.

⑦ 수업휴가

㉠ 한국방송통신대학교에 재학 중인 공무원은 「한국방송통신대학교 설치령」에 의한 출석수업에 참석하기 위하여 연가일수를 초과하는 출석수업에 대하여 수업휴가를 승인받을 수 있음.

㉡ 본인의 법정연가일수를 먼저 사용한 후에 부족한 일수에 한하여 수업휴가가 인정되므로 출석수업 전 연가사용은 불가피한 경우로 제한하여야 함.

⑧ 재해구호휴가

㉠ 수해 · 화재 · 붕괴 · 폭발 등의 재해 또는 재난으로 피해를 입은 공무원과 재난발생지역에서 자원봉사활동을 하려는 공무원은 5일 이내의 재해구호휴가를 받을 수 있음. 특히 대규모 재난으로 피해를 입은 공무원으로서 장기간 피해수습이 필요하다고 소속 행정기관의 장이 인정하는 경우에는 10일 이내의 재해구호휴가를 받을 수 있음.

- '피해를 입은 공무원'이라 함은 재난 · 재해 발생으로 인하여 본인, 배우자, 본인 및 배우자의 부모, 자녀의 인명과 재산에 상당한 피해를 입은 공무원을 말함.

- '자원봉사 활동을 하고자 하는 공무원'이라 함은 재난 발생 지역에서 정부 또는 지방자치단체가 실시하는 시설복구에 참가하거나 재난으로 피해를 입은 친 · 인척 또는 재난발생지역의 주민을 돕고자 하는 공무원을 말함.

㉡ 각급 기관장은 재난의 규모와 재난으로 인한 피해의 정도, 자원봉사 활동의 필요성 등을 감안하여 재해구호휴가를 신중하게 승인하고 허가하여야 하며 이를 남용하지 않아야 함.

⑨ 포상휴가

㉠ 국가 또는 당해 기관의 주요 업무를 성공적으로 수행하여 탁월한 성과와 공로가 인정되는 공무원에게 10일 이내의 포상휴가를 승인할 수 있음.

㉡ 탁월한 성과와 공로에 대한 판단의 기준

- 「상훈법」에 의한 훈장 · 포장을 받은 때
- 「정부표창규정」에 의한 국무총리 이상의 표창을 받은 때
- 「모범공무원규정」에 의한 모범공무원으로 선발된 때
- 그 밖에 대외적으로 국가 또는 당해 기관의 명예를 선양한 때, 창안제안 등을 통하여 행정능률 향상에 기여한 때, 중앙행정기관의 장의 표창을 받은 때 등 당해 기관의 장이 구체적 사실에 근거하여 탁월한 성과와 공로가 있다고 인정한 때

⑩ 가족돌봄휴가

㉠ 공무원은 다음에 해당하는 경우 유 · 무급 포함 연간 총 10일의 범위에서 가족돌봄휴가를 사용할 수 있음.

- 재학 중인 유치원이나 어린이집 등이 휴업 · 휴원 · 휴교 등으로 자녀를 돌봐야 할 때
- 자녀학교(원)의 공식행사 또는 상담에 참여하는 경우

예 입학식, 졸업식, 학예회, 운동회, 참여수업, 학부모상담 등

- 미성년자 또는 장애자녀의 건강검진 또는 병원진료에 동행하는 경우
- 질병, 사고, 노령 등의 사유로 (외)조부모, 부모(배우자의 부모 포함), 배우자, 자녀, 손자녀를 돌봐야 하는 경우

㉡ 가족돌봄휴가는 자녀수에 1을 더한 일수의 범위에서 유급으로 사용할 수 있음. 이때 자녀가 장애인이거나 한부모자녀인 경우 연 1일의 유급휴가를 가산함.

⑪ 임신검진휴가

㉠ 임신한 여성공무원은 임신검진을 위하여 임신기간 동안 10일의 범위에서 임신검진휴가를 사용할 수 있음.

- 임신검진휴가 최초 신청 시 신청자는 임신확인서 등을 제출하여야 함.
- 임신검진휴가는 반일 또는 하루 단위로 신청할 수 있으며, 임신검진을 확인할 수 있는 자료를 증빙하여야 함.

㉡ 기관장은 소속공무원의 임신검진휴가가 임신검진이라는 본연의 목적을 위해서 사용될 수 있도록 하여야 함.

⑫ 심리안정휴가

㉠ 기관장은 사건 · 사고의 발생 후 가급적 1개월 이내 4일의 범위 내에서 휴가를 부여(내부결재 등)하되 부여일수가 2일을 초과하는 경우에는 전문상담사, 의사 등의 관련 전문가의 의견을 들어야 함. 사건 · 사고의 인정기준은 다음과 같음.

- 현장에서 함께 위험직무를 수행하다가 사망한 동료와 직접 접촉한 사건 · 사고
- 중대한 신체손상을 입은 사람이나 중대한 신체손상으로 사망한 자와 직접 접촉한 사건 · 사고

- 그 밖의 위험직무를 직접 수행하다가 경험한 위 기준에 준하는 사건 · 사고

ⓛ 기관장은 사건사고의 규모, 피해의 정도, 심리안정의 필요성과 업무공백 발생가능성 등을 종합적으로 고려하여 휴가일수를 정하되 남용되지 않도록 관리하여야 함.

ⓒ 신체적 부상을 입은 당사자이거나 정신질환으로 정식 진단을 받은 사람은 병가를 신청하고 승인받아 사용하거나 질병휴직을 명받아야 함.

5 면직과 파면

1) 면직

면직이란 공무원의 신분이 소멸되는 임용을 말한다. 면직에는 본인의 의사에 의한 의원면직, 본인의 의사와는 상관없이 시행되는 직권면직, 당연퇴직, 징계파면 등이 있다.

의원면직이란 본인의 의사를 표시하는 사직원이 제출된 후 그에 따라 면직발령이 있어야 한다.

직권면직의 경우 임용권자가 사유가 있을 때 「국가공무원법」 70조에 의거하여 면직시킬 수 있다. 단, 임용권자가 직권면직시킬 경우는 미리 관할 징계위원회의 의견을 들어야 한다. 직권면직 사유로는 다음과 같다.

① 직제와 정원의 개폐 또는 예산의 감소 등으로 폐직 또는 과원이 되었을 때
② 휴직 기간의 만료 또는 휴직 사유가 소멸된 후에도 직무에 복귀하지 않았거나 직무를 감당할 수 없을 때
③ 대기명령을 받은 자가 그 기간 중 능력의 향상 또는 개전의 의지가 없다고 인정된 때. 단, ③의 이유로 면직시킬 경우에는 징계위원회의 동의를

받아야 한다.

④ 전직 시험에서 3회 이상 불합격한 자로서 직무수행능력이 부족하다고 인정된 때

⑤ 징병검사, 입영 또는 소집의 명령을 받고 정당한 이유 없이 이를 기피하거나 군복무를 위하여 휴직 중에 있는 자가 재영 중 군무를 이탈하였을 때

⑥ 당해 직급에서 직무를 수행하는 데 필요한 자격증의 효력이 상실되거나 면허가 취소되어 담당 직무를 수행할 수 없게 된 때 등

당연퇴직이란 일정한 사유의 발생으로 인하여 법률상으로는 당연히 퇴직으로 공무원 신분이 소멸되나 그 사실을 모르는 제3자에게 영향을 미칠 우려가 있으므로 별도의 인사발령이 필요하게 된다. 당연퇴직의 사유를 보면 다음과 같다.

- 현행법상 사망한 때
- 임기가 만료될 때
- 국적이 상실되었을 때
- 교육공무원 결격사유가 발생했을 때(「국가공무원법」 제33조 참조)
- 정년(만 62세)에 도달했을 때

2) 파면

파면은 교육공무원이 「국가공무원법」 및 「교육공무원법」 또는 법에 의한 명령이나 기타 법령을 위반했을 때, 직무상의 의무를 위반하거나 직무를 태만히 한 때 가해지는 일종의 징계이며 가장 무거운 것이다(「국가공무원법」 제78조). 징계에 의해 파면받은 자는 5년이 경과하지 아니하고는 교육공무원에 임용될 수 없다(「국가공무원법」 제33조).

6 복무와 근무 부담

1) 복무

교육공무원은 복무에 관하여 「국가공무원법」의 규정(대통령령 제31909호)을 준용하여 적용받게 된다. 이 규정은 사립학교 교원에게도 적용된다(「사립학교법」 제55조). 공무원복무규정에는 공무원의 근무시간, 시간외근무, 공휴일 근무, 출장근무, 파견근무 등에 관하여 세밀히 규정되어 있으며 그것은 교원에게도 준용되고 있다. 그러나 이와 같은 규정은 획일적이며 각 학교에서는 이와 같은 기준을 바탕으로 학교마다 독자적인 복무규정을 작성하여 실시하고 있다.

참고 **「국가공무원 복무규정」 제9조(근무시간 등)**

① 공무원의 1주간 근무시간은 점심시간을 제외하고 40시간으로 하며, 토요일은 휴무(休務)함을 원칙으로 한다.

② 공무원의 1일 근무시간은 오전 9시부터 오후 6시까지로 하며, 점심시간은 낮 12시부터 오후 1시까지로 한다. 다만, 행정기관의 장은 직무의 성질, 지역 또는 기관의 특수성을 고려하여 필요하다고 인정할 때에는 1시간의 범위에서 점심시간을 달리 정하여 운영할 수 있다.

③ 1주 40시간 근무에 관하여 필요한 사항은 인사혁신처장이 정한다. [개정 2013. 3. 23. 제24425호(안전행정부와 그 소속기관 직제), 2014. 11. 19. 제25751호(행정자치부와 그 소속기관 직제)]

④ 「전자정부법」 제32조 제3항에 따라 온라인 원격 근무를 실시하는 행정기관의 장은 소속 공무원 중 원격근무자의 근무에 관하여 필요한 사항을 소속 중앙행정기관의 장의 승인을 받아 따로 정할 수 있다. [개정 2018. 7. 2.]

2) 근무 부담

근무 부담이란 근무하면서 처리하게 되는 업무량을 의미한다. 그런 의미로 교원의 근무 부담이란 협의의 개념으로는 교원이 맡고 있는 수업 부담만을 의미하나 광의의 개념으로는 교원이 직무수행과 관련하여 직간접적으로 시간과 노력을 투입하는 모든 활동을 포괄한다. 광의의 교사 근무 부담은 수업 준비와 실시 부담, 학생생활지도, 학생 교외활동 지도, 학교 업무 등 사무처리를 전부 포함하는 개념이다.

7 호봉

교사의 급여는 호봉(號俸, Salary Class) 체제를 따르고 있다. 호봉이란 입사기간과 직급에 따라 기본급이 결정되는 방식으로 근속기간이 길수록 높은 임금이 보장되는 형식이다. 일반직 공무원이나 경찰공무원 등의 호봉은 1호봉부터 책정되지만 교사의 호봉은 보통 9호봉부터 받게 된다. 군사부일체라는 스승을 존중하는 전통문화의 산물이라고 생각할 수도 있지만 교사의 초임호봉이 9호봉을 받게 되는 이유는 교사양성 역사과정에서 파생되었다고 할 수 있다.

과거에는 지금처럼 교사양성을 위한 엄격한 4년제 사범대학, 교육대학 중심의 교사양성체제가 구축되어 있지 못했다. 그래서 교사의 수요가 폭발적으로 증가하자 교직이수제, 임시교원양성소, 보수교육제 등을 개설하여 교원을 양성하였고 준교사, 실기교사 등 정식교사 자격이 없는 미자격교사들이 학교에서 함께 근무를 하게 되었다. 1980년대에 교사양성체제를 정비하면서 교육대학을 4년제로 승격시키고 고등학교졸업자, 임시교원양성소 등의 준교사, 2년제 사범대교사, 4년제 사범대교사 등에게 똑같은 호봉을 부여하는 것은 차별이기에 호봉을 차별화하게 되었다. 임시교원양성소 등을 거친 교사들의 호봉책정을 위해 1~7호봉까지의 호봉산정이 필요했고 이러한 제도의 영향으로 4년제 사범대 출신 교사들이 9호봉을 받게 되었던 것이다. 임시교원양성소 출신 교사들이 사라진 현재까지 이러한 제도의 영향으로 교사들이 9호봉을 받는 것은 특혜라고 주장하는 의견도 있다.

1) 초임호봉 획정

교사의 초임호봉 획정을 위해 필요한 것은 기산호봉과 학령, 가산년수, 환산경력년수 등이다.

<table>
<tr><th>경력구분</th><th>인정대상경력</th></tr>
<tr><td>기산호봉</td><td>
<table>
<tr><th>자격</th><th>1급정교사</th><th>2급정교사</th><th>준교사 및 실기교사</th></tr>
<tr><td>기산호봉</td><td>9호봉</td><td>8호봉</td><td>5호봉</td></tr>
</table>
※ 2개 이상의 교원자격증을 소지한 경우에는 특별한 사유가 없는 한 실제 임용된 과목의 자격증을 기준으로 기산호봉 적용
</td></tr>
<tr><td>학령</td><td>
<table>
<tr><th>구분</th><th>고등학교</th><th>2년제대학</th><th>3년제대학</th><th>4년제대학</th></tr>
<tr><td>학령</td><td>12</td><td>14</td><td>15</td><td>16</td></tr>
</table>
- 학령의 계산은 학력–16으로 함.
- 전문대학을 졸업하고 4년제 대학 3학년으로 편입하여 졸업한 경우 ‘16’으로 인정함
- 중퇴자는 인정하지 않음
</td></tr>
<tr><td>가산년수</td><td>
- 사범계 가산연수: 수학연한 2년 이상의 사범계학교(대학에 설치하는 교육계 학과 포함) 졸업자 중 다음 표에 해당하는 자격을 소지한 자에 대해 가산년수 1년을 더한다.
<table>
<tr><th colspan="5">교원자격증</th></tr>
<tr><td>중등학교
2급정교사</td><td>초등학교
2급정교사</td><td>특수학교
2급정교사</td><td>유치원
2급정교사</td><td>사서교사
2급</td></tr>
</table>
※ 사범계 가산연수는 2개의 사범계학교를 졸업했더라도 1회만 인정
※ 대학원 및 교육대학원에서 자격을 취득한 경우 인정하지 않음
※ 전문대, 개방대, 방송통신대의 교육계학과는 사범대로 보지 않음
- 특수학교(학급) 가산연수: 특수학교 교원자격증을 가지고 특수학교 특수학급, 특수교육지원센터를 담당하는 경우에는 1년 가산
</td></tr>
</table>

각종경력 년수	교육공무원 호봉획정 시 경력환산율 표의 적용 등에 관한 예규 적용 ※ 예규에 따라 경력환산율을 적용하여 산출한 년수를 합산함 예 1) 소지자격과 다른 학교급에서 기간제교사로 근무: 80% 인정 (중등교사자격 → 초등학교근무) 2) 군경력: 100% 인정 3) 학원강사근무경력: 50% 인정 등

2) 초임호봉 획정 사례

초임교사의 호봉획정 사례를 살펴보자.

초임호봉의 획정은 기산호봉+(학령-16)+가산년수+환산경력년수의 합이다.

- 호봉산정을 위한 경력기간계산은 역(曆)에 의한 방법으로 하되 연, 월, 일까지 순차적으로 계산한다.
- 경력기간을 합산하는 경우 12월은 1년으로, 30일을 1월로 계산한다.
- 경력환산율 적용 시 환산율이 10할인 경우 인정대상 경력기간을 그대로 적용하고, 환산율이 10할 미만인 경우에는 연, 월, 일 단위로 각각 환산율을 적용하되 소수점 이하는 절삭한다.

사례	호봉산정	획정호봉
• 10. 2. 25. ○○ 교육대학졸업 • 10. 5. 1.~10. 11. 20. 학원강사 • 11. 3. 1.~12. 2. 16. 기간제교사 • 12. 3. 1. △△초 신규 교사 임용	• 기산호봉: 2급정교사 (8) • 가산년수: 사범계 (1) • 학령(16): 0 • 환산경력: 1년 2월 26일 - 학원강사(50%): 3월 10일 - 초등기간제(100%): 11월 16일	10호봉 (잔여: 2월, 차기승급일: 2013. 1. 1.)

참고문헌

경상남도교육청(2021). 교육공무원 인사관리기준.

경상남도교육청(2021). 교육공무원 평정업무 처리요령.

경상남도창원교육지원청(2023). 2023교원인사업무매뉴얼 개정판(창원교육 2023.017).

김종철(1992). 교육행정의 이론과 실제. 서울: 교육과학사.

정태범(1994). 교육행정학 기초와 발전. 서울: 정민사.

최무산(2020). 해법 교직실무. 도서출판 한수.

경상남도교육청 HOME > 감사관 > 자율형 종합감사 > 주요지적사례 > (교무 · 학사)주요지적사례.

경상남도교육청 HOME > 민원 · 참여 > 적극행정 > 적극행정의 정의 및 유형 > 적극행정 사례집.

법제처 국가법령정보센터(law.go.kr). 공무원 보수규정.

법제처 국가법령정보센터(law.go.kr). 공무원 보수 등의 업무지침.

법제처 국가법령정보센터(law.go.kr). 교육공무원 호봉획정시 경력환산율표의 적용 등에 관한 예규.

블로그 샛별: 교단일기(https://blog.naver.com/korjkr/223582262975) 교사의 호봉.

서혜정, 백승호(2013). https://www.hangyo.com/news/article.html?no=42443 교원봉급표 재조정해야.

제10장

공문서 업무

이 장에서는 2024년부터 시행되고 있는 「행정업무의 운영 및 혁신에 관한 규정」(대통령령 제34518호, 2024. 5. 21.)에 따라서 학교를 포함한 교육행정기관에서 작성하는 공문서에 대해서 설명하기로 한다.

1 공문서의 의의와 기능, 종류

1) 공문서의 의의

「행정업무의 운영 및 혁신에 관한 규정」(약칭: 행정업무규정)에 따르면, 공문서란 행정기관에서 공무상 작성하거나 시행하는 문서(도면 · 사진 · 디스크 · 테이프 · 필름 · 슬라이드 · 전자문서 등의 특수매체기록을 포함한다. 이하 같다)와 행정기관이 접수한 모든 문서를 말한다(제3조 제1호). 그러므로 행정기관이 작성하지 않고 민간기관(또는 민간인)이 작성한 문서(사문서)라도 행정기관에 접수하면 공문서로 인정된다. 여기서 전자문서란 컴퓨터 등 정보처리능력을 가진 장치에 의하여 전자적인 형태로 작성되거나 송신 · 수신 또는 저장된 문서를 말한다(제3조 제2호). 학교나 교육행정기관에서 다루는 대표적인 공문서는 다음과 같다.

공문서의 예

개별화교육계획서, 통합교육계획서, 개별화교육지원팀 회의록, 특수교육대상자 선정 및 배치 알림, 주간식단표, 생활기록부, 보건일지, 다목적강당 증축공사 도면, 장애인식 개선 교육 공문에 첨부된 영상물 등

2) 공문서의 기능

공문서는 행정기관의 의사결정을 내부나 외부에 전달하는 기능을 주로 한다. 그 밖에도 업무 처리의 결과로 공문서를 보존하여 업무상 증거나 차후 자료 제공 기능도 한다. 따라서 공문서는 그 업무 성질에 따라서 의무적으로 보존기간(예 3년, 5년, 10년 등)을 정하여 보존하도록 되어 있다.

3) 공문서의 종류

공문서는 외부 유통 여부에 따라서 주로 대내문서와 대외문서로 나뉜다.

(1) 대내문서

행정기관 내부적으로 업무 계획이나 업무 집행 등의 의사결정을 위해 작성하는 문서로, 다른 기관에 발신을 아니하는 비유통 문서이다.

대내문서에는 결재받아야 하는 내부결재문서와 비결재 문서가 있다. 예를 들면, 개별화교육계획서나 개별화교육지원팀 회의록은 반드시 결재를 받아야 하는 내부문서이지만, 학부모 상담록은 반드시 결재를 받아야 하는 문서는 아니다.

(2) 대외문서

주로 그 행정기관 소속 공무원이 직무상 작성하여 소속장에게 결재를 받

아 외부 행정기관이나 국민 등에게 발신하는 문서를 의미한다. 특수교육대상자 선정 및 배치문서나 장애학생 취업사업 지원서 등을 대외문서로 볼 수 있다.

2 공문서의 성립과 효력발생

1) 문서의 성립요건

- 행정기관의 적법한 권한의 범위 내에서 작성될 것
- 행정기관의 의사표시가 명확하게 표현될 것
- 위법 · 부당하거나 시행 불가능한 내용이 아닌 것
- 법령에 규정된 절차 및 형식을 갖출 것

2) 공문서 성립시기

해당 문서에 대한 결재권자의 서명(전자이미지서명 및 행정전자서명 포함)에 따른 결재가 있어야 성립된다(「행정업무의 운영 및 혁신에 관한 규정」 제6조). 이때 서명은 기안자, 검토자, 협조자, 결재권자 또는 발신명의인이 공문서(전자문서는 제외한다)에 자필로 자기의 성명을 다른 사람이 알아볼 수 있도록 한글로 표시하여야 한다. 전자문서의 경우는 결재가 이루어질 때마다 자동으로 이름이 표시된다. 그러므로 전자문서의 경우 공문서 결재란에 결재자의 이름이 있다는 것은 결재가 이루어졌다는 의미로 본다.

3) 공문서 효력발생(「행정업무의 운영 및 혁신에 관한 규정」 제6조 제2항)

- 일반문서: 수신자에게 도달된 때(도달주의)
- 공고문서: 고시나 공고에 특별한 규정이 있는 경우를 제외하고는 그 고시 또는 공고를 한 후 5일이 경과한 날부터 효력발생
- 전자문서: 수신자의 컴퓨터 파일에 기록된 때

3 공문서의 구성

일반적으로 공문서는 크게 두문, 본문, 결문으로 구성된다.

구분	내용
두문	1) 행정기관명 2) 수신자 3) (경유) 4) 제목
본문	1) 내용 2) 붙임
결문	1) 발신 명의 2) 기안자, 검토자, 협조자, 결재권자의 직위 또는 직급 및 서명 3) 접수등록번호와 접수일자 4) 행정기관의 우편번호, 주소, 홈페이지주소, 전화번호, 팩스전송번호 5) 공무원의 공식 전자우편주소 6) 공개구분

■ 행정업무의 운영 및 혁신에 관한 규정 시행규칙 [별지 제1호서식]

행정기관명

수신

(경유)

제목

본문(작성요령 참조하기)

발신기관명 | 직인 |

기안자 직위(직급) 서명 검토자 직위(직급) 서명 결재권자 직위(직급) 서명

협조자

시행 처리과명-연도별 일련번호(시행일) 접수 처리과명-연도별 일련번호(접수일)

우 도로명주소 / 홈페이지 주소

전화번호( ) 팩스번호( ) / 공무원의 전자우편주소 / 공개 구분

210mm×297mm(백상지 80g/m²)

4 공문서의 작성

1) 공문서의 기안

기안이란 기관이 의사결정을 표시하기 위해서 문서를 작성하는 것을 의미한다. 그러나 의사결정의 표시가 항상 문서로만 하는 것이 아니라, 업무 성질상 전자문서로 곤란한 경우에는 그러하지 아니하다. 또한 문서로 하는 기안의 경우 전자문서로 하는 것이 원칙이나, 관계 서식이 따로 있는 경우에는 그 내용을 관계 서식에 기입하는 방법으로 할 수 있다. 또한 기안문의 형식은 행정안전부령으로 정하는 기안문으로 하여야 한다(「행정업무의 운영 및 혁신에 관한 규정」 제8조).

2) 문서 기안자

기안자는 문서를 작성하는 사람으로 주로 행정기관 소속 업무 담당 공무원이며, 예외적으로 행정기관의 책임하 공무원이 아닌 자가 작성할 수도 있다.

3) 문서 기안 절차

학교업무를 처리하는 업무포털 'K-에듀파인'을 통하여 문서의 기안이 이루어진다. 'K-에듀파인'은 기존의 '업무관리시스템'과 예산 사용을 위한 '에듀파인'이 통합된 것이다. 다음 [그림 10-1]은 'K-에듀파인'을 통한 일반적인 업무처리 절차를 나타내고 있다(교육부, 2019; 서울시교육청, 2021 참조).

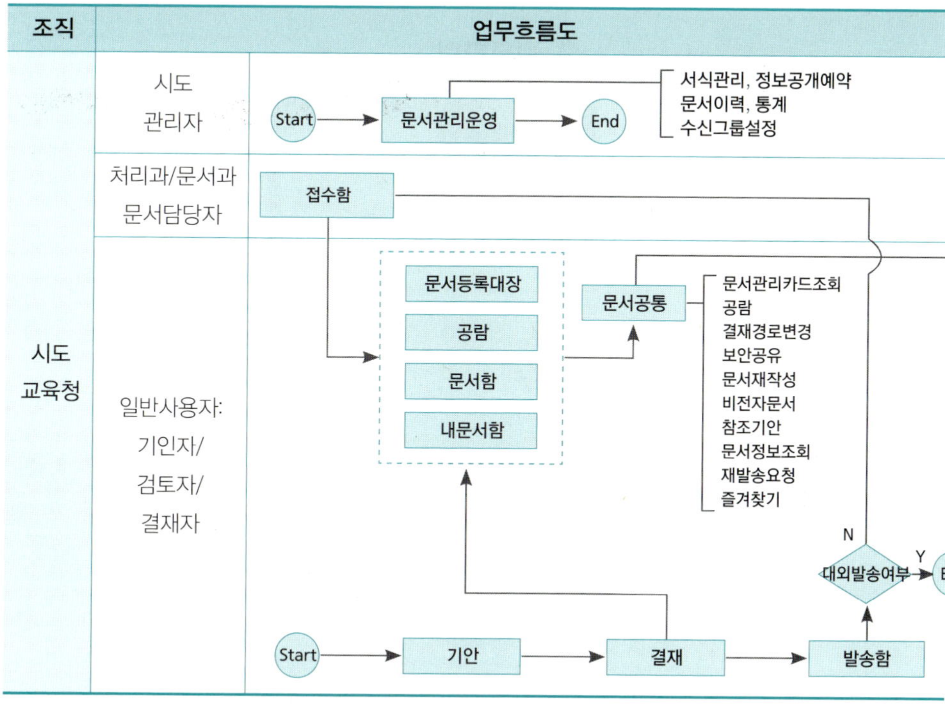

그림 10-1 K-에듀파인 업무흐름도(과제업무중심)

그리고 [그림 10-2]는 'K-에듀파인'에서 문서 작성을 위한 업무관리 메뉴의 첫 회면이다. 이 첫 화면에서 기안에 따른 문서 서식을 선택할 수 있다.

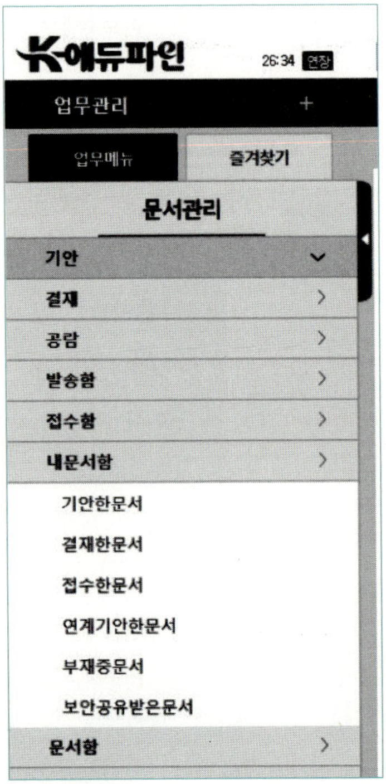

그림 10-2 K-에듀파인 기안 화면

[그림 10-3]에서는 업무포털 내 'K-에듀파인'의 '기안' 메뉴에는 공용서식, 샘플서식, 연계기안, 임시저장 등으로 나누어진 소메뉴가 있음을 보여 준다. 여섯 가지 소메뉴 중에서 기안자가 사용할 서식을 선택하여 문서를 기안할 수 있다. 그중에 공용서식은 문서 중 공통적으로 쓸 수 있는 서식을 의미한다. 일반적으로 대부분의 공문은 공용서식으로 작성된다.

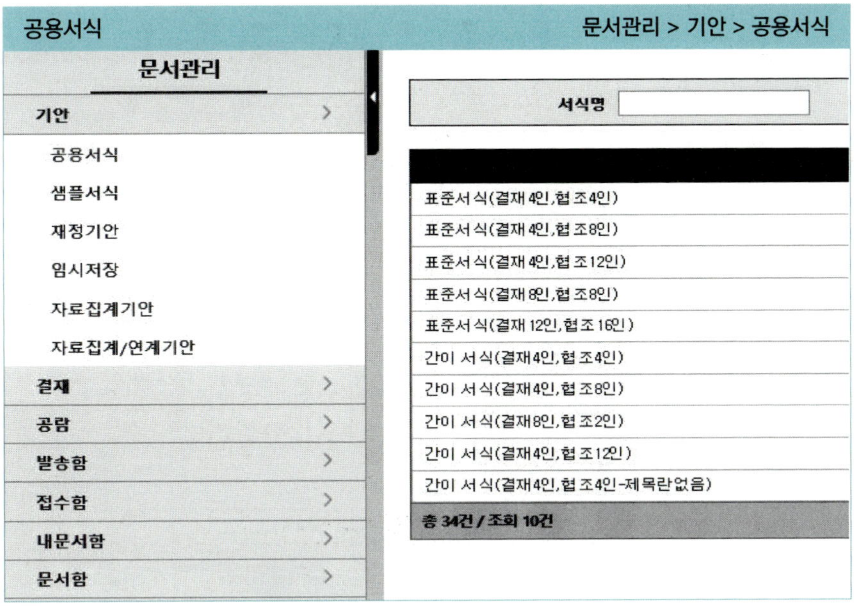

그림 10-3 K-에듀파인 문서 서식

'공용서식'을 선택하면, 서식명 아래 표준서식과 간이서식이 나타난다. 이 중 일반적으로 많이 사용되는 서식은 표준서식으로, 결재나 협조 결재가 필요한 사람 수에 따라서 선택하면 된다.

이렇게 적절한 서식을 선택하면, [그림 10-4]와 같이 문서관리카드 기안 화면이 나타나고 제목, 본문 및 결재정보 등을 입력할 수 있다.

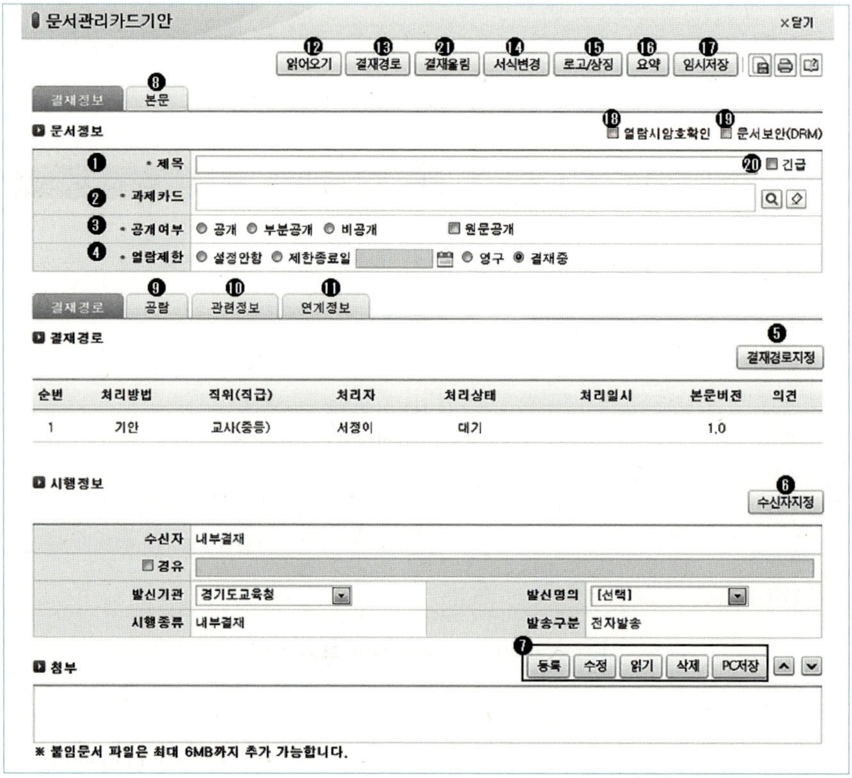

그림 10-4 K-에듀파인 문서 기안하기

① 결재정보 탭: 문서 제목을 입력

② 문서를 등록하고자 하는 단위과제카드를 선택하기 위해 아이콘을 클릭하여 단위과제카드를 조회·선택하고 아이콘을 클릭하여 지움.

③ 대국민 정보공개 시 공개범위 지정을 위한 공개 여부를 선택. 부분공개, 비공개일 때 공개 제한 선택할 수 있음. [그림 10-5]에서는 비공개에 해당하는 항목을 열거하고 있음. 반면 '부분공개'는 주로 본문이 아닌 첨부파일에 비공개 항목이 있는 경우 사용

공개제한도움말 닫기X

1호	다른 법률 또는 법률이 위임한 명령(국회규칙, 대법원규칙, 헌법재판소규칙, 중앙선거관리위원회규칙, 대통령령 및 조례에 한한다)에 의하여 비밀 또는 비공개 사항으로 규정된 정보
2호	국가안전보장, 국방, 통일, 외교관계 등에 관한 사항으로서 공개될 경우 국가의 중대한 이익을 현저히 해할 우려가 있다고 인정되는정보
3호	공개될 경우 국민의 생명, 신체 및 재산의 보호에 현저한 지장을 초래할 우려가 있다고 인정되는 정보
4호	진행중인 재판에 관련된 정보와 범죄의 예방, 수사, 공소의 제기 및 유지, 형의 집행, 교정, 보안처분에 관한 사항으로서 공개될 경우 그 직무수행을 현저히 곤란하게 하거나 형사피고인의 공정한 재판을 받을 권리를 침해한다고 인정할 만한 상당한 이유가 있는 정보
5호	감사, 감독, 검사, 시험, 규제, 입찰계약, 기술개발, 인사관리, 의사결정 또는 내부검토 과정에 있는 사항 등으로 공개될 경우 업무의 공정한 수행이나 연구, 개발에 현저한 지장을 초래한다고 인정할 만한 상당한 이유가 있는 정보 다만, 의사결정 또는 내부검토 과정을 이유로 비공개할 경우에는 의사결정 및 내부검토 과정이 종료되면 제10조에 따른 청구인에게 이를 통지하여야 함
6호	당해 정보에 포함되어 있는 이름, 주민등록번호 등 개인에 관한 사항으로서 공개될 경우 개인의 사생활의 비밀 또는 자유를 침해할 우려가 있다고 인정되는 정보
7호	법인, 단체 또는 개인의 경영, 영업상 비밀에 관한 사항으로서 공개될 경우 법인등의 정당한 이익을 현저히 해할 우려가 있다고 인정되는 정보
8호	공개될 경우 부동산 투기, 매점매석 등으로 특정인에게 이익 또는 불이익을 줄 우려가 있다고 인정되는 정보

그림 10-5 대국민 정보공개 제한 항목

④ 열람 제한을 설정

- 설정 안 함: 문서를 부서 내 사용자들이 확인 가능(나의 과제 등의 메뉴에서)
- 제한종료일: 지정한 날짜까지 확인할 수 없고 종료일 다음 날부터 확인 가능
- 영구: 문서를 부서 내 사용자들이 영구히 확인 불가(결재선 사용자는 가능)
- 결재 중: 결재 중인 문서를 결재선상의 사용자만 확인 가능

⑤ '결재경로 지정' 버튼을 클릭하여 문서의 결재경로를 지정

⑥ '수신자 지정' 버튼을 클릭하여 문서의 수신자를 지정

⑦ '등록' 버튼을 클릭하면 첨부파일을 등록할 수 있도록 문서 열기 화면이 나타나고 문서를 첨부할 수 있음.

⑧ '본문' 탭을 클릭하여 본문 입력

⑨ '결재올림' 버튼을 클릭하여 결재문서 처리

(1) 제목 입력하기

결재정보 탭 ①에서 제목을 기입하기 → 본문 탭 '제목'에 자동적으로 똑같이

기입된다. 만약 제목을 수정할 때에는 다시 결재정보 탭에서 수정해야 한다.

(2) 본문 입력 및 첨부문서 첨부하기

[그림 10-6]처럼 제목을 입력 후, 본문 탭을 눌러 제목이 올바르게 작성되었는지를 확인한다. 그리고 공문의 내용에 해당하는 본문을 작성한다. 이때 본문 작성 및 첨부문서 표시 방법 등은「행정업무의 운영 및 혁신에 관한 규정」에 따라 작성하여야 한다. 공문서 본문 작성에 대해서는 뒤에서 자세히 설명하기로 한다.

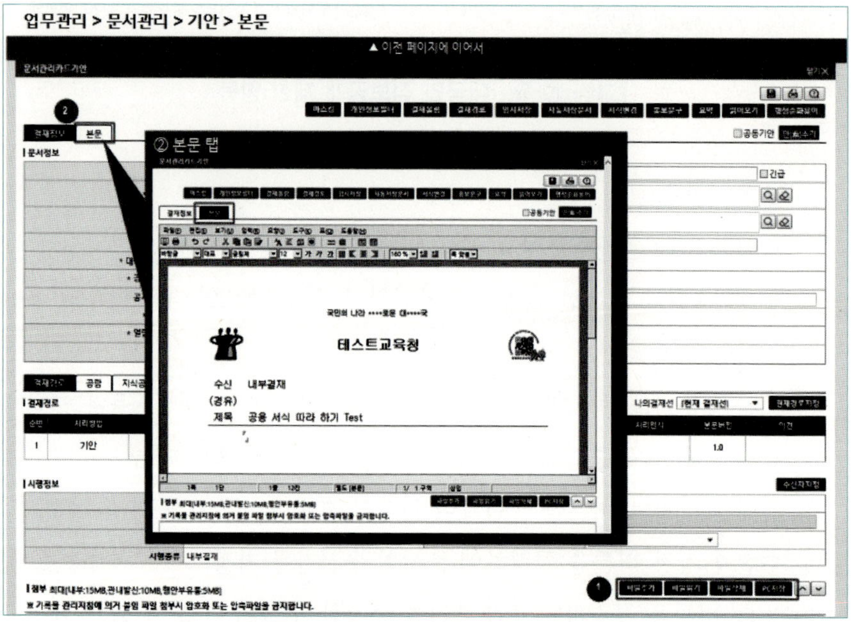

그림 10-6 공문서 본문 입력하기

(3) 수신자 입력하기

내부공문인 경우는 별도의 수신자를 지정하지 않으나, 외부공문인 경우는 반드시 그 수신자를 지정해야 한다. 결재정보 탭에서 '수신자 지정' 버튼을 클릭하여 문서의 수신자를 지정해야 한다.

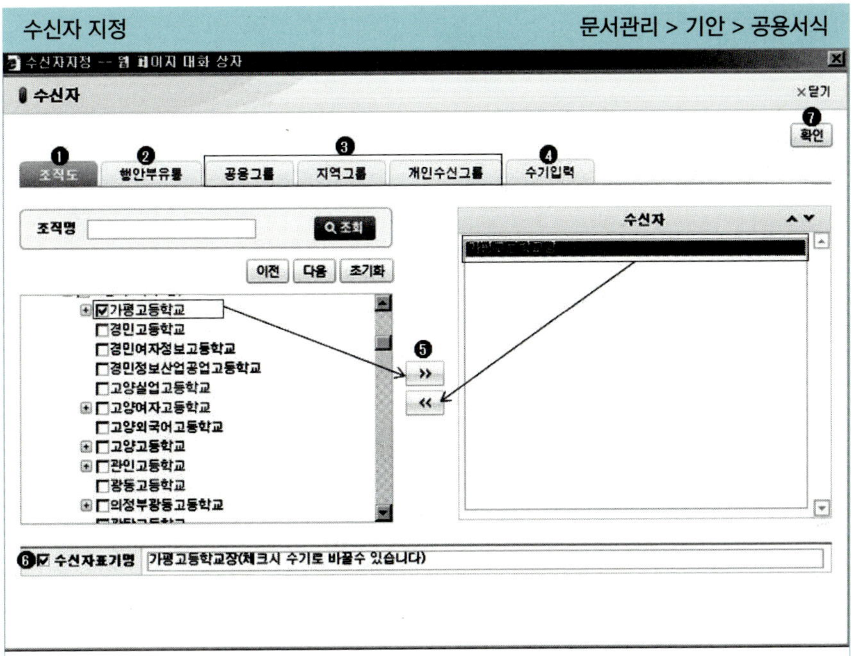

그림 10-7 수신자 지정하기

① '조직도' 탭을 클릭하면 소속 기관 및 부서를 수신자에 추가할 수 있음.

② '행안부 유통' 탭을 클릭하면 전자문서 유통이 가능한 정부기관의 조직도가 나타나고 수신자에 추가할 수 있음.

③ 공용그룹, 지역그룹, 개인수신그룹 탭을 클릭하여 시스템관리자 및 사용자가 미리 등록한 수신그룹 목록 열람하여 추가할 수 있음.

④ 수기입력 탭을 클릭하여 사용자가 수신자명 및 정보를 직접 입력 가능

⑤ 수신자를 선택하여 클릭해서 수신자목록에 수신자 추가, 삭제 가능

⑥ '수신자 표기명'을 체크하여 수신자 표기명을 변경할 수 있음.

⑦ '확인' 버튼을 클릭하여 수신자 지정

4) 결재경로 지정하기

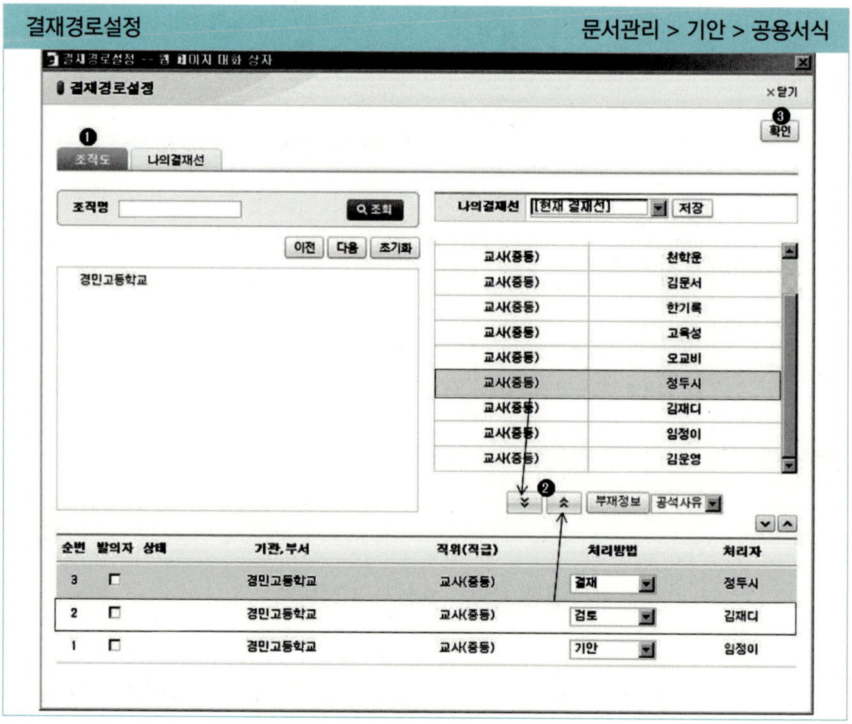

그림 10-8 결재경로 지정하기

① 결재경로 지정을 위해 '조직도' 탭을 선택하면 소속 부서의 부서원 명단이 나타남.

② 부서원 중 결재담당자를 선택하고 아래, 위 화살표를 클릭하거나 더블클릭하여 결재선에 결재자 추가 또는 삭제할 수도 있음.

③ '확인' 버튼을 클릭하여 문서의 결재경로를 설정 완료

5) 문서 기안 처리하기

모든 문서 기안이 끝나면 최종적으로 '결재올림' 버튼을 눌러서 '결재올림'

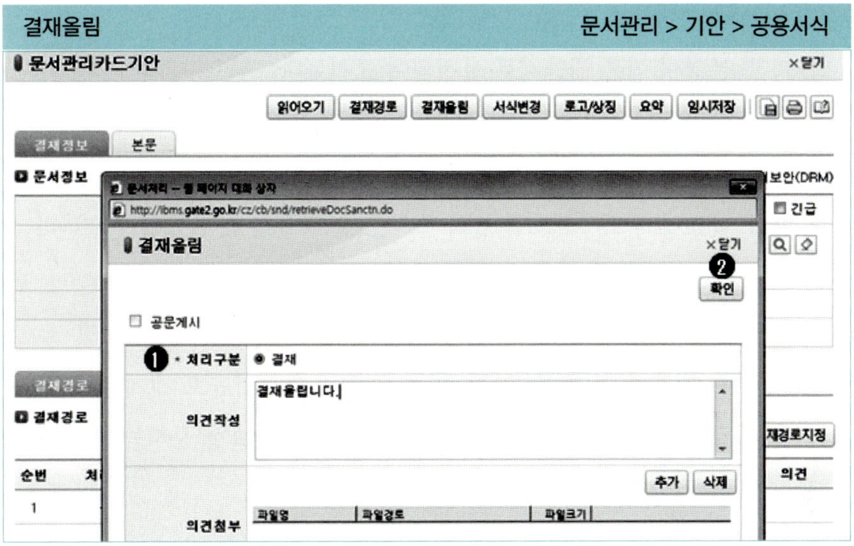

그림 10-9 결재 상신하기

팝업창을 띄운다. 그리고 본문내용을 다시 확인 후 [그림 10-9]처럼 팝업창에 '확인' 버튼을 눌러서 결재를 상신한다.

① 기본적으로 처리구분이 '결재'로 선택되어 있다.

② 공문서 내용과 형식을 다시 확인한 후, '확인' 버튼을 클릭하여 문서 기안 처리를 한다.

6) 검토 및 결재

(1) 결재의 순서: 기안자 → 검토자 → (협조자) → 결재권자

기안자 →	검토자 →	(협조자) →	결재권자
교무 : 교사 →	부장 → 교감 →	(행정실장) →	교장
행정 : 주무관 →	행정실장 →	(교감) →	

(2) 결재의 종류

① 기안: 본인이 기본 기안자로 설정되어 표시된다.

② 검토: 중간 결재권자를 '검토자'로 지정하여 검토 승인을 받는다. 결재선을 설정한 순서대로 검토자가 결재를 진행한다(중간 결재행위).

③ 결재: 학교장의 최종결재를 말하며, 이로써 공문으로 효력이 발생한다.

④ 전결과 대결

- 전결: 학교별 '위임전결규정'에 의한 결재를 위임받은 자의 결재
- 대결: 결재권자(전결권자)가 휴가, 출장, 기타 사유로 결재할 수 없을 시 직무 대리하는 사람이 대결하고, 내용이 중요한 문서는 사후에 최종결재권자에게 보고

⑤ 협조

- 협조: 기안문의 내용이 다른 구성원의 업무와 관련이 있을 때에는 해당 구성원의 협조를 받음. 협조자가 복수일 경우에는 순번에 따라 순차적으로 승인이 되며, 이를 '순차협조'라고도 함.
- 병렬협조: 순차협조와는 달리 병렬협조로 설정된 협조자 모두에게는 동시에 문서가 송부되어, 이 경우 '협조'와는 달리, 결재순번과는 상관없이 각 협조자가 언제든지 결재 가능

(3) 결재의 표시

결재가 이루어지면, 결재권자의 직위와 이름이 표시된다. 즉, 교장, 교감, 행정실장, 교무부장 교사 등은 직위와 해당 이름이 본문 탭에 표시가 된다. 만약, 해당 결재자가 공석인 경우(예 교육, 출장, 외출, 휴가, 조퇴, 연가, 병가, 공가, 특별휴가, 결근, 지참, 부재, 휴직, 퇴직 중 택일)는 그 사유를 지정하며, 서식에 그 공석사유가 표시된다.

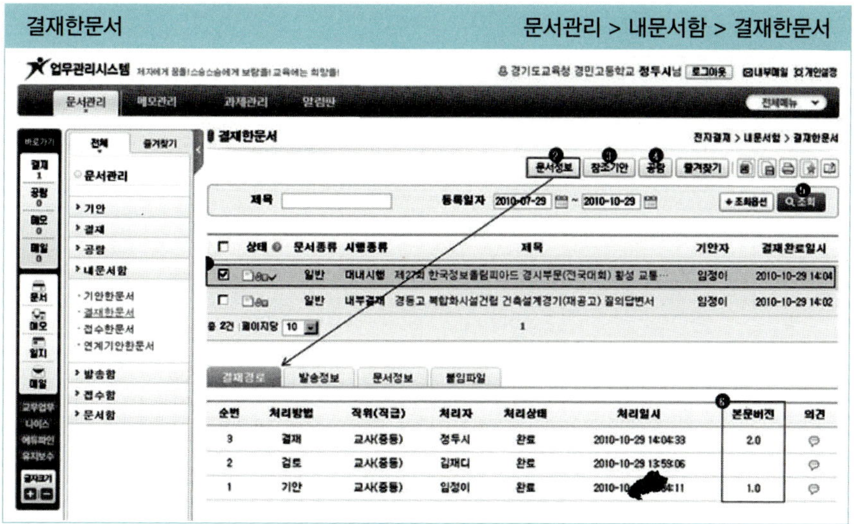

그림 10-10 결재의 표시

예시

인제중학교

수신자 김해교육지원교육장(초등교육과장)

(경유)

제목 2025. 특수교육대상자 진로체험 활동 실시

1.∨관련:∨초등교육과-1234(2025. 03. 03.)호.

2.∨2025학년도 제1학기 특수교육대상자 진로체험 활동을 아래와 같이 실시하고자 합니다.

∨∨가.∨일시: 2025. 3. 10.(월), 09:00~16:00

∨∨나.∨장소: 부산직업체험관(부산 남포동 소재)

∨∨다.∨이동 방법: 학교 차량 이용

∨∨라.∨참가 경비: 금125,000원(금일십이만오천원)

∨∨1)∨입장료 및 중식비: 5명×15,000원=75,000원

∨∨2)∨체험 활동비: 5명×10,000원=50,000원

∨∨마. 참가 학생: 총5명

연번	이름	학년 및 학반	체험 분야	비고
1	김○○	10215	바리스타	
2	이○○	10502	바리스타	학부모 차량이용
3	박○○	1학년 6반 3번	제과제빵	
4	최○○	1학년 9반 9번	한식 요리	
5	송○○	31019	컴퓨터 조립	

붙임∨∨1.∨직업체험 활동 참가 신청서 5부.

2.∨참가 경비 내역서 1부.∨∨끝.

그림 10-11 공문서(예시)

인제중학교장

수신자 김해교육지원교육장(초등교육과)

					03/05	
교사		김연아	교감	박태환	교장	홍길동
협조자	행정실장	박병호	1학년부장	권나라	3학년부장	마동석

시행 인제중학교-12345(2025. 3. 5.) 접수

우 - ○○도 ○○시 ○○구 ○○길 1(○○동 ○○) / ○○○.ms.kr

전화 012)345-678 전송 012)345-789 / e-mail / 비공개

그림 10-12 공문서의 예시

5 공문서 작성 원칙

1) 문서작성의 기본원칙(「행정업무의 운영 및 혁신에 관한 규정」 제7조)

- 글자: 문서는 「국어기본법」 제3조와 제11조에 따라 어문규정에 맞게 한글로 작성하되, 필요한 경우 괄호 안에 한자나 외국어를 넣어 쓸 수 있다.
- 숫자: 아라비아 숫자가 원칙이나 달리 규정된 경우 그에 따른다.
- 날짜: 년, 월, 일을 생략하고 온점으로 표시 예 2012.∨9.∨17.
- 시간: 24 시각제에 따라 숫자로 표시하되 시·분의 글자는 생략하고 그 사이에 쌍점을 찍어 구분한다. 예 오후 2시 30분 → 14:30
- 금액: 금343,000원(금삼십사만삼천원) – 다른 법령(회계규칙 등)에 표시 방법이 따로 있는 경우에는 그 법령에 따른다.

2) 항목의 구분

- 항목의 표시: 문서의 내용을 둘 이상의 항목으로 구분하여 작성하고자 할 때에는 다음 구분에 따라 표시하되, 필요한 경우 부분적으로 '□, ○, –, ·' 등과 같은 특수한 기호로 표시할 수 있다.
- 표시위치 및 띄우기
  - 첫째 항목부호는 제목의 첫 글자와 같은 위치에서 시작한다.
  - 첫째 항목 다음 항목부터는 바로 앞 항목의 위치로부터 2타(한글은 1자, 영문·숫자는 2자)씩 오른쪽에서 시작한다.
  - 하나의 항목만 있을 경우에는 항목구분을 생략한다.
  - 항목부호와 그 항목의 내용 사이에는 1타를 띄운다.

구분	항목 기호
첫째 항목	1. 2. 3. 4. 5. 6. 7. 8. ……
둘째 항목	가. 나. 다. 라. 마. 바. ……
셋째 항목	1) 2) 3) 4) 5) 6) 7) 8) ……
넷째 항목	가) 나) 다) 라) 마) 바) ……
다섯째 항목	(1) (2) (3) (4) (5) (6) (7) ……
여섯째 항목	(가) (나) (다) (라) (마) ……
일곱째 항목	① ② ③ ④ ⑤ ⑥ ⑦ ……
여덟째 항목	㉮ ㉯ ㉰ ㉱ ㉲ ㉳ ㉴ ……

3) 문서의 '끝' 표시

- 붙임물이 없고, 본문이 끝났을 경우: 1자(2타) 띄고 '끝' 표시
  〈예시 1〉 주시기 바랍니다.∨∨끝.
- 붙임물이 있는 경우: 붙임의 표시를 한 다음 1자(2타) 띄고 '끝' 표시
  〈예시 2〉 붙임∨ 1. 서식 승인 목록 1부.
  2. 승인서식 2부.∨∨끝.
- 본문 또는 붙임의 표시문이 오른쪽 한계선에서 끝났을 경우: 다음 줄의 왼쪽 기본선에서 1자 띄고 '끝' 표시
- 연명부 등의 서식을 작성하는 경우
  - 서식의 마지막 칸까지 작성되는 경우: 서식의 칸 밖 아래 왼쪽 기본선에서 1자 띄고 '끝' 표시

예시

연번	성명	생년월일	주소
9	임꺽정	1987. 11. 11.	무안군 삼향읍 어진누리길 10
10	일지매	1988. 11. 11.	무안군 삼향읍 어진누리길 10

∨∨끝.

- 기재 사항이 서식 중간에서 끝나는 경우: 기재 사항의 마지막 다음 칸에 '이하 빈칸'

예시

연번	성명	생년월일	주소
9	임꺽정	1987. 11. 11.	무안군 삼향읍 어진누리길 10
10	일지매	1988. 11. 11.	무안군 삼향읍 어진누리길 10
		이하 빈칸	

∨∨끝.

4) 문서의 쪽 번호 등 표시

- 각종 증명발급에 관한 문서는 해당 문서의 왼쪽 하단에 발급번호를 표시한다.
- 각종 증명발급 이외의 문서는 개별 문서의 중앙 하단에 쪽 번호를 표시한다.
- 문서의 순서 또는 연결 관계를 명확히 할 필요가 있는 중요문서는 해당 문건의 전체 쪽수와 그 쪽의 일련번호를 붙임표(-)로 표시한다.
- 기록물로 묶을 때는 모든 문서의 쪽 번호를 하단 우측에 표시한다.

5) 붙임물의 표시

- 본문의 내용이 끝난 줄 다음에 "붙임" 표시한다.
- 붙임물이 두 가지 이상인 때에는 항목을 구분하여 표시한다.

(본문) ………………………………………………………………………

…………………… 주시기 바랍니다.

붙임∨∨1.∨○○○계획서 1부.

2.∨○○○서류 1부.∨∨끝.

참고문헌

교육부(2019). K-에듀파인(업무관리) 따라하기 매뉴얼.

교육부(2019). 차세대 지방교육행·재정통합시스템 문서관리(학교용).

서울특별시교육청(2021). K-에듀파인 업무관리 사용자 매뉴얼.

전라남도 나주교육지원청(2018). K 에듀파인 처음 사용하기.

행정안전부(2024). 행정업무의 운영 및 혁신에 관한 규정.

제11장

학교장학

학교에서의 모든 활동은 교사가 가르치는 일(teaching)과 학생이 배우는 일(learning)이 교육과정(curriculum)을 중심으로 학교 환경 속에서 상호작용한다고 볼 수 있다. 즉, 학교에서 일어나는 모든 활동은 직간접적으로 교사와 학생 사이에 이루어지는 수업과 관련되거나 수업을 지원하기 위한 활동으로 이루어진다.

장학이란 이러한 수업과 교사의 교수 행위가 원활하게 이루어질 수 있도록 지원하고 교육과정의 질을 개선하며, 학습 환경을 정비하여 궁극적으로는 학생의 학습활동에 도움을 가져오게 하는 활동이라고 할 수 있다(정태범, 1998).

1 장학이란

1) 장학이란

장학(supervision)이란 학습지도의 개선을 위하여 제공되는 지도 · 조언(助言)을 비롯하여, 교육활동의 전반에 걸쳐 교육목표를 효과적으로 달성하기 위해 이루어지는 전문적 · 기술적 봉사활동 내지 참모활동(參謀活動)을 말한다. 장학은 교육활동의 계획연구 · 행정관리 · 학습지도 · 생활지도를 포함하는 여러 영역에 걸친 일련의 봉사활동이며, 교사와 학생이 자기 성장을 이룩할 수 있도록 조장(助長)하고 유도하는 학교행정 당국자들의 체계적이고도 지속적인 노력의 총체라고 할 수 있다.

장학이란 영어의 'supervision'으로서 이것은 'superior'과 'vision'의 합성어이다. 'superior'은 '높은 곳' 또는 '우수한'이란 뜻이고 'vision'은 '본다' 또는 '감시하다'라는 말로 해석되어, 이들을 합쳐 '우수한 사람이 높은 곳에서 본다'라는 말로 해석되어 왔다(정태범, 1994). 그래서 장학은 초기에는 권위주의적 시학(視學)에 의한 장학단계부터 출발하여, 20세기 초 인간관계이론의 발달에 따라 점차 전문적인 기술적 지도·조언과 민주적·협동적 지도단계로 변천하여 왔다. 시학에 의한 장학단계에서는 장학을 비전문가가 담당하였으나, 점차 교장·교육감·교육장·장학사 등이 장학업무를 담당하게 되었으며, 오늘날은 장학행정의 분화(分化)와 전문화과정이 이루어지게 되고 장학방법과 기술이 다양하게 적용되고 있다(정태범, 1994).

2) 장학의 역사적 고찰

초기의 장학은 검열의 성격을 띠었다. 국가에서 제정한 국정지표와 교육과정 등이 현장에서 잘 실행되고 있는지, 지역사회의 특수성을 반영하여 어떻게 실천되고 있는지 검열이 이루어졌다. 장학사(관)는 학교방문을 미리 예고하고 능숙하게 검열해 나갔다. 그들의 학교방문은 평가의 성격을 띠었으므로 방문자들은 여러 학생을 불러 배운 것들을 질문하였다. 시간은 한정되어 있고 학생은 많으니 전체 학생을 평가할 수는 없고 몇몇 학생을 표집하는 형태로 이루어졌고 그 결과는 상급단위 기관에 보고되었다. 시간이 흐르자 애초의 장학 성격은 잃어버리고 효율적인 점검을 위해 시험제도를 고안해 냈다. 매년 1회씩 시험을 치르면서 공립학교들의 교육과정 운영실태를 점검하였다.

시간이 지나면서 이러한 장학은 검열의 성격 대신에 지도의 성격을 띠게 되었다. 장학이란 수업을 평가할 뿐만 아니라 그 결점을 보충해 주는 활동이라는 것이다. 당시는 인구가 급속하게 늘고 학교는 팽창해 가고 있었고 교사들은 부족했다. 교사들을 하루빨리 양성하여 급속히 팽창하는 교실에 투입해야 했다. 그래서 교사들이란 선천적으로 가르치는 재능을 타고나는 것이 아니라 후천적으로 훈련을 통해 길러지는 것이라는 관념이 생겨난 것이다. 장학관(사)은 교사들의 훈련을 위해 모임을 열고 강습회를 준비하며 독서회를 권장하는 감독 장치를 설정하고 수업개선의 목적을 위해 교실을 방문해 수업을 행하기도 했다(이원호 역, 1990).

최근에는 민주화, 세계화, 정보화, 개방화, 지방화 시대를 맞이하여 학교단위 자율책임경영을 강조하고 단위학교의 기능이 확대되면서 인사, 재정, 교육과정 결정권 등이 학교로 이양되면서 장학 분야에서도 장학의 민주화를 요구하고 있다. 교직원들의 자발적인 연구문화와 교육신념을 존중하고 지역사회의 특수성과 시대적 요구사항들을 반영하여 단위학교별 책임경영을 지향하는 것이다(이순형, 1999).

그동안 장학의 변화발전은 장학의 본질을 상위행정기관의 교육계획을 실현하기 위해 권위를 갖고 일관된 지침을 따르게 할 것인가, 아니면 단위학교나 교사들의 자율성을 인정하고 자발적인 실천을 강조할 것인가에 대한 입장 대립이었다고 할 수 있다. 시대의 변화에 따라 후자 쪽으로 점차 이동하고 있나. 장학활동은 주로 교육부를 포함한 지역교육청 등의 상급교육 행정기관의 장학활동 담당 부서가 각 학교에 파견되어 이루어지기도 하고 학교구성원끼리 자체적으로 장학 활동이 펼쳐지기도 한다(이원호 역, 1990).

3) 학교장학의 근거

상급교육행정기관에 의한 장학활동이 실시되는 주요 근거는 다음과 같다.

- 「교육기본법」 제17조(국가 및 지방자치단체): 국가와 지방자치단체는 학교와 평생교육시설을 지도 · 감독한다.

- 「초 · 중등교육법」 제7조(장학지도): 교육감은 관할 구역의 학교를 대상으로 교육과정 운영과 교수(敎授) · 학습방법 등에 대한 장학지도를 할 수 있다.
- 「초 · 중등교육법 시행령」 제8조(장학지도): 교육감은 법 제7조에 따라 장학지도를 하는 경우 매 학년도 장학지도의 대상 · 절차 · 항목 · 방법 및 결과처리 등에 관한 세부계획을 수립하여 이를 장학지도 대상학교에 미리 통보하여야 한다.

그리고 학교자체활동에 의해 장학활동이 이루어지는 주요 근거는 다음과 같다.

- 「교육기본법」 제3조 모든 국민은 평생에 걸쳐 학습하고, 능력과 적성에 따라 교육받을 권리를 가진다.
- 「교육기본법」 제14조 ③ 교원은 교육자로서 갖추어야 할 품성과 자질을 향상시키기 위하여 노력하여야 한다.
- 「교육공무원법」 제37조(연수의 기회균등) 교육공무원에게는 연수기관에서 재교육을 받거나 연수할 기회가 균등하게 주어져야 한다.
- 「교육공무원법」 제38조(연수와 교재비) ① 교육공무원은 그 직책을 수행하기 위하여 끊임없이 연구와 수양에 힘써야 한다.

  ② 국가나 지방자치단체는 교육공무원의 연수와 그에 필요한 시설 및 연수를 장려할 계획을 수립하여 실시하도록 노력하여야 하며, 대통령령으로 정하는 바에 따라 연수에 필요한 교재비를 지급할 수 있다.
- 「교육공무원법」 제39조(연수기관의 설치) ① 교육공무원의 재교육과 연수를 위하여 연수기관을 둔다.

2 장학의 기능

정태범(1994)은 장학이란 수업과 관련하여 교사의 교수활동을 개선하고 교육과정과 교육환경의 질을 높이며 학생의 학습활동이 개선될 수 있도록 지원하는 활동이라고 정의하였다. 이러한 장학의 기능으로는 크게 행위상의 기능과 내용상의 기능으로 나누어 볼 수 있다.

1) 행위상의 기능

(1) 감독적인 관리기능

과거 일제 강점기나 미국의 과학적 관리 시대, 또는 우리나라 권위주의 시대에 이루어졌던 통제나 규제 위주의 장학기능을 말한다.

(2) 전문적인 지도기능

학교의 교육활동이나 교과내용이 전문가에 의해서 이루어지는 지도적 장학의 기능을 말한다.

(3) 협동적 조언기능

교육전문가나 동료교사 등이 교육문제와 문제점들을 상의해서 협동적으로 해결해 나가는 기능을 말한다.

2) 내용상의 기능

(1) 교과지도기능

학교가 길러 내고자 하는 학생을 기르는 데 적합한 교육과정을 마련하고 그것을 어떻게 가르칠 것인가 하는 교과의 전문적 지도기능을 말한다.

(2) 학생지도의 전문적 기능

학생의 성장발달을 위하여 학생을 이해하는 방법, 지도방법과 관련된 전문적 기능을 말한다.

(3) 학급 및 학교경영기능

학교에서 교육목표를 달성하기 위하여 필요한 교육과정을 마련하고 적합한 운영조직을 갖추고 교사들의 교육활동을 지원하는 경영활동의 전문적 지도기능을 말한다(정태범, 1994).

3 장학담당자의 자질

여기서 말하는 장학담당자란 장학행정이나 장학기능 업무를 담당하고 있는 전문직을 말한다. 장학관과 장학사는 물론이고 교육감, 교육장, 교장, 교감, 수석교사 등을 포함한다. 이들은 공통적으로 교사의 전문적 자질, 교수·학습방법 및 학급경영능력 향상을 위한 전문적 지도조언의 기능을 수행하는 사람들이다. 장학활동이 적절히 실행되기 위해서는 장학담당자가 장학담당자로서의 자질을 구비하고 있어야 한다. 자질이란 생득적인 인성적 자질뿐만 아니라 교육과 훈련으로 계발된 능력과 소양 등을 의미한다. 다음에서는 장학담당자의 자질을 정태범(1994)을 참고하여 설명하였다.

1) 인성적 자질

(1) 소명감

장학담당자는 교직에 대한 소명감으로 충만해 있어야 한다. 교사를 지도해서 학생을 올바르게 성장하게 하는 것이 자신에게 부여된 소명임을 알고 소명감을 가짐으로써 장학활동에 대한 지속적인 열정을 보여야 한다.

(2) 존경과 신뢰의 대상

장학담당자는 스스로 모범을 보이고 타인을 존중하며 인내를 가지고 지도조언함으로써 교사와 학생뿐만 아니라 사회로부터 존경과 신뢰의 대상이 될 때 효과적인 장학활동을 수행할 수 있을 것이다.

(3) 독창성

장학은 교사의 성장발달을 도모하고 교수·학습활동의 개선향상을 위해 지도조언하는 전문적이고 기술적인 봉사활동이다. 독창적인 사고를 할 수 없는 장학담당자는 문제해결에 대한 새로운 대안을 제시할 수가 없을 뿐만 아니라, 고도의 전문적 처방도 불가능하게 된다.

(4) 수용적 태도

어떤 사안을 접했을 때 낙관적인 태도로 문제를 해결하기 위해서는 비방어적 태도가 요구된다. 현실적인 문제를 정확하게 인식하고 합리적으로 일을 처리할 수 있는 소양을 가지고 있어야 한다. 또한 상대방의 입장에서 주어진 가치를 평가할 수 있는 여유가 필요하며 건전한 비평에 귀를 기울일 수 있는 허용적 분위기를 만드는 것은 장학 지도를 수행할 때 반드시 필요한 자질이다.

2) 전문적 자질

장학이 교사의 전문성을 신장시키는 기능을 수행한다고 했을 때, 장학담당자는 자신의 효과적인 역할수행을 위해 고도의 전문적 자질을 갖추고 있어야 한다.

(1) 폭넓은 교양

장학담당자는 인간과 사회현상에 대한 다양하며, 깊이 있는 지식을 갖추고 있어야 한다. 교육은 주로 인간에 의해 이루어지는 활동이므로 장학담당자는 여러 분야에 관한 폭넓은 교양에 바탕한 건전한 가치관을 가지고, 원만한 의사소통을 이룰 수 있는 능력을 가지고 있어야 한다.

(2) 전문적인 교수기술

학교교육을 위해 교사에게 효과적인 교수기술을 가지게 하는 것이 장학담당자의 주 임무이다. 학생들의 학습은 교수기술의 개선을 통한 다양한 학습활동의 효과성에 달려 있다. 그러므로 장학담당자는 다년간의 성공적인 교수 · 학습경험을 통하여 교사의 수업기술을 지도할 수 있는 전문적인 교수기술을 지니고 있어야 한다. 교수기술에 대한 이론과 실제를 겸비함으로써 자신감을 가지고 교사의 전문성 신장을 위한 장학활동에 임할 수 있게 될 것이다.

(3) 지도성 기술

지도성 기술이란 자신이 알고 있는 것을 상대방에게 전달하는 기술을 말한다. 지도성 기술에는 두 가지가 있다. 하나는 스스로 지도성을 발휘하는 것이고, 다른 하나는 교사들에게도 지도성을 길러 주는 것이다. 장학담당자는 주어진 상황에 맞는 지도성 기술을 발휘함으로써 당면한 현실적인 문제해결을 용이하게 할 수 있다.

(4) 교육경영체제의 인식 및 평가능력

교육경영은 투입—과정—산출 과정을 거친다. 장학활동도 이러한 과정을 거치게 되므로 장학담당자는 아동의 교과학습의 향상을 목적으로 하는 장학인 경우에 교수 · 학습의 향상을 위하여 사용되는 수단과 바람직한 결과를 예상할 수 있어야 한다.

4 장학의 종류

앞서 살펴본 대로, 장학은 장학활동의 주체에 따라 크게 지역교육청 등 상급교육행정기관 중심의 장학활동과 교장, 교감이나 수석교사, 과목별 교사집단 중심의 학교장학활동으로 나뉠 수 있다. 또한 장학활동이 이루어지는 형태에 따라 컨설팅장학, 특별장학, 학교단위 자율장학 등이 있다.

1) 컨설팅장학

컨설팅장학이란 수업개선 및 효율적인 학교운영을 개선하기 위해 일정한 전문성을 갖춘 사람들이 학교와 학교구성원의 요청에 따라 자문활동을 의뢰인에게 제공하는 것을 말한다. 학교경영과 교육의 문제를 진단하고 대안을 마련하여 스스로 문제해결을 하도록 도우며, 문제해결에 필요한 인적 · 물적 자원들을 발굴하여 조직화하는 일을 도와줄 수 있다. 컨설팅장학의 영역은 교육과정 편성 · 운영, 교수 · 학습, 학부모지원, 학교경영, 생활 · 진로지도, 교원전문성 신장, 교육정책 전반에 걸쳐 다양하다. 컨설팅장학이 이루어지기 위한 원리는 다음과 같다.

(1) 컨설팅장학 원리들

- 전문성: 컨설팅은 학교경영과 교육활동에 대한 전문적인 지식과 기술체계를 갖춘 사람에 의해 이루어져야 한다.
- 자발성: 컨설팅은 의뢰인(학교장이나 교사)의 자발적인 요청에 기초해야 한다.
- 자문성: 컨설팅은 본질적으로 자문활동이어야 한다. 컨설턴트가 의뢰인을 대신해서 교육을 담당하거나 학교를 경영하는 것은 아니며 그 컨설팅 결과에 대한 책임도 원칙적으로는 의뢰인에게 있다.

- 독립성: 컨설턴트와 의뢰인의 관계는 상호 독립적이어야 하며, 상하관계나 종속적인 관계여서는 안 된다. 독립된 개체로서 서로 인정하고 도와주는 역할수행이 이루어져야 한다. 독립성의 측면에서 보면 학교조직의 내부인보다는 외부인이 컨설턴트로 위촉되는 것이 더 좋은 위치에 있다.
- 일시성: 의뢰인과 컨설턴트의 관계는 특정과제해결을 위한 일시적인 관계여야 한다. 일단 의뢰한 문제가 해결되면 컨설팅 관계는 종료되어야 한다.
- 교육성: 컨설턴트는 의뢰인을 상대로 문제해결에 필요한 정보를 제공하고 교육이나 훈련을 실시해야 한다.

(2) 컨설팅장학의 절차

컨설팅장학 계획수립		장학활동 실시		운영 결과 분석		다음 학년도 계획수립
• 컨설팅장학 계획 수립 • 컨설팅장학 요청(학교) • 전문 컨설턴트 구성	➡	• 컨설팅 운영 및 모니터링 실시 • 결과 도출을 위한 협의회	➡	• 장학활동 실시 결과 평가 • 평가 및 환류	➡	• 개선점, 결과분석 내용을 반영한 운영 계획 수립

2) 특별장학

특별장학이란 학교단위에서 해결할 수 없는 현안문제나 민원 등 특별한 사안이 있거나 특별지원이 필요한 학교를 대상으로 문제해결을 위해 찾아가는 장학활동을 말한다. 특별장학은 교원의 전문성 개발을 목적으로 하기보다는 교육활동과 관련된 특별지도 및 지원이 필요하다고 교육청에서 판단한 학교나 특별한 사안이 발생한 학교를 대상으로 이루어진다.

(1) 특별장학 지원원리

- 지역사회와 학교의 여건을 고려한 문제해결을 지원한다.
- 현안문제 해결을 위해 지역사회의 전문가로 구성된 특별장학팀을 구성하여 실시한다.
- 특별장학 실시 후 현안해결 및 학교의 교육력 제고를 위해 행정적 · 재정적 지원을 확대한다.
- 관련 부서 간 협조를 통해 현안해결을 위해 노력한다.

(2) 특별장학 운영내용(경상남도교육청, 2020학년도 장학활동 계획)

영역	주요 내용
현안문제해결	• 특별장학팀 구성(장학관, 담당 장학사, 관련분야 전문가 등) • 학교 운영 전반 및 특별한 지원이 요구되는 사항 중심의 지원
정책수행 역량 지원	• 교육활동 관련 현안 과제에 대한 지원이 필요한 학교 • 교육청(지원청)에서 정책과제 수행을 위해 지원이 필요한 학교
행정적 · 재정적 지원	• 학교 교육력 제고를 위해 행정적 · 재정적 지원이 필요한 학교 • 종료 후 결과보고서 작성 및 제출, 행정적 · 재정적 지원

(3) 특별장학의 실행절차

특별장학팀 구성	➡	사전협의회	➡	장학실시	➡	결과 보고	➡	시정 및 결과 제출
• 특별장학 필요판단 해당 학교에 특별 장학 실시 계획 알림		• 장학팀 구성 • 장학 주안점 협의 • 해당 학교와 일정협의		• 방문 장학 실시 • 문제확인 및 지원방안 논의		• 실시 결과 보고(해당 부서장)		• 시정 조치 지시 • 시정결과보고 취합 • 장학 결과 제출

3) 학교단위 자율장학

학교단위 자율장학이란 학교단위 및 지역사회 내에 있는 교원들의 자율적인 교육연구 풍토를 조성하여 내실 있는 학교교육과정을 구축하고 교직문화를 개선하는 등 자율적으로 운영되는 장학활동을 말한다.

(1) 자율장학 지원원리

- 단위학교별 동료교사별 연구모임을 활성화한다.
- 구성원 간의 의견을 충분히 반영하여 자율적인 분위기와 자율적 참여를 조성한다.
- 교원 전문성 신장을 위한 학교자율장학 계획을 수립하여 실시한다.
- 동료장학, 멘토링, 자기장학, 자율연수 등을 활용하여 전문성 강화에 노력한다.

(2) 학교자율장학 운영내용(경상남도교육청, 장학활동 기본계획)

영역	주요 내용
수업장학	• 전문적 학습공동체 운영을 통한 수업 전념 문화 확산 • 배움중심수업 및 과정중심 수시평가 개선 자료 개발 · 활용 • 학교별 수업 나눔의 날 운영(학기별 1회 이상)
자기장학	• 자기 수업 진단, 수업 녹화를 통한 분석(수업분석실 활용 권장) • 수업만족도 설문조사로 자기 수업 진단/각종 연구회 및 동아리 활동 참여
약식장학	• 학교 관리자의 장학활동(수업 · 학급경영, 교과 · 학년 · 부서별 협의회에서의 지도 · 조언)
동료장학	• 학교별 학습공동체 조직 · 운영(수석교사, 수업명사, 수업연구교사 등 적극 활용) • 교육과정 재구성 및 학습자료 공동 개발 • 교사 상호 간 수업 참관 및 협의 기회 확대
자체연수	• 전문성 신장을 위한 교내 동아리(학년별 · 교과별 등)활동 활성화 • 협의회, 토론, 연수, 실습 등 교내 자체연수 계획 수립 · 실행
멘토링	• 전문성과 경험이 풍부한 교사(멘토)가 저경력 교사(멘티)를 1 대 1로 지원 • 멘티가 희망하는 경력 교사를 멘토로 지정 권장

(3) 약식장학

약식장학은 단위학교 내에서 교감, 교장이 비정기적으로 간략하게 실시하는 장학활동을 말한다. 주로 교사의 수업 및 학급경영 활동을 관찰하고 이에 대해 교사에게 지도 · 조언하는 활동이다. 약식장학은 교사가 미리 수업을 준비하고 공개발표를 하는 것이 아니기 때문에 자연스러운 수업이나 학급경영을 관찰할 수 있고 수시로 필요한 자문과 조언을 주고받을 수 있다는 점에서 의의가 있다.

(4) 자기장학

자기장학은 교사 스스로 자신의 수업과 교육활동의 질을 높이기 위해서 반성적으로 사고하고 전문성 신장을 위해 장학계획을 수립, 실천하는 것을 말한다. 자기장학을 수행하기 위해 교사는 다양한 인적 · 물적 자원을 활용하게 된다. 즉, 자신의 수업을 녹화하여 분석하고, 학생들로부터 수업평가를 받거나 전문서적이나 다양한 웹 자료를 활용한다. 또한 대학원과정을 이수하거나 교내외 교과협의회(동아리)나 각종 교내외 연수에 참여하는 것 등은 모두 자기장학이라 할 수 있다.

(5) 동료장학

동료장학은 동료교사들이 서로 협력하고 지원하는 장학활동이다. 최근에 신임교사를 대상으로 경력교사가 멘토로서 자문 · 조언하는 멘토링제도, 수업 및 교과 전문성을 갖춘 교사들이 교내장학과 신임교사 멘토 역할을 담당하는 수석교사제 등을 통해 동료교사에 의한 장학이 더욱 확대되고 있다.

(6) 수업연구

수업연구는 시범수업, 공개수업의 형태로 시행되며, 수업연구 시 수업담당 교사는 학습자료를 충분히 준비하고 참관 교사들은 참관 결과를 피드백하여 준다. 일반적으로 수업연구 절차는 수업연구사전협의회를 열어 사전 수업지도안을 통해 수업의 목적, 내용, 방법 등을 협의하며 수업연구 발표 이후에는 수업연구 평가회를 열어서 평가와 개선점을 논의한다.

교수 · 학습활동 참관록(동료 교사)

○○특수학교

일시	2025년 월 일	대상	학교 학년 반	참관자	(인)
교과		단원/제재		수업교사	

구분	참 관 관 점	매우우수	우수	보통	미흡	매우미흡
수업준비	1. 학습자의 특성을 이해하고, 이를 고려하여 교과 내용을 분석하였습니다.					
	2. 학습자의 특성에 맞는 교수 · 학습전략을 수립하였습니다.					
	3. 학부모와 학생들의 교육적 요구를 고려한 개별화 교육계획을 수립하였습니다.					
수업실행	4. 학습자의 현재 학습수행수준을 반영하여 학습목표를 제시하였습니다.					
	5. 학습자의 흥미를 유발하고, 수업목표와 관련이 있는 도입을 제시하였습니다.					
	6. 학습자의 흥미와 사고를 유도할 수 있는 열린 발문을 사용하였습니다.					
	7. 칭찬과 격려를 통하여 교사 · 학생 간의 상호작용을 하였습니다.					
	8. 학습자료를 적절히 활용하였습니다.					
	9. 학습 단계에 따른 수업 진행이 매끄러웠습니다.					
	10. 특수교육보조인력을 수업에 적절히 활용하였습니다.					
	11. 중증학생의 수업참여도를 높이기 위한 노력을 하였습니다.					
	12. 학생의 학습 이해정도를 높이기 위하여 학습정리 활동을 하였습니다.					
평가 및 활용	13. 학생의 장애 특성을 고려하여 개별화된 평가방법을 적용하였습니다.					
우수 사항 및 개선 사항	* 우수 사항 및 개선 사항					

(7) 학교별 자율장학 실행절차

자율장학 계획수립	➡	장학활동 실시	➡	운영결과보고	➡	내년도 계획수립
• 구성원 의견수렴을 통한 계획 수립 • 학교교육과정 편성 시 자율장학 계획 반영		• 전교사 수업장학, 동료장학, 자기장학 중 1영역 이상 참여 권장		• 자율장학 운영 결과 협의회 개최 • 평가 및 환류		• 개선점, 결과분석 내용을 반영한 운영 계획 수립

4) 지구별 자율장학

지구별 자율장학이란 지역사회 내에 있는 교원들의 자율적인 교육연구 풍토조성을 위한 연구회, 전문적학습공동체, 동호회 등을 구성하여 친목을 도모하고 내실 있는 연구 활동 및 정보공유와 교직문화 개선을 위해 자율적으로 운영하는 장학활동을 말한다.

(1) 지구별 자율장학 원리

- 지역사회 단위별 동료교사들의 연구모임을 활성화한다.
- 구성원 간의 의견이 충분히 반영된 활동이 이루어지도록 해야 한다.
- 정기모임 일시나 장소 등을 지정하여 안정적인 운영이 될 수 있도록 한다.
- 연구회, 전문적학습공동체, 동호회 등을 신청을 받아 구성한다.
- 학교급 교사별(유치원, 초 · 중 · 고), 관리자별(교감, 교장 등) 모임도 활성화한다.
- 예산 범위 내에서의 운영비를 지원한다.

(2) 지구별 자율장학 운영내용

영역	주요 내용
수업혁신 전문적 학습 공동체 운영	• 수업 나눔 및 수업 성찰 • 교육과정 읽기, 교육과정 재구성 • 수업과 평가 개선을 위한 자료 개발 및 공유 등 • 학년별 교과별 교수 · 학습 계획 협의 • 수업과 평가 혁신 토론
지구별 자율장학	• 교장, 교감, 수석교사, 교사 자율장학 협의회 개최 • 지구별 수업 나눔의 날 운영 권장 • 지구별 교육과정 운영 우수사례 일반화 및 교육현안 과제 협의 · 조정 • 교원, 학생 상호 간 문화 · 예술 · 체육 교육활동 참관 및 교류 등

(3) 지구별 자율장학 실행절차

자율장학 계획수립	➡	장학활동 실시	➡	운영결과보고	➡	내년도 계획수립
• 구성원 의견수렴을 통한 계획수립 • 지구별 자율장학 계획수립		• 전교사들의 자율장학 활동참여권장 • 지구별 독립적인 활동 실시		• 자율장학 운영 결과 협의회 개최 • 평가 및 환류		• 개선점, 결과분석 내용을 반영한 내년도 운영 계획 수립

지구별 자율장학 운영예시

자아실현과 사회참여의 극대화방안 모색을 위한
20○○. 특수교사연구회 및 자율장학협의회 운영계획

I 근거

- 20○○. ○○특수교육 1-4 특수교육연구활동 지원
- 20○○. ○○특수교육 중점과제 4. 전환교육지원확대

II 목적

- 교사 상호 간 정보교류 및 협동적 교육활동을 통한 교육력 제고
- 체험중심, 활동중심, 융합중심 수업분위기 확산
- 공동연구로 특수교육현장의 문제점 개선
- 연구성과물의 공유

III 방침

- 특수교사들의 자율적 참여로 인한 부담의 최소화
- 지구별자율장학협의회(9개분과)를 구성하여 지원함
- 분과 구성원들의 공동의 관심사에 따른 자율적인 주제를 선정함
- 자율장학 및 연구활동 성과물 공유 및 확산
- 자율장학 활동 및 연구활동에 필요한 행·재정적 지원을 적극 모색함
- 지구별 자율장학 협의회 운영활성화 유공교원에게 인센티브 부여
  - 교육장 표창 수여(자율장학협의회 운영 유공 교원 등 지구별 2명 이내)

IV 세부추진계획

가. 특수교사 자율동아리 구성(전, 지구별자율장학협의회)

나. 인근학교의(9개 지구별) 동료교사들과 활동동아리 구성

다. 동아리별 활동지원금 지원(동아리당 600)(단위: 천 원)

라. 활동주제(직업교육 권장): 예시) 장애이해(인권)교육, 통합교육, 성교육, 교실 수업 개선, 창의적 체험활동, 취미활동, 여가활동 등

마. 동아리 구성현황

순	연구회명	회장	회원 수	활동주제(예시)	지원금 (단위: 천 원)
1	성산초등		18	칼라클레이 활용능력신장을 통한 특수교사 역량강화	600
2	의창초등		27	미술교과활동 기능신장을 위한 연수	600
3	마산회원초등		21	통합교육 교수·학습자료 개발	600
4	마산합포초등		17	그림책읽기 및 북아트를 활용한 언어지도능력신장	600
5	성산중등		17	신체활동 및 호신술 수련을 통한 인권역량 강화를 위한 연구활동	600
6	의창중등		24	장애학생의 인권역량 및 인권침해 예방프로그램 개발	600
7	마산중등		27	전환기 준비를 위한 직업지도 역량강화	600
8	진해연구회		29	색연필 일러스트 기능 신장	600
9	유아교육		7	동화구연	600
계					5,400

V 소요예산

- 예산항목: 지구별자율장학협의회 지원금: 금 5,400,000원(금오백사십만원정)
- 예산액: 600,000원×9개 지구=5,400,000원　　협의회비: 320,000
- 지출방법: 지구별 회장 소속학교로 교부
- 용도: 지구별 협의회 경비, 수업공개 자료제작, 강사수당 등
- 예산과목: 교육/유아 및 초중등교육/교수·학습활동지원/수업지원장학활동/현장중심 장학활동지원/특수장학활동지원/(240-01)

VI 기대효과

- 공동체를 통한 교원 상호 간의 소통과 협업의 관계망 형성
- 특수교사의 전문성 신장 및 교수 · 학습 방법 개선으로 특수교육의 질 제고
- 배움이 즐거운 교실수업개선으로 수요자의 수업 만족도 제고

VII 행정사항

가. 지구별 자율장학 협의회 결성구성
  - 결성 및 임원단선출: 2025. 4. 11. (화) 2017. 특수교육 정책설명회
  - 회장단 1차 모임: 2025. 4. 14. (금) 16:00

나. 연구활동 성과발표회 예정
  - 일시: 2025. 11. 24. (금) 15:00

* 창원지역 특수교사 자율장학협의회 운영자료.

참고문헌

경상남도교육청(2020). 2020학년도 장학활동 기본계획.

이순형(1999). 교육학대백과사전(학교경영론). 서울대학교교육연구소. 서울: 하우동설출판사.

정태범(1994). 교육행정학 기초와 발전. 서울: 정민사.

정태범(1998). 학교경영계획론. 서울: 양서원.

창원교육지원청(2018). 지구별 자율장학 추진계획.

Brubacher, J. S. (1990). *A History of the problems of education*. 이원호 역. 교육사: 교육문제변천사. 서울: 문음사.

제12장

직업교육과 취업지도

1 전환교육의 정의

1) 직업교육, 진로교육, 전환교육

진로 · 직업 교육과 관련하여 여러 가지 용어가 혼용되고 있다. 직업교육, 진로교육, 전환교육이 그것이다. 이러한 개념이 혼용되고 있는 이유는 서로가 서로의 개념을 포함하고 있거나 맥락에 따라서 협의적으로 또는 포괄적으로 사용되기 때문이다.

직업교육은 좁은 의미로는 취업을 목표로 직종이 요구하는 지식과 기술 및 태도를 습득하기 위한 교육이라고 말할 수 있으나 직업세계를 탐색하고 자신의 적성과 흥미에 알맞은 직종을 선택하여 직종에 적합한 지식이나 기능, 태도 등을 개발하고 지도하는 교육이라고 할 수 있다.

진로교육은 개인이 자신의 능력, 적성, 흥미, 가치관, 성격적 특성을 이해하고 여러 가지 직업 중에 자신에게 적합한 일을 선택하고 선택한 일을 잘 수행할 수 있도록 취학 전부터 학교, 가정, 사회에서 가르치고 지도하고 도와주는 여러 가지 활동이라고 할 수 있다(송병국, 2018). 초기에는 취직과 관련된 직업 선택 및 취직에 관한 지도 · 소개 · 알선 등이 주를 이루었지만 취직과 선택을 목전에 두고 실시되는 교육만으로는 불충분하다며, 가능한 한 조기부터 성인기의 평생교육까지 발달단계에 적합한 교육이 계속적으로 이루어지는 종합적인 교육이라고 할 수 있겠다.

전환교육은 장애학생이 학교생활을 마치고 성인사회의 생활로 옮겨 가는 과정을 순조롭게 하기 위해 제공되는 교육을 말한다. 그러나 전환교육에는 고용과 진로보다는 더 넓은 범위를 포함하고 있다. 즉, 직업 전 학령기의 각 과정에서 변화를 겪을 때마다 변화에 잘 적응할 수 있도록 도와주는 교육을 포함하고 있다. 유년기부터 청소년기, 청년기 등 각 성장 단계별 급격한 변화가 이루어지는 과정에서 일어날 수 있는 변화를 예측하고 변화를 준비시키고 대비하는 교육인 것이다. 따라서 전환교육의 영역은 학교졸업 후의 직업준비(고용)교육뿐만 아니라 지역사회 참여, 독립생활, 사회 및 대인관계 기술까지 포함하게 된다.

인간의 변화 중 가장 큰 변화 중에 하나는 학교를 졸업하고 성인직업생활을 시작하는 과정이라고 할 수 있다. 전환교육이 진로 · 직업 교육과 혼용되는 이유도 그만큼 직업준비교육의 비중이 크기 때문일 것이다.

전환이란 한 가지 조건이나 장소로부터 다른 조건이나 장소로 변화해 가는 과정이며 개인은 생애를 통해 다양한 형태의 전환을 경험하게 되고 이러한 과정을 통해 발전해 나간다. 전환은 나이에 따라 성숙해 가는 수직적 전환(예 유아기 → 초등학교 → 중 · 고등학교 → 성인)과 상황과 환경의 변화에 따라 대처하는 수평적 전환(예 분리교육 → 통합교육, 전학, 이사, 이직, 결혼, 정년퇴임 등)으

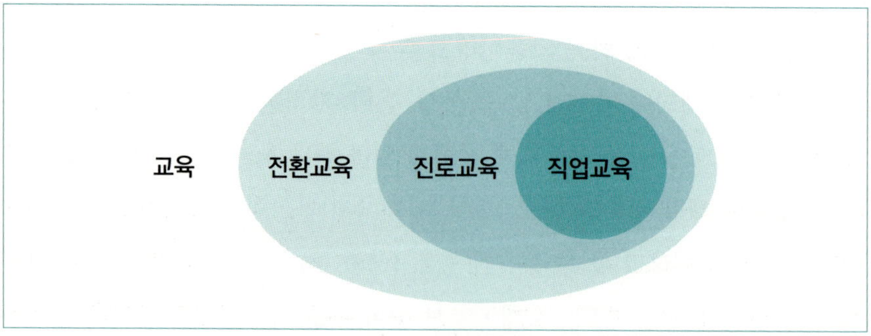

그림 12-1 전환교육의 위치

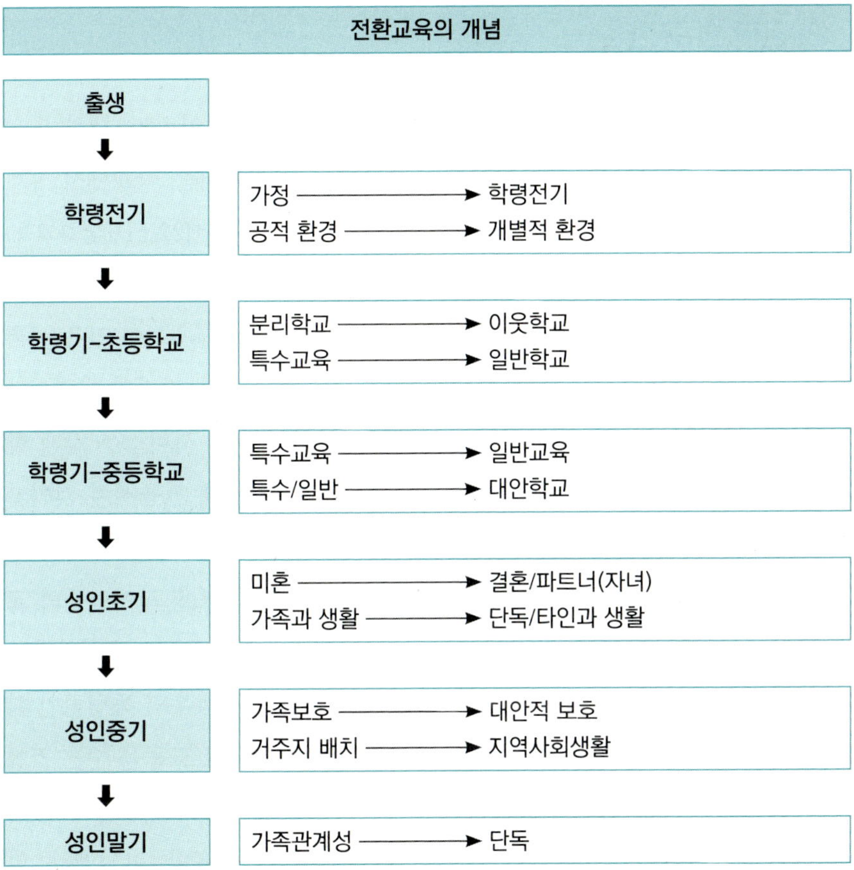

그림 12-2 수직적 · 수평적 전환

출처: 조인수, 박정식, 전보성(2013).

로 나뉠 수 있다.

전환교육은 장애학생이 학교교육을 마치고 가능한 한 생산적이고 자립적인 성인생활을 할 수 있도록 학령기 동안 필요한 교육 프로그램과 지원서비스를 제공하는 것을 의미한다(조인수, 2013). 즉, 이는 어떠한 정형화된 교육과정이라기보다는 성인생활 적응이라는 특수교육과 재활영역의 궁극적인 목표를 이루어 가는 교육의 과정이라고 할 수 있다.

2) 관련 법 규정

전환교육관련 법 규정들을 살펴보면 다음과 같다. 「장애인 등에 대한 특수교육법」 제2조 9항의 "진로 및 직업교육"의 법률적 정의에서는 '학교에서 사회 등으로의 원활한 이동을 위하여'라고 규정되어 있고, 동법 제22조(개별화교육)에는 개별화교육 지원팀에 진로 및 직업교육 담당 교원이 반드시 참여하도록 규정하고 있다. 즉, 진로 및 직업교육에는 전환의 의미가 전제되어 있음을 추론할 수 있다. 이는 특수교육의 패러다임이 양적인 개념에서 질적인 개념으로 변화함을 의미한다. 즉, 얼마나 많은 장애인에게 특수교육 서비스를 받게 할 것인가의 양적인 개념에서 장애인을 성인기 생활에 어떻게 적응시킬 것인가라는 질적인 개념으로의 변화를 반영한 것이라고 할 수 있다.

미국 「장애인교육법」(IDEA, 2004)에서는 특수교육의 목적을 장애인들의 교육적 혜택이 아니라 장애 성인기의 성공적인 성과에 두고 있고, 우리나라도 특수교육의 궁극적인 목적을 장애를 가진 학생이 성인이 된 후의 독립적인 삶을 실질적으로 지원하며 그들의 삶의 질 향상에 직접적으로 도움을 주는 것에 두고 있다. 따라서 전환교육은 특수교육의 궁극적인 종착점이라고 할 수 있으며 성공적인 전환은 특수교육의 열매를 맺는 것이라고 비유할 수 있겠다. 학령기 동안 개별화교육 프로그램을 적용하여 열심히 특수교육을 실시했지만 성인기의 성공적인 전환을 이루지 못한다면 이파리만 무성하고 열매를 맺지 못하는 헛농사를 지은 것에 불과하다고 할 수 있겠다.

「장애인 등에 대한 특수교육법」

제2조(정의) ⑨ "진로 및 직업교육"이란 특수교육대상자의 학교에서 사회 등으로의 원활한 이동을 위하여 관련기관의 협력을 통하여 직업재활훈련 · 자립생활훈련 등을 실시하는 것을 말한다.

제22조(개별화교육) ① 각급 학교의 장은 특수교육대상자의 교육적 요구에 적합한 교육을 제공하기 위하여 보호자, 특수교육교원, 일반교육교원, 진로 및 직업

교육 담당 교원, 특수교육관련 서비스 담당 인력 등으로 개별화교육지원팀을 구성한다.

제23조(진로 및 직업교육의 지원) ① 중학교 과정 이상의 각급 학교의 장은 특수교육대상자의 특성 및 요구에 따른 진로 및 직업교육을 지원하기 위하여 직업평가 · 직업교육 · 고용지원 · 사후관리 등의 직업재활훈련 및 일상생활적응훈련 · 사회적응훈련 등의 자립생활훈련을 실시하고, 대통령령으로 정하는 자격이 있는 진로 및 직업교육을 담당하는 전문인력을 두어야 한다.

② 중학교 과정 이상의 각급 학교의 장은 대통령령으로 정하는 기준에 따라 진로 및 직업교육의 실시에 필요한 시설 · 설비를 마련하여야 한다.

③ 특수교육지원센터는 특수교육대상자에게 효과적인 진로 및 직업교육을 지원하기 위하여 대통령령으로 정하는 바에 따라 관련 기관과의 협의체를 구성하여야 한다.

3) 전환교육 현황

(1) 전공과 설치현황(특수교육통계, 2020)

특수학교					일반학교		
전체 학교수 (전공과 설치학교수)	전공과 설치학급수 (학생수)	전공과학급수			설치 학급수 (학생수)	전공과학급수	
		1년 차 (학생수)	2년 차 (학생수)	3년 차 (학생수)		1년 차 (학생수)	2년 차 (학생수)
182(154)	672(5,232)	347(2,759)	320(2,432)	5(41)	34(213)	18(121)	16(92)

전공과는 고등학교 과정을 졸업한 특수교육대상자에게 진로 및 직업교육을 제공하기 위하여 특수학교 및 특수학급에 수업연한 1년 이상으로 설치된 과정을 말한다. 전공과는 보통 2년 과정으로 구성되는데 위의 자료에서 알 수 있듯이 3년 과정인 학급도 적게나마 있음을 알 수 있다. 이것은 시각장애학교의 이료과정으로서 침구와 안마교육을 위한 과정이고, 특수학교뿐만 아니라 일반고등학교 내에도 34학급의 전공과가 설치되어 있음을 알 수 있다.

(2) 고등부 졸업생 진로현황(특수교육통계, 2020, 2020년 2월 졸업생)

① 특수학교 고등부

고등부										
졸업자 수	진학자 수				취업자 수				비진학, 미취업	
	전공과	전문대	대학교	진학률 (%)	일반 고용	지원 고용	보호 고용	취업률 (%)	비진학 미취업	비진학률 (%)
2,386	1,279	22	65	57.3	18	18	28	6.3	956	36.4

특수학교 고등부 졸업생 중에 57.3%는 상급학교에 진학하고 있고 이 중 3.64%는 장애인 특례입학 등을 이용하여 일반대학(교)에도 진학하고 있음을 알 수 있다. 6.3%의 졸업생들은 취업에 성공하기도 하지만 우리가 주목해야 할 학생들은 36.4%의 비진학, 미취업학생들이다. 이들은 가정으로 돌아와서 가족들의 돌봄을 받고 있거나 일부는 생활시설로 보내진 경우가 대부분이다. 가정에서 가족의 보살핌을 받게 되면 가족 중에 누군가는 장애자녀를 돌보느라 일상생활에 큰 부담을 겪게 됨을 유추할 수 있다.

② 특수학급 고등부

고등부										
졸업자 수	진학자 수				취업자 수				비진학, 미취업	
	전공과	전문대	대학교	진학률 (%)	일반 고용	지원 고용	보호 고용	취업률 (%)	비진학 미취업	비진학률 (%)
3,796	1,206	269	230	44.9	151	442	123	18.7	1,375	36.2

특수학급 고등부 졸업생 중에 44.9%는 상급학교에 진학하고 있고 이 중 13.14%는 장애인 특례입학 등을 이용하여 일반대학(교)에도 진학하고 있음을 알 수 있다. 특수학교의 졸업생(6.3%)에 비해 특수학급 졸업생(18.7%)이 취업에 성공하는 비율이 조금 높기는 하지만 36.2%의 학생이 비진학, 미취업학생

인 것으로 나타났다. 특수학급 학생이 특수학교 학생보다 작업능력이나 사회생활 적응능력이 앞설 것으로 예상되지만 비진학, 미취업률은 특수학교 학생들과 비슷하다고 하니 의외의 결과라고 할 수 있다. 이들을 위한 진로 직업교육이 강조되어야 할 것이다.

(3) 전공과 졸업생 진로현황(특수교육통계, 2020, 2020년 2월 졸업생)

① 특수학교 전공과

전공과										
졸업자 수	진학자 수				취업자 수				비진학, 미취업	
	전공과	전문대	대학교	진학률 (%)	일반 고용	지원 고용	보호 고용	취업률 (%)	비진학 미취업	비진학률 (%)
2,247	0	12	5	0.8	228	471	230	41.3	1,301	57.9

특수학교 전공과 졸업생 중에도 0.8%의 소수학생이 상급학교에 진학하고 있고 41.3%의 졸업생들은 취업에 성공하기도 하지만 우리가 주목해야 할 학생들은 57.9%의 비진학, 미취업학생이다. 이들은 고등부 졸업생 중 미진학, 미취업학생보다 2년이 미루어졌을 뿐 가정으로 돌아와서 가족의 돌봄을 받거나 주간보호시설 등에서 일상을 보내는 경우가 대부분이다. 가정에서 가족의 보살핌을 받게 되면 가족 중에 누군가는 일상생활에 큰 부담을 겪게 될 것이다.

② 특수학급 전공과

전공과										
졸업자 수	진학자 수				취업자 수				비진학, 미취업	
	전공과	전문대	대학교	진학률 (%)	일반 고용	지원 고용	보호 고용	취업률 (%)	비진학 미취업	비진학률 (%)
113		2	1	2.7	10	61	4	66.3	35	31.0

일반학교 전공과 졸업생 중에 2.7%는 장애인 특례입학 등을 이용하여 일반대학(교)에 진학하였고 66.3%의 졸업생들은 취업에 성공하였지만 일반학교 전공과 졸업생들 중에도 비진학, 미취업학생들은 31%의 비율을 차지하고 있다. 이들을 위한 사회의 일자리 등이 많이 만들어져 취업률 향상에 변화를 가져와야 할 것이다.

4) 전환교육의 정체성(identity)

전공과 교육이 시작된 지 20여 년이 지났지만 설치목적 및 정체성에 대한 논란이 계속되고 있다. 1994년 「특수교육진흥법」에서는 고등학교를 졸업한 장애학생들의 직업교육에 대한 요구를 수용하여 전문직업교육을 실시하기 위해 1년 과정 이상의 전공과 설치규정이 만들어졌다. 전공과 설치의 목적은 명백히 '전문직업교육'이었다. 이후 「장애인고용촉진법」이 탄력을 받았고 한국장애인고용촉진공단에서는 특수학교에 직업교육시설 및 설비를 지원하는 등 장애학생을 위한 직업교육이 활성화되는 듯하였다. 그러나 장애인 대학입학 특례제도 등이 실시되면서 고등학교를 졸업한 많은 장애학생이 대학으로 진학하게 되었고 1990년대 말부터 가속화된 통합교육의 영향으로 특수학교는 주로 중증 · 중복장애학생이 입학하게 되었다.

이러한 환경의 변화에 따라 전공과에 입학하는 중증장애 및 발달장애 학생의 비중이 급속히 증가하게 되었고 전문직업기술 교육이라는 전공과의 기능을 더 이상 유지하기가 힘들어지게 되었다(김주영, 강경숙, 강옥화, 2017).

2007년 개정된 「장애인 등에 대한 특수교육법」에서는 이러한 현실을 반영하여 전공과 설치규정을 고등학교 과정을 졸업한 특수교육대상자에게 '진로 및 직업교육'을 제공하기 위하여 전공과를 설치 운영할 수 있다고 명시함으로써 「특수교육진흥법」과는 차이점을 보인다. 「장애인 등에 대한 특수교육법」에서는 진로직업교육을 학교에서 사회 등으로의 원활한 이동을 위하여 관련기관의 협력을 통해 직업재활훈련과 자립생활훈련 등을 실시하는 것이라고 정의하고 있다(제2조 제9호). 즉, 진로직업교육의 내용을 직업재활훈련과 자립생활훈련으로 설정함으로써 '전문직업교육'보다는 '전환교육적' 성격을 강조하고 있는 것이다. 이러한 입장은 '전문기술교육' 기관으로 출발한 전공과의 성격과는 상충된다고 할 수 있다. 전문기술교육이라는 상위목적과 교육대상이 중도·중복장애화됨으로써 생활적응교육을 실시해야만 하는 현실 사이의 부조화는 전공과의 정체성뿐만 아니라 운영방향 등에서 혼란을 초래하기도 한다(김주영, 강경숙, 강옥화, 2017).

이러한 논쟁은 특수교육 일반에서도 겪고 있으며 교육환경의 변화에 따라 겪게 되는 자연스러운 과정이라고 할 수 있다. 전공과 교육의 정체성 문제는 전환교육의 개념을 명확히 함으로써 극복될 수 있다. 개인의 능력에 적합한 개별화된 교육을 제공하겠다고 시작한 특수교육이므로 학교를 졸업한 후에 변화된 환경에 적응할 수 있는 능력을 키워줄 수 있는 개별화된 전환교육을 제공함으로써 극복될 수 있을 것이다.

2 전환교육의 실제

「장애인 등에 대한 특수교육법」에서는 진로직업교육의 내용을 자립생활훈련과 직업재활훈련으로 규정하였다. 자립생활훈련이란 특수교육대상자의 특성 및 요구에 따른 진로 및 직업교육을 지원하기 위하여 일상생활적응훈련과 사회적응훈련을 실시하는 것을 말한다. 자립생활훈련은 개인적 기능 영역, 일상생활기능 영역, 사회적 기능 영역 등으로 나뉠 수 있을 것이다. 직업재활훈련이란 특수교육대상자의 특성 및 요구에 따른 진로 및 직업교육을 지원하기 위하여 직업평가, 직업교육, 고용지원, 사후관리 등을 실시하는 것을 말한다.

다음은 실제 인천미추홀학교 전공과에서 설계하고 실시했던 교육과정의 일부분이다.

1) 자립생활훈련

연간교육과정 구성

교과목	교육과정 구성 및 영역
기술교과	• 교과내용과 연관되어 있으면서 자립생활훈련과 직업재활훈련에 공통적으로 필요한 영역을 추출하여 재구성 • 개인위생, 가정관리, 식생활관리, 의생활관리, 사회적 책임행동 수행
교양교과	• 교육과정 분석결과 자립생활훈련에 필요한 영역을 추출하여 교육과정 재구성 • 경제생활, 전화/인터넷 활용, 건강한 신체, 사회적 책임행동수행/대인관계, 여가생활
창의적 체험활동	• 자립생활훈련에 중요한 영역을 추출하여 교육과정 재구성 • 안전한 생활, 우리들의 성, 자아인식, 자신감 키우기, 이동하기, 여가생활, 문제해결 • 창의적 체험시간과 외부 전문강사를 초빙하여 특별교육 위주로 운영
운영상 유의점	• 공동영역 운영 시 중증, 중복장애학생을 배려할 수 있도록 교사의 노력이 필요함 • 개별중점영역 선정 시 학생평가 및 상담을 통하여 학생, 학부모의 요구가 충분히 반영될 수 있도록 함 • 담임교사와 전담교사 간 협력, 학교와 가정 간 협력을 통해 학생에게 효과적인 교육과정 운영이 되도록 함

출처: 인천광역시교육청(2014).

2) 직업재활훈련

(1) 연간교육과정 구성

교과목	교육과정 구성 및 영역
기능교과 (4개 교과)	• 목표: 학교기업과 연계한 교육과정운영을 통해 직업기능 향상 • 제과제빵, 바리스타, 천연비누: 교육훈련→생산판매 원스톱체제 운영 • 조립포장: 외주물품 수주생산을 통한 반복훈련 및 수익창출
교양교과 (2개 교과)	• 목표: 취업 이후 계속적인 고용상황 유지 • 직업생활: 직업탐색 및 취업준비, 취업상황 적응과정 지원 • 건강과 여가생활: 고용유지를 위한 건강 및 개인생활 관리지원
심화기능과정	• 목표: 전문직업인 양성 및 지역사회 취업을 위한 자격증취득과정 운영 • 바리스타, 제과제빵(2학급): 선발과정을 통과한 학생들을 대상으로 주 1회 운영 • 외부직업기능 경진대회 출전을 위한 한시적 특별과정 운영
운영상 유의점	• 교육과정운영 시 중증·중복장애학생을 배려할 수 있는 교육과정 포함 • 교육과정운영과정에서 발생하는 수익에 대하여 사업운영목적, 방침, 세부추진계획 및 회계처리절차, 수익금활용방안을 명시하도록 함 • 수익사업종목은 학교교육과정에 포함되어 있으며 연계하여 운영할 수 있는 종목으로 선정하여 수익사업으로 인해 학교교육과정 운영에 어려움이 발생하지 않도록 함

출처: 인천광역시교육청(2014).

(2) 교내외 현장실습 및 취업지원 활동

구분	주요 활동
교내현장실습	• 목표: - 1학년 · 직무체험 및 적성확인 · 비급여현장실습: 주 1~2회 4시간 미만의 교내현장실습 · 산학협력실습: 학교기업에 입주한 지역업체와 연계 - 2학년 · 직무능력 개발 및 현장적응력 향상 · 급여현장실습(복지일자리사업과 연계): 월 56시간 근로 후 급여를 제공하는 교내 현장실습 운영 · 산학협력실습: 학교기업에 입주한 지역업체와 연계 • 학교기업과의 연계성을 강화한 교내 현장실습 - 교내카페, 마켓존, 산학협력실, 학교기업 생산실 보조 등 • 각종 장애인 일자리사업과의 연계성을 강화한 교내현장실습 - 교내급식실, 도서관, 자료제작실, 교내청소, 교내우편배달, 교무실, 행정실 보조 등
교외현장실습	• 목표: - 1학년 · 직무체험 및 적성확인 · 비급여현장실습: 주 1~2회 4시간 미만의 교외현장실습 - 2학년 · 직무능력 개발 및 현장적응력 향상 · 급여현장실습(복지일자리사업과 연계): 월 56시간 근로 후 급여를 제공하는 교외현장실습 운영 · 중증장애학생들의 진로지원을 위한 보호작업장 및 복지관 연계 실습 • 학교기업과의 연계성을 강화한 교외현장실습 - 지역사회카페, 푸드마켓 등 • 각종 장애인 일자리사업과의 연계성을 강화한 교외현장실습 - 지역사회 및 인근학교 도서관 사서보조, 관공서 청소, 관공서 보조 직무 등
취업지원과정	• 학교기업 산학협력실습 이후 장애인고용공단과 협력하여 지원고용 프로그램과 연계하여 취업지원 • 복지일자리 사업 이후 교내취업, 지역사회업체 및 유관/공공기관 취업 및 안정적 고용유지 지원

출처: 인천광역시교육청(2014).

3) 직업평가

직업교육을 실시하기 전에 우선 실시해야 할 과정이 직업평가이다. 학생의 직업적 잠재력을 파악하여 잠재력을 충분히 발휘할 수 있는 분야에 취업할 수 있도록 하기 위함이다. 직업평가는 개인의 직업흥미, 적성, 능력, 강점과 제한점, 기능수준 등을 종합적이고 체계적으로 분석하여 직업선택의 방향을 결정하고 직업생활에 효과적으로 적응할 수 있도록 도와주는 서비스라고 할 수 있다. 직업평가에는 면접, 의료 및 심리평가, 작업표본평가, 상황 및 현장평가 등의 방법이 사용되고 있다.

- 면접: 학생뿐만 아니라 학부모와도 실시하여 학생 개인의 능력, 적성, 특성 등을 파악하고 1회성이 아니라 정기적인 학부모와의 상담계획을 수립하는 것이 효과적이다.
- 심리평가: 지능, 적성, 성격, 흥미, 행동, 동기 등을 파악하기 위하여 실시되는 표준화된 검사방법을 실시한다.
- 작업표본평가: 개인의 직업 적성, 장애의 정도 및 영향, 직업 흥미 등을 평가하기 위해 실제 사업장이나 직업군에서 사용되는 것과 유사하거나 동일한 직무과제, 재료, 노구를 사용하게 함으로써 작업능력을 평가하는 방법이다.
- 상황평가: 실제 작업 환경과 유사한 모의 작업장에서의 직무수행과 관련된 행동을 체계화된 관찰 기법으로 평가하는 것을 말한다.
- 현장평가: 경쟁적인 작업 환경에 배치한 장애인을 대상으로 현장의 생산 요구에 대한 작업 생산성과 작업 행동을 평가하는 것이다(특수교육학 용어사전, 2009, 국립특수교육원).

일반적으로 사용되는 직업평가도구는 다음과 같다.

영역		검사명	소요시간	비고
진로탐색 및 준비		그림직업흥미검사	30분	직업흥미 측정(지적장애인용)
		직업준비도검사	20분	담임교사용
MDS(McCarron-Dial System)	감각	HVDT (촉각-시각 변별검사)	30분	촉각과 시각적 정보의 통합능력평가
		BGT (벤더도형검사)	20분	시각-운동능력의 통합기능 측정
	운동	MAND (신경근육운동발달검사)	40분	대·소근육, 양손 민첩성, 지속적인 통제력, 운동감각통합, 근육의 힘 측정
	정서영역	EBC (정서적행동검사지)	단기간 행동관찰	임상·교육·재활 장면에서 정서적 문제행동 판별
	통합-대응	BRS (DIAL행동평가척도)	10분	지역사회 혹은 작업현장에서 자율적으로 기능할 수 있는 개별, 사회, 직업적응행동능력 측정
	언어-인지	PPVT (그림어휘력검사)	30분	그림을 통한 언어적 수용능력 평가
언어-인지		REVT (수용·표현 어휘력검사)	40분	수용어휘 및 표현어휘력 측정(PPVT보완 추가검사용)
사회적응·통합		CIS-A (지역사회적응검사)	40분	지역사회 적응기술 검사
상담		교사 및 학생상담	30분	

출처: 인천광역시교육청(2014).

4) 고용지원

최고의 복지는 일자리를 제공해 주는 것이라고 한다. 일자리를 통해 급료를 받아 생활도 유지하고 사회에도 참여하며 자아실현도 할 수 있기 때문이다. 한정된 일자리를 두고 치열한 취업경쟁이 벌어지는 것은 당연한 현상이다. 고용이란 기업이 급료를 지급하고 직원을 채용하는 것을 일컫는다. 장애학생이 고용될 수 있도록 도와주는 것을 고용지원이라 한다. 학생에게 전문적인 직업능력을 신장시키고 자격증취득을 도와주며 능력에 적합한 직장을 소개하고 취업을 알선하며 이미 고용된 직장인들에게는 고용을 유지할 수 있도록 추수지도하고 직장생활 적응을 돕기 위한 다양한 활동을 고용지원활동이라고 할 수 있다. 범위를 좁혀서 살펴보면 취업준비와 취업지원 과정만을 고용지원이라고 할 수 있겠다. 전공과 과정에서 이루어질 수 있는 고용지원활동은 다음과 같다.

(1) 심화실습 프로그램 운영

사업장이나 기업에서 취업자들에게 원하는 기능을 심화시킬 수 있는 프로그램을 운영하는 것이다. 예컨대, 제과제빵이나 바리스타의 직무수행 내용과 방법을 시도하여 숙련시키는 것이다. 학생들의 적성과 희망을 고려하여 실습생을 배치하고 실습생이 작업 전체의 공정을 고루 익힐 수 있도록 지도하고 생산된 제품은 교내카페에서 판매하여 판매수익금은 재료구입비로 재투자하는 등의 활동을 할 수 있을 것이다. 실습지도는 외부전문가를 초빙하여 보다 심화된 전문교육이 이루어질 수 있도록 하고 실제로 영업이 이루어지는 매장에 가서 현장실습을 실시하여 현장감을 유지할 수 있다.

(2) 직업기능경진대회 준비

학생들에게 직업기능의 향상 및 다른 지역의 학생들과 만나 경쟁하고 교류할 수 있는 기회를 제공하기 위하여 직업기능경진대회에 참여할 수 있다. 대회를 준비하는 동안 담임교사, 외부강사 등이 가정, 유관기관 등과 연계하여 효율적인 교육훈련 과정을 설계하고 추진함으로써 전문적인 기능향상을 꾀하는 것이다. 교육훈련 중에 발생할 수 있는 안전사고 등에 대처할 수 있도록 사전 안전교육 및 안전수칙을 철저히 준수하여야 할 것이다.

(3) 자격증 준비반 운영

자격증취득을 통해 전문성을 향상시키고 취업률 향상을 도모하는 자격증 취득반 운영도 좋은 고용지원활동이 될 수 있다. 바리스타 자격증과정, 요양보호사 자격증과정, 제과제빵사 자격증과정 등 학생들의 관심사에 따라 과정을 개설하고 운영할 수 있다. 현장체험 활동을 통해 시험장까지 대중교통을 이용하여 이동하고 시험장에서 모의시험을 실시하는 등 사전연습을 충분히 하여 자격증 취득에 이를 수 있도록 한다. 자격증 취득으로 자신감을 갖게 되고 졸업 후 직업선택의 폭을 넓힐 수 있는 기회가 될 것이다.

(4) 면접 준비 교육운영

취업면접을 대비하고 직장생활 에티켓 등을 익히기 위해 면접 준비 교육과정을 운영할 수 있다. 상설로 운영하기보다는 취업준비 과정이 끝나 갈 즈음에 워크숍 형태로 진행하여 전문 강사를 통해 직장예절과 면접요령을 익힐 수 있다. 이미지 메이킹, 바른 자세 익히기, 자기소개하기, 면접관의 질문에 대답하기 등의 프로그램을 진행할 수 있을 것이다.

5) 추수지도(사후관리)

직업교육에서의 추수지도는 직업교육을 받은 학생들이 취업 후 직장생활을 어떻게 하고 있는지 알아보고 직장생활에 적합한 추가교육이나 지도를 실시하여 직장생활을 안정적으로 할 수 있도록 돕는 것이라고 할 수 있다. 졸업한 취업 학생들을 대상으로 직장에서의 적응 정도를 알아보고 직장에서의 생활이 소외되거나, 위축, 좌절로 쉽게 직장을 포기해 버리지 않고 올바른 직장인으로 생활하고 나아가 사회의 일원으로 자립할 수 있도록 1년에 1회 이상 수시로 추수지도를 실시할 필요가 있다. 졸업생뿐만 아니라 직장동료나 직장상사와의 면담을 통해 학생들의 회사생활의 실태를 파악하고 회사동료들에게 협조를 요청하는 것도 효과가 있을 것이다. 회사의 협조를 얻어 동료들을 상대로 장애이해교육이나 졸업생의 장애상태 및 소통방법 등을 설명함으로써 졸업생의 직장생활을 도와줄 수 있을 것이다. 또한 저축을 통한 인생설계, 결혼준비 등 성인기 생활에 필요한 교육을 추수지도를 통해 실시할 수도 있고 비슷한 환경에 있는 취업생들과의 자조모임을 구성하여 활동하도록 하는 것도 좋다.

참고문헌

국립특수교육원(2018). 특수교육학용어사전. 서울: 도서출판하우.

국립특수교육원(2020). 2020 특수교육통계. 충남: 교육부 국립특수교육원.

김주영, 강경숙, 강옥화(2017). 전공과 정체성 모색을 통한 운영의 방향성 및 활성화 방안 연구: 경기도 지역을 중심으로. 시각장애연구, 33(1), 107-134.

박희찬 외(2019). 장애학생 진로 · 직업교육 활성화방안 연구. 충남: 교육부 국립특수교육원.

송병국, 이동혁, 임인숙, 유성자, 김연희, 박은주, 이승아(2018). 현장중심 직업교육. 서울: 미래엔출판사.

인천광역시교육청(2014). 2014. 특수학교 전공과 프로그램개발 · 운영보고서(운영교: 미추홀학교): 전공과자립생활훈련 및 직업재활훈련 프로그램.

조인수(2010). 전환사정. 대구: 대구대학교 출판부.

조인수, 박정식, 전보성(2013). 지적장애아 교육. 대구: 대구대학교 출판부.

제13장

교육실습 및 교수 · 학습계획서 작성

1 교육실습

1) 교육실습의 구성

대부분의 사범대학 등 교직양성기관에서는 이수해야 하는 교육실습 과목을 필수적으로 지정하고 있다. 그 과목은 교원양성기관마다 조금 다르게 규정하고 있으나, 일반적으로 교육봉사, 참관실습 그리고 교육실습이라는 내용으로 단계적으로 운영하고 있다.

(1) 교육봉사

교육봉사는 30시간 내지는 60시간 등 일정 시간 동안 학교현장을 방문하여 담당교사의 지도 아래 학생을 대상으로 교육적인 봉사활동을 실시하는 것이다.

일반적으로 교육봉사는 봉사를 희망하는 학기 전에 신청서를 제출하는 것으로 시작해서, 봉사를 할 교육기관의 확인을 거쳐 봉사 일정이 확정된다. 그리고 봉사 기간 동안 담당교사의 지도 아래 다양한 봉사활동을 실시하고 봉사일지를 작성한다. 봉사활동이 완료되면 봉사활동 확인서와 봉사일지를 대학에 제출하여 학점을 인정받는 절차로 종료된다.

다만, 유의해야 할 것은 대학별로 교육봉사활동으로 인정되는 기관과 그 활동 범위를 별도로 정하고 있으니 참고하여 신청하여야 한다는 것이다. 그러므로 봉사활동하고자 하는 교육기관이 교육봉사 인정기관인지 또는 하고자 하는 봉사활동이 교육봉사로 인정되는지 여부를 먼저 살피고 신청하여야 한다.

(2) 참관실습

참관실습은 대부분 2주에서 3주 정도 교육기관을 방문하여, 실제 수업과 학생 지도가 이루어지는 교육현장에 직접 참석하여 교육적인 관찰을 하는 활동이다. 참관실습은 4학년 때 이루어지는 4주간 교육실습에 대한 사전 교육 성격으로, 예비교원의 현장 이해도와 전문적인 안목을 도모하기 위해 실시한다.

특히 참관실습은 자신의 교과뿐만 아니라 교과의 수업 현장을 관찰하여 실제 현장 수업에 대한 이해도를 높이고자 한다. 그래서 관찰실습은 수업 현장을 단순히 피상적으로 관찰하는 것이 아니라, 현장 교사가 단시 수업 목표를 달성하기 위해서 어떻게 수업을 전개하며, 어떻게 발문하며, 수업 자료를 어떻게 제시하고 어떤 수업기법을 활용하는지 등을 적극 관찰하는 것이다. 또한 수업 관찰 후 담당교사와의 수업 나눔 활동 등을 통해 교실 수업에 대해 깊이 있게 이해하도록 질의응답을 하며, 그 결과를 자신의 교과에 접목시킬 수 있는 방안을 탐색하는 활동도 이루어진다.

(3) 교육실습

교육실습은 참관실습보다 더 심화된 교육실습 형태로, 사범대학이나 교직과정 등에서 필수적으로 이수해야 하는 교직이수과목으로 지정되어 있다. 대개 4학년 1학기에 4주 동안 실시되는데, 교육실습기관으로 인정받은 교육기관에 신청하여 실시한다.

교육실습은 앞서 설명한 교육봉사나 참관실습과는 달리 교직현장에서 학생들을 상대로 수업을 직접 실시하고 생활지도를 하는 등 실제적인 교직 경험을 쌓아서 예비교사로서 준비시키는 것에 목적이 있다. 구체적인 교육실습 내용에 대해서는 다음에서 설명한다.

현재 4주간 실시되는 교육실습은 2028년부터는 학기제로 변경이 예정되어 있다. 학기제로 실시되는 교육실습은 2026학년도 교원양성기관 입학생부터 적용되지만, 2025년 현재 일부 교육대학과 사범대에서 시범적으로 운영하고 있다. 주로 4학년 1학기 동안 주당 3~4일은 실습 학교에서 현장 실습을 받고, 나머지 1~2일은 대학에서 실습 연계 강의를 이수하는 방식으로 학기제가 운영되고 있다.

2) 교육실습의 내용

교육실습은 교육실습을 담당하는 교육기관의 특색이나 여건에 따라서 다양한 내용으로 실시되나, 여기서는 공통적으로 실시되는 교육실습 내용을 중심으로 설명한다.

(1) 수업활동, 학급운영 및 학교업무 수행과정에 대한 오리엔테이션 및 참관

교육실습생으로서 처음 학교현장에 가면, 제일 먼저 실습학교에 대한 오리엔테이션을 받게 된다. 실습학교에서 진행되고 있는 교육활동과 학교운영에 대한 간단한 소개와 함께, 교육실습생으로서 하여야 할 일과 유의할 점을 알려 준다. 이때 대부분의 실습학교에서는 교육실습계획서를 배부하여 일정에 참고하게 하는 경우가 많다.

교육실습 첫 주에는 실습담당 교사의 수업이나 특별활동 등을 참관하는 것으로 시작된다. 그리고 실습 담당교사의 학급 관리 및 학생지도 활동에도 참여하여 경험하게 한다. 참관활동 시 교육실습생은 담당교사의 지시에 따라 행동하여야 한다. 특히 수업 참관 시에는 교사와 학생의 활동을 방해하지 않으며, 수업의 전개나 흐름을 적극적으로 파악하려고 노력해야 한다. 그리고 담당교사 등의 학생 생활지도나 학급 운영활동도 적극적으로 관찰하여 배우는 자세를 가져야 한다. 그리고 참관활동이 이루어진 후에는 교생 참관록을 작성하여 제출하기도 한다.

(2) 수업 및 학생지도 활동에 보조적 참여

참관 단계가 지나면, 학교에서 지정하는 교사의 수업이나 특별활동에 부분적으로 참여하게 된다. 교사의 수업 활동에서 보조 역할을 하거나 특정 수업 활동에 직접 수업을 하게 함으로써 부분적으로 수업 경험을 쌓게 한다. 그리고 수업 활동 이외 학생지도 및 학급 관리 활동에도 부분적으로 참여하여 예비 교사로서 다양한 경험을 맛보게 한다.

(3) 수업 실기를 위한 교수 · 학습 지도안 작성

수업 등의 보조적인 참여가 어느 정도 이루어지면, 실습 마지막 주에 실시되는 교육실습생의 수업 실기를 위해 본격적인 수업 실행이 이루어진다. 교육실습생의 수업 실기는 교육실습 단계에서 가장 중요한 단계이며, 실습생의 평가가 거의 대부분 이 단계에서 이루어지는 만큼 중요하다.

실습담당교사의 지도 아래 수업 실기 발표를 위해서, 발표할 수업과 관련된 교과 활동을 실습생이 직접 수업하는 경험을 제공한다. 이때 실습생은 반드시 수업할 교과에 대한 교수 · 학습 지도안을 담당교사와 의논하여 작성하여야 한다. 그리고 실습생의 수업은 지도교사의 참여하에 이루어지며, 수업 후에는 수업에 대한 평가를 받아 피드백이 주어진다. 여러 차례 수업 후 피드백을 받으면서 교육실습생은 자신이 발표할 수업 실기에 대한 교수 · 학습지도안을 작성해 나간다.

(4) 교육실습생의 수업 실기와 평가

실습 담당교사의 지도 아래 실습생의 교수 · 학습 지도안이 작성되고 나면, 교감, 연구부장 및 담당교사 등으로 이루어진 수업 전 단계 협의회를 거쳐서 최종적으로 지도안을 확정한다.

최종적으로 확정된 교수 · 학습 지도안을 바탕으로, 교육실습생은 지정된 기일에 수업 실기를 발표한다. 수업 실기 시간에는 주로 교육실습생의 평가를 맡은 교사들이 입장하여 평가가 이루어진다. 그리고 수업 실기가 끝난 후에 교육실습생을 포함한 수업 후 협의회를 열어서 수업 실기에 대한 피드백을 한다.

교육실습에 대한 최종적인 평가는 교육실습생의 수업 실기뿐만 아니라, 실습 기간 동안 학생지도 및 학급 관리 등에서 보여 준 실습생의 활동도 평가 대상에 포함된다. 또한 교육실습을 마친 후 대학에 돌아가면, 교생실습 간담회 등을 통해서 교육실습에 대한 전반적인 평가가 이루어지기도 한다.

2 교수 · 학습계획서 역할과 양식

1) 교수 · 학습계획서 의의와 역할

교수 · 학습계획서는 수업을 실시하기 전에 수업의 설계도를 짜는 것과 같다. 이 설계도는 수업을 하는 교사에게도 수업의 길라잡이 역할을 하지만, 수업을 참관하는 사람에게도 관찰하는 수업의 안내서 같은 역할을 한다.

교수 · 학습계획서에는 학습목표와 그 목표를 달성하기 위한 학습활동과 학습방법 그리고 평가 항목을 포함한다.

2) 교수 · 학습계획서 양식

교수 · 학습계획서의 양식에는 일정한 형식은 없다. 수업주제나 교재교구의 특질, 학생의 요구, 교사의 지도 목적 등에 따라 달라지기 때문이다. 교수 · 학습계획서의 정해진 형식은 없지만 일반적으로 교수 · 학습계획서는 주로 세안과 약안 형식으로 작성된다.

세안은 아래에 제시한 양식으로 주로 작성되는데, 주로 단원지도계획과 본시 교수 · 학습 지도계획으로 구성된다. 반면에 약안은 본시 교수 · 학습 지도계획을 중심으로 작성한다. 다음에서는 경상남도교육청에서 발행한 특수교육실습 길라잡이(2016)를 중심으로 살펴보도록 한다.

본시 교수 · 학습계획서(예시)

<table>
<tr><th colspan="3">국어과 교수 · 학습계획서</th></tr>
<tr><td colspan="3" align="right">지도교사 유○○</td></tr>
<tr><td rowspan="8">단원
지도
계획</td><td>단원명</td><td></td></tr>
<tr><td>단원의 개관</td><td></td></tr>
<tr><td>단원의 목표</td><td>① 이해면, ② 기능면, ③ 태도면</td></tr>
<tr><td>단원의 지도계획</td><td></td></tr>
<tr><td>단원 지도상의 유의점</td><td></td></tr>
<tr><td>단원의 평가계획</td><td></td></tr>
<tr><td>학생실태</td><td>① 학생의 현재수준 및 장단점
② 좌석배치</td></tr>
<tr><td>참고문헌 및 자료</td><td></td></tr>
<tr><td>본시
교수
·
학습
활동</td><td colspan="2">(아래 표)</td></tr>
</table>

<table>
<tr><td>일시</td><td></td><td colspan="3">장소</td><td></td><td>대상</td><td colspan="2"></td></tr>
<tr><td>단원</td><td></td><td colspan="3">교과</td><td></td><td>차시</td><td colspan="2"></td></tr>
<tr><td>제재</td><td></td><td colspan="3">수업자</td><td></td><td></td><td colspan="2"></td></tr>
<tr><td rowspan="2">수업
모형</td><td rowspan="2"></td><td colspan="3" rowspan="2">학습 집단</td><td>상</td><td>중</td><td colspan="2">하</td></tr>
<tr><td></td><td></td><td colspan="2"></td></tr>
<tr><td>학습
목표</td><td colspan="8"></td></tr>
<tr><td rowspan="3">학습
단계</td><td rowspan="3">학습
과정</td><td colspan="4">교수 · 학습활동</td><td rowspan="3">시량(분)</td><td colspan="2" rowspan="3">자료(★) 및
유의사항(※)</td></tr>
<tr><td rowspan="2">교사활동</td><td colspan="3">학생활동</td></tr>
<tr><td>상</td><td>중</td><td>하</td></tr>
<tr><td>도입
전개
정리</td><td></td><td colspan="4"></td><td></td><td colspan="2"></td></tr>
<tr><td colspan="2" rowspan="2">평가영역</td><td colspan="3" rowspan="2">평가내용</td><td colspan="3">평가척도</td><td rowspan="2">평가시기
평가방법</td></tr>
<tr><td>잘함</td><td>보통</td><td>노력</td></tr>
<tr><td colspan="2">이해</td><td colspan="3"></td><td></td><td colspan="2"></td><td></td></tr>
<tr><td colspan="2">기능</td><td colspan="3"></td><td></td><td colspan="2"></td><td></td></tr>
<tr><td colspan="2">태도</td><td colspan="3"></td><td></td><td colspan="2"></td><td></td></tr>
</table>

3 교수 · 학습계획서 작성

교수 · 학습계획서를 구성하는 단원지도계획과 본시 교수 · 학습활동에 기재되는 항목을 구체적으로 살펴보면 다음과 같다.

1) 단원 지도 계획

(1) 단원명

단원명은 교과서나 교사용 지도서에 있는 단원명을 그대로 적으면 된다. 하지만 학교나 학생의 특성에 맞게 단원을 재구성할 수 있다. 일반적으로 교육실습생이 수업을 위해 교수 · 학습계획서를 작성하는 경우는 교과서 등에 제시된 단원명과 영역, 제재 등을 그대로 옮겨 쓰는 것이 좋다.

(2) 단원의 개관

단원의 개관은 교사용 지도서 등을 참고하여 이 단원이 설정된 이유와 근거를 간단하게 적으면 된다. 단원이 왜 설정되었는지를 학생 흥미와 필요, 교과 특성, 교육과정 측면에서 살펴서 쓰는 것이 좋다. 그래서 대부분 단원의 개관에는 다음과 같은 내용이 포함된다.

- 학생의 흥미와 학습 필요성에 따른 단원의 근거
- 사회적 의미와 학습 필요성에 따른 단원의 근거
- 교과의 교육과정의 계열에 따른 학습 필요성에 따른 단원의 근거

(3) 단원의 목표

단원의 목표도 교과서나 교사용 지도서에 제시되고 있어, 그대로 옮겨 적으

면 된다. 하지만 단원의 목표가 단원의 주요한 학습내용과 학습자가 단원을 학습 후에 성취해야 할 행동을 진술하고 있는지를 확인하여야 한다.

그리고 단원명처럼 단원의 목표도 학생의 특성이나 능력에 맞게 수정하여 제시할 수 있다. 단원의 주요 학습내용을 지식, 태도, 기능 요소로 분석하고, 학생 등의 특성과 교육적 요구를 충족할 수 있도록 단원을 재구성하여 새로운 단원 목표를 제시한다. 이때 단원의 목표는 본시 교수 · 학습활동에 제시되는 차시별 수업목표(본시 학습목표)와는 다르게 단원 전체를 대표해야 하므로 포괄적이고 종합적으로 제시된다.

(4) 단원의 지도계획

단원 전체에 대한 차시별 수업계획을 개괄적으로 밝히는 단계이다. 대단원 아래 각 소단원을 어떻게 차시별로 진행할 것인가에 대한 정보를 서술한다. 차시별로 학습내용과 방법, 학습자료 및 유의점 등을 중심으로 서술한다.

일반적으로 단원 전체 수업계획의 개요를 한번에 파악할 수 있도록 표로 제시하는 경우가 많다. 그리고 본시 교수 · 학습활동이 단원 전체 수업 계획상 몇 차시에 해당되는지도 표시해야 한다.

(5) 단원 지도상 유의점

주로 교사용 지도서에 제시되어 있는 해당 단원의 지도상의 유의점을 그대로 적으면 된다. 그러나 학교나 학생의 특성이나 능력 등을 고려하여 단원을 재구성하여 수업을 실시하고자 하는 경우에는, 교사용 지도서를 참고로 하되 학교나 학생의 특성, 흥미, 능력 등을 고려하여 지도상 유의점을 기술하도록 한다.

(6) 단원의 평가계획

앞에서 제시한 단원의 목표와 연계하여 평가계획을 수립하고 기술한다. 주로 단원평가목표, 평가내용 및 평가방법 등에 대하여 기술한다. 그러나 본시 교수 · 학습활동의 평가계획과는 다르게 반드시 구체적 평가문항으로 나타낼 필요는 없다.

(7) 단원 수업에 따른 참고문헌 및 자료

단원 수업 계획에 따라 참고하거나 사용하는 자료나 문헌이 있다면 반드시 밝히고 제시한다. 특히 단원 학습에 필수적으로 이용하는 인터넷 사이트나 전자 문서 등에 대해서는 저작권 보호를 위해서도 자세하게 출처를 제시한다.

2) 본시 교수 · 학습 지도계획

본시 교수 · 학습계획서는 1차시 수업을 위해 수립된 교수 · 학습활동 계획이다. 단원의 전개 계획에 따라 본시에 해당하는 단위 수업을 어떻게 전개할 것인가에 관한 보다 구체적이고 상세한 지도계획이라고 할 수 있다. 본시 교수 · 학습계획서에 반드시 들어가야 할 핵심적인 요소는 다음과 같다.

(1) 대상 및 학습 집단

대상에는 본시 수업을 실시하는 학년과 학급을 기재한다. 그리고 학습 집단은 수업 활동 시 수준별 활동이나 모둠활동이 있는 경우 집단별로 구분하여 학습활동을 기재한다.

(2) 단원명

교과서나 교사용 지도서에서 제시하고 있는 대단원명을 단원명으로 기재한다. 만약에 단원분석을 통해서 단원을 재구성한 경우에 단원명을 다르게 기재할 수도 있다.

(3) 제재명

본시 교수 · 학습활동의 제재를 기재한다. 주로 본시 학습목표를 간단히 줄여서 기재한다.

(4) 차시

차시는 단원지도계획상 단원에 속하는 모든 소단원의 수업 횟수 중에 몇 번째 수업인지를 밝히는 사항이다. 일반적으로 차시는 사선으로 표시되는데, 사선 앞부분은 본시 차시를, 사선 뒷부분은 해당 단원의 총 시수를 숫자로 나타낸다. 예를 들어, '3/8'이라는 차시 표현은 해당 단원은 총 8차시로 수업이 계획되어 있으며, 본시 3차시는 그중에 세 번째에 해당하는 수업이라는 뜻이다. 우리는 이 차시 정보로 본시 수업의 전후 수업을 살펴서 수업의 흐름을 파악할 수 있다.

(5) 수업모형(교수 · 학습 모형)

본시 수업에서 적용하는 수업모형을 기재한다.

(6) 본시 학습목표

본시 학습목표는 단원지도계획에 따라서 본시에 해당하는 소단원의 목표와 그 소단원에 적용된 특수교육 교육과정의 성취기준을 바탕으로 교사가 직접 설정한다. 특히 소단원을 몇 개의 수업으로 계획하였을 때, 소단원의 학습목표가 궁극적으로 달성되도록 학습목표를 세분화하여 제시할 수도 있다.

본시 학습목표는 반드시 학생이 수업시간에 학습할 내용과 그 내용을 학습한 후에 도달해야 할 기준을 측정 가능한 용어로 서술하여야 한다. 본시 학습목표에 대한 예시를 들어 보면 다음과 같다.

받침 있는 단어를	정확하게 읽을 수 있다.
(학습내용)	(도달 행동 기준)

그리고 본시 학습목표는 반드시 1차시 수업 안에 달성 가능한 목표로 설정

하여야 하며, 학습 집단이 수준별로 나누어져 있다면 본시 학습목표도 수준별로 나누어서 진술하는 것이 좋다.

(7) 학습 단계와 학습 과정

학습 단계는 도입, 전개, 정리로 많이 사용되나, 반드시 도입, 전개, 정리라는 용어를 사용할 필요는 없다. 특정 수업 모형을 선택하였다면, 선택한 수업 모형에서 적용되는 단계를 사용하는 것이 좋다.

학습 과정은 학습 단계에 따라서 차례로 이루어지는데, 일반적으로 전시학습 상기활동에서 시작하여 차시예고 활동으로 끝난다. 자세한 설명은 '4. 본시 교수 · 학습활동 계획'에서 자세히 설명한다.

(8) 시량

학습 단계별로 소요될 것으로 예상되는 시간을 분 단위로 기입한다. 일반적으로 특수학교에서는 40분 수업을 기준으로 각 학습 단계별로 시량을 기입한다. 참고로 일반 초등학교는 40분, 중학교는 45분, 고등학교는 50분을 기준으로 시량을 나눈다.

(9) 학습자료와 유의사항

학습자료는 수업 시 사용될 것으로 예상되는 자료나 기구 등을 기재한다. 그리고 유의점에는 수업 과정에서 학생들의 학습활동 시 주의를 하거나 문제행동 등이 예상되는 경우 등에 대하여 미리 대처하는 내용을 기재한다. 특히 특수교육대상학생 중에는 문제행동이나 장애 특성상 주의를 집중하지 못하는 경우가 많으므로 교사는 미리 이런 점을 충분히 고려하였다는 것을 유의사항으로 알 수가 있다.

(10) 특수교육실무원 등 보조인력의 활용

본시 수업활동에 특수교육실무원이나 공익요원 등이 배치되어 있다면, 수업 활동에 보조인력을 활용한 경우에는 그 사항을 자료와 유의사항 칸에 기재할 수 있다.

(11) 본시 교수 · 학습 평가 계획

본시 학습목표가 본시 수업에서 달성되었는지 여부를 체크할 수 있도록 하는 평가항목이다. 이 평가는 단원의 평가계획과는 다르게, 본시 학습목표의 달성 여부를 구체적이고 객관적으로 평가할 수 있는 문장으로 서술한다. 대부분 학습내용의 이해, 기능, 태도 측면으로 나누어서 진술하며, 평가척도나 방법 등을 함께 제시하는 경우가 많다.

4 본시 교수 · 학습활동 계획

교수 · 학습계획서 작성에서 가장 중요한 부분인 본시 교수 · 학습활동 계획은 주로 다음과 같은 형식으로 작성된다.

학습 단계	학습 과정
도입	• 학습 환경 확인 및 분위기 조성 • 학습 동기 유발 • 본시 학습목표 제시 • 선수 학습과 관련 짓기
전개	• 본시 학습내용 소개 • 본시 학습활동 실시 • 학습과제 제시 및 학습 집단 구성 • 학습활동 촉진과 다양한 교수기법 적용
정리	• 본시 학습활동에 대한 요약 • 형성 평가의 실시 • 차시 학습 예고

1) 도입 단계

(1) 학습 환경 확인 및 분위기 조성

수업 전에 교사는 학생의 출석 여부뿐만 아니라, 수업을 진행할 수 있는 분위기가 되도록 주변을 정돈할 필요가 있다. 인사와 함께 수업 준비 여부를 점검하는 내용으로 서술한다.

(2) 학습 동기 유발

학습 동기 유발은 학습자에게 학습할 내용에 대해 흥미를 유발하고 학습이 이루어지는 동안 주의 집중하도록 돕는다. 또한 학습 동기 유발은 학습자의 학습 효율성에도 영향을 주는 만큼 중요하고 필수적인 과정이다. 그러므로 교사들은 주로 다음과 같은 동기 유발 방법을 사용한다.

- 본시 학습내용과 관련된 학생의 경험이나 알려진 예시를 제시
- 본시 학습내용과 관련된 시청각 자료를 제시
- 본시 수업 결과로 얻어지는 작품 등 결과물을 제시

(3) 본시 학습목표 제시

본시 학습내용과 관련된 동기 유발이 효과적으로 이루어지면, 학습자에게 본시 학습목표를 명확하게 제시한다. 교사는 본시 학습목표를 명확하게 제시하기 위해서 주로 다음과 같은 방법을 사용한다.

- 교사가 말로 제시하면 학생들이 듣고 따라 말하는 방법으로 제시하기
- 칠판에 판서하고 학생과 같이 읽는 방법으로 제시하기
- 행동 시범이나 수업의 결과물인 작품 등으로 제시하기

(4) 선수 학습과 관련짓기

본시 학습내용과 관련된 선수 학습내용을 간단하게 설명해 주어야 한다. 본시 학습활동에 필요한 선수 학습내용을 본격적인 본시 학습활동에 앞서서 간단하게 요약하여 제시한다. 그러므로 선수 학습내용을 복습하는 수준으로 서술하지 않도록 유의한다.

2) 전개 단계

(1) 본시 학습내용 소개

본시 수업에서 배울 내용을 구체적으로 소개하는 방법으로 기재한다. 특히 본시 학습활동이 두 개 이상인 경우에는 미리 각 활동에 대해 간단한 소개를 할 필요가 있다.

(2) 본시 학습활동 실시

교수 · 학습활동 칸은 교사와 학생으로 구분되어 있다. 교사 항목에는 교사가 각 활동별로 학습활동을 제시하거나 시범을 보이는 내용을 서술한다. 그리고 학생 칸에는 교사가 제시한 학습활동을 학생이 수행하는 내용으로 서술한다.

본시 전개 단계에서 제시하는 활동은 근본적으로 본시 학습목표를 달성하기 위해서 조직되어야 하며, 학습 순서에 맞게 차례로 제시되어야 한다. 또한 하나의 활동이 후속 활동과 밀접하게 연결되어야 하며, 각 활동의 결과로 본시 학습목표의 달성 여부를 알 수 있어야 한다.

TS 교수 · 학습계획서의 경우에 교사의 발문과 학생의 반응이 분명하고 구체적으로 기재되어야 한다. 특히 학생의 수준에 따라 수준별 수업을 하는 경우, 그 수준 차이를 분명하게 보여 주는 방법으로 기재하여야 한다.

(3) 학습과제 제시 및 학습 집단 구성

학습과제 제시나 학습 집단 구성도 각 학습활동 특성과 목적에 맞게 적절하게 기재되어야 한다. 특히 활동마다 학습 집단이 변경되는 경우에는 교수 · 학습계획서에 분명하게 표시되어야 한다.

3) 정리 단계

(1) 본시 학습활동에 대한 요약

본시 전개활동에서 이루어진 학습활동과 그 결과를 간략히 정리하여 서술한다.

(2) 형성 평가의 실시

본시 학습활동에서 학습자가 얼마나 본시 학습목표를 달성했는지를 파악하기 위한 평가이다. 주로 미리 형성 평가지를 마련하기도 하지만, 본시 전개활동에서 사용한 학습자료 등을 이용해서 학습효과를 확인하기도 한다. 이 형성 평가는 교사에게는 본시 수업의 효과에 대한 피드백이 되는 동시에 학생에게는 학습 성과를 점검할 수 있는 기회를 제공하는 역할을 한다.

(3) 차시 학습 예고

단원 지도계획에 따라서 본시 이후 수업에 대한 간단한 안내를 서술한다. 주로 차시 수업의 제재 등을 언급한다.

부록

교수 · 학습계획서 예시

과학과 교수 · 학습계획서

Ⅰ. 단원의 개요

1. 단원명

가. 대단원: 9. 소중한 지구
나. 영　역: 지구(기본교육과정 과학Ⅱ)
다. 제　재: 환경오염

2. 단원의 개관

이 단원은 하늘, 땅, 바다가 우리 생활과 어떤 관계가 있는지를 알아보는 것을 목적으로 한다. 하늘, 땅, 바다의 모습을 관찰하고 우리 생활에 어떻게 이용되는지를 조사한다. 그리고 물의 순환에 대해 알아보고, 깨끗한 환경을 만들기 위해 우리가 실천하는 방법을 찾아보는 것으로 목표를 증진시킬 수 있다. 특히 과학의 주요 개념을 학생의 경험과 밀접한 관련이 있는 상황에서 지도하고, 학습한 과학적 지식과 탐구 방법을 일상생활 장면의 문제해결에 적용하고자 한다.

3. 단원의 목표

가. 하늘, 땅, 바다의 모습을 관찰하고, 생활에 어떻게 이용되는지 조사할 수 있다.
나. 다양한 물의 모습을 생활 환경에서 관찰하고, 모습이 변하는 물을 알 수 있다.
다. 우리 주변의 지구 환경 오염의 원인과 해결 방법을 알 수 있다.
라. 자연 보호를 실천하는 방법을 알 수 있다.

4. 단원의 지도 계획

영역	제재	차시	학습주제	page
지구	하늘, 땅, 바다	1	① 하늘의 모습 관찰하기	218
		2	② 땅의 모습 관찰하기	219
		3	③ 바닷가의 모습 관찰하기	220–221
	물의 순환	4	① 공기 속에서 물 찾아보기	224
		5	② 여러 곳에서 이슬 찾아 관찰하기	225
		6	③ 안개와 구름 관찰하기	226–227
	환경오염	7	① 깨끗한 환경과 오염된 환경 구별하기	230–231
		8	② 지구환경 오염의 원인 알아보기	232
		9	③ 지구환경 오염의 해결 방법 알아보기	233
	환경보호 실천	10	① 음식물 쓰레기의 처리 방법 알아보기	236–237
		11	② 재활용품 분류하기	238
		12	③ 환경보호 방법 알아보기	239

5. 지도상의 유의점

가. 날씨나 주변의 영향으로 환경을 관찰하기 어려울 수 있으므로, 도서나 인터넷 자료를 검색하여 다양한 모습을 볼 수 있도록 시도한다.

나. 가정과의 연계 지도가 중요하므로 학부모의 협조를 받아 가정에서도 연계 지도가 되도록 한다.

다. 지구를 살리기 위한 다양한 방법을 지도하되 활동 중심 수업이 되도록 한다.

라. 자연의 이로움을 알고 그 소중함을 확실히 인식하도록 지도한다.

6. 단원의 평가계획

제재	평가내용
하늘, 땅, 바다	① 하늘의 모습을 관찰하고 다양한 하늘의 모습을 비교할 수 있는가?
	② 주변의 땅을 비교하고 식물이 잘 자라는 땅의 특징을 말할 수 있는가?
	③ 바다가 생활에 어떻게 이용되는지를 조사하고 썰물과 밀물, 바다 밑의 모습 등을 말할 수 있는가?
물의 순환	① 공기 중에 물이 있다는 것을 알 수 있는가?
	② 이슬이 생기는 과정을 이해하고, 생활에서 이슬을 찾아볼 수 있는가?
	③ 다양한 안개와 구름의 모습을 살펴보고, 생활에서 관찰할 수 있는가?
환경오염	① 깨끗한 환경과 오염된 환경의 주변 사례들을 조사할 수 있는가?
	② 지구 환경 오염의 원인을 조사하고 정리할 수 있는가?
	③ 지구 환경 오염을 최소화하기 위한 해결 방법을 알 수 있는가?
환경보호 실천	① 음식물 쓰레기의 처리 방법을 알고 실천할 수 있는가?
	② 재활용품을 종류대로 분류할 수 있는가?
	③ 우리가 실천할 수 있는 여러 가지 자연 보호 방법을 알아보고 실천할 수 있는가?

7. 참고 문헌 및 자료

- 「특수교육 기본 교육과정 과학 지도서」. 교육부, 2019.
- 「특수교육 기본 교육과정 과학2」. 교육부, 2019.
- 「특수교육 교육과정」. 교육부, 2018.
- 「특수교육 기본 교육과정 보완자료 과학2」. 교육부, 2019.

Ⅱ. 본시 전개 계획

1. 학생 실태

성명(성별)	본시관련 학습수행 수준	행동 특성	장애 유형	학습 그룹
강○윤 (남)	• 좋아하는 물건을 보면 밝은 표정을 지으며 웃을 수 있음 • 학습자료를 제시하면 손을 뻗어 만질 수 있음	• 책이나 사물을 던지거나 구기는 행동을 자주 함 • 도움을 받아 일어서거나 걸을 수는 있지만 시간이 오래 걸림	지체장애	하
김○창 (남)	• '깨끗하다'와 '오염되다'의 개념을 이해하고 구별할 수 있음 • 물, 흙, 공기를 구별하고 깨끗한 것과 더러운 것을 분류할 수 있음	• 조용하고 차분한 성격이며, 말수가 적고 교사의 지시를 잘 따름 • 의사표현을 하는 데 소극적임	지적장애	상
박○준 (남)	• '깨끗하다'와 '오염되다'의 개념을 이해하고 구별할 수 있음 • 신체 감각을 통해 관찰하고 느낀 내용을 말로 표현할 수 있음	• 간단한 문장으로 의사소통이 가능함 • 군인, 경찰을 좋아하며 수업시간 도중에 그와 관련된 말이나 행동을 많이 함	지적장애	상
성○리 (여)	• 일상생활에서 '깨끗하다'와 '더럽다'는 말을 구별하여 사용함 • 한쪽 손의 움직임이 불편하여 조작 활동 시 도움이 필요함	• 장난감을 이용하여 책상에서 소리 내는 것을 좋아함 • 자신이 하고 싶은 것만 하려는 경향이 있으며, 하기 싫은 행동을 요구할 때는 손등을 무는 자해 행동을 함	발달장애	중
옥○현 (여)	• 더럽고 오염된 것을 보고 찡그린 표정을 지을 수 있음 • 교사의 간단한 지시를 알아듣고 행동할 수 있음	• 음악에 흥미가 있어 노래 부르기와 율동을 아주 좋아함 • 자신의 의사를 표정이나 몸짓으로 표현할 수 있음	지적장애	중

2. 학생 좌석 배치

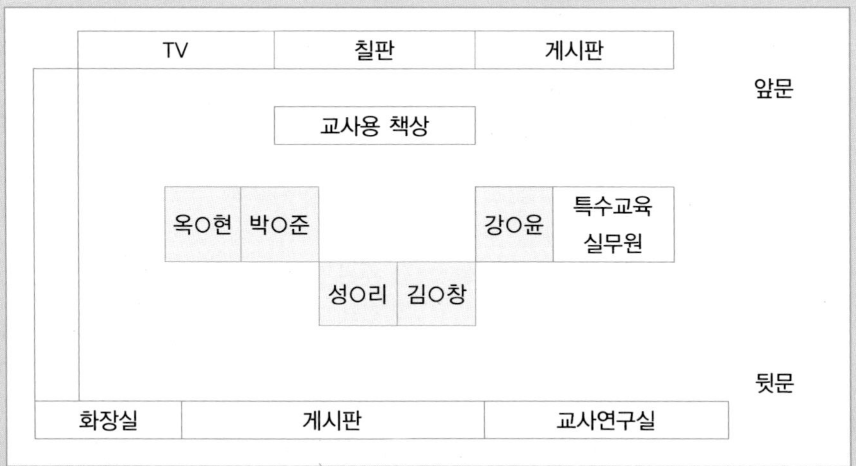

3. 본시 교수 · 학습계획서

<table>
<tr><th>일시</th><td>OOOO년 O월 O일 O요일 O교시</td><th>대상</th><td colspan="3">중학부 O학년 O반
(남: 3, 여: 2, 계 5명)</td></tr>
<tr><th>단원</th><td>9. 소중한 지구</td><th>교과</th><td>과학</td><th>차시</th><td>1/3</td></tr>
<tr><th>제재</th><td>깨끗한 환경과 오염된 환경 구별하기</td><th>수업교사</th><td colspan="3">OOO</td></tr>
<tr><th rowspan="2">수업모형</th><td rowspan="2">경험학습모형</td><th rowspan="2">학습진단</th><th>상</th><th>중</th><th>하</th></tr>
<tr><td>김O창
박O준</td><td>성O리
옥O현</td><td>강O윤</td></tr>
<tr><th>학습목표</th><td colspan="5">깨끗한 환경과 오염된 환경을 구별할 수 있다.
• 상: 깨끗한 환경과 오염된 환경을 구별할 수 있다.
• 중: 물, 흙, 공기를 깨끗한 것과 오염된 것으로 구별할 수 있다.
• 하: 깨끗한 물 · 흙 · 공기와 오염된 물 · 흙 · 공기를 살펴본 느낌을 표정으로 표현할 수 있다.</td></tr>
<tr><th>학습자료</th><td colspan="5">• 동기유발 영상자료, 깨끗한 물 · 흙 · 공기, 오염된 물 · 흙 · 공기, 깨끗한 환경과 오염된 환경의 사진 및 동영상, 개인별 팻말, 모형 동네, 개인별 학습지</td></tr>
</table>

<table>
<tr><th rowspan="3">학습 단계</th><th rowspan="3">학습 과정</th><th colspan="5">교수 · 학습활동</th><th rowspan="3">시량 (분)</th><th rowspan="3">자료(★) 및 유의점(※)</th></tr>
<tr><th rowspan="2">교사활동</th><th colspan="3">학생활동</th><th rowspan="2">보조인력</th></tr>
<tr><th>상</th><th>중</th><th>하</th></tr>
<tr><td rowspan="7">문제 파악</td><td>학습 분위기 조성</td><td>⦿ 인사하기</td><td colspan="3">• 바른 자세로 앉아 서로 반갑게 인사한다.</td><td rowspan="3">학생들이 바른 자세로 앉도록 돕는다.</td><td rowspan="7">5'</td><td rowspan="3">※ 허용적인 분위기를 조성하여 학생들이 수업에 즐겁게 참여할 수 있도록 한다.
★ 프로젝션 TV, 동기유발 영상자료</td></tr>
<tr><td>전시 학습 상기</td><td>⦿ 전시학습 상기시키기</td><td colspan="3">• '안개와 구름의 모습'을 상기하며 교사의 질문에 답한다.</td></tr>
<tr><td>학습 동기 유발</td><td>⦿ '깨끗한 동네와 오염된 동네' 이야기 들려주기</td><td colspan="3">• 교사가 들려주는 이야기를 들으며, 학습활동에 관심을 가진다.</td></tr>
<tr><td rowspan="2">학습 목표 제시</td><td>⦿ 학습목표 제시하기</td><td colspan="2">• 제시된 학습목표를 함께 따라 읽으며, 자신의 학습목표를 확인한다.</td><td>• 학습목표를 주의 깊게 듣는다.</td><td rowspan="4">'하'그룹 학생이 교사에게 집중하도록 돕는다.</td><td rowspan="4">★ 학습목표 및 활동안내판, 지시봉
※ 학습목표 및 학습활동 안내 시, 학생들이 이해하기 쉽게 설명한다.</td></tr>
<tr><td colspan="4">학습목표
깨끗한 환경과 오염된 환경을 구별할 수 있다.
• 상: 깨끗한 환경과 오염된 환경을 구별할 수 있다.
• 중: 물, 흙, 공기를 깨끗한 것과 오염된 것으로 구별할 수 있다.
• 하: 깨끗한 물 · 흙 · 공기와 오염된 물 · 흙 · 공기를 살펴본 느낌을 표정으로 표현할 수 있다.</td></tr>
<tr><td rowspan="2">학습 활동</td><td>⦿ 학습활동 안내하기</td><td colspan="3">• 교사의 설명을 들으며 학습순서를 확인한다.</td></tr>
<tr><td colspan="4">활동1 → 살펴보자! 물, 흙, 공기
활동2 → 구별해 보자! 깨끗한 동네, 오염된 동네
활동3 → 꾸며 보자! 깨끗한 동네</td></tr>
</table>

<table>
<tr><th rowspan="3">학습
단계</th><th rowspan="3">학습
과정</th><th colspan="5">교수 · 학습활동</th><th rowspan="3">시량
(분)</th><th rowspan="3">자료(★) 및
유의점(※)</th></tr>
<tr><th rowspan="2">교사활동</th><th colspan="3">학생활동</th><th rowspan="2">보조인력</th></tr>
<tr><th>상</th><th>중</th><th>하</th></tr>
<tr><td rowspan="5">자유
탐색
및
탐색
결과
발표</td><td rowspan="5">활동1</td><td colspan="4">활동1 → 살펴보자! 물, 흙, 공기</td><td rowspan="5">'하'그룹 학생이 살펴보는 활동에 참여하도록 돕는다.</td><td rowspan="5">10'</td><td rowspan="5">★ 깨끗한 물 · 흙 · 공기

★ 오염된 물 · 흙 · 공기
※ 학생들이 실물자료를 충분히 살펴보고 느낌을 자유롭게 표현할 수 있도록 한다.</td></tr>
<tr><td rowspan="2">⊙ 깨끗한 물, 흙, 공기 제시하기
- 투명한 병에 담긴 깨끗한 물 · 흙 · 공기를 제시하고, 질문한다.</td><td colspan="3">• 깨끗한 물 · 흙 · 공기를 자유롭게 살펴보고, 냄새를 맡아 본다.</td></tr>
<tr><td colspan="2">• 물, 흙, 공기를 탐색 후 교사의 질문에 "깨끗해요, 기분이 좋아요" 등의 대답을 한다.</td><td>• 물, 흙, 공기를 탐색 후 기분 좋은 표정을 짓는다.</td></tr>
<tr><td rowspan="2">⊙ 오염된 물, 흙, 공기 제시하기
- 투명한 병에 담긴 오염된 물 · 흙 · 공기를 제시하고 질문한다.</td><td colspan="3">• 오염된 물 · 흙 · 공기를 자유롭게 살펴보고 냄새를 맡아 본다.</td></tr>
<tr><td colspan="2">• 물, 흙, 공기를 탐색 후 교사의 질문에 "더러워요, 기분이 나빠요" 등의 대답을 한다.</td><td>• 물, 흙, 공기를 탐색 후 표정을 찡그린다.</td></tr>
<tr><td rowspan="3">교사의
인도에
따른
탐색</td><td rowspan="3">활동2</td><td colspan="4">활동2 → 구별해 보자! 깨끗한 동네, 오염된 동네</td><td rowspan="3">'하'그룹 학생이 살펴보는 활동에 참여하도록 돕는다.</td><td rowspan="3">10'</td><td rowspan="3">★ 깨끗한 환경과 오염된 환경의 사진 및 영상물</td></tr>
<tr><td rowspan="2">⊙ 깨끗한 동네와 오염된 동네 모습 제시하기
- '깨끗하다, 오염되다'라는 개념을 설명한다.</td><td colspan="3">• 사진과 영상물로 깨끗한 동네와 오염된 동네의 모습을 살펴본다.</td></tr>
<tr><td colspan="2">• 교사의 설명을 듣고, "깨끗하다, 오염되다"라고 따라 말한다.</td><td>• 교사의 설명을 듣는다.</td></tr>
</table>

<table>
<tr>
<td rowspan="2"></td>
<td rowspan="2"></td>
<td rowspan="2">⊙ 문제 제시하기
- 깨끗한 환경과 오염된 환경의 동영상을 제시하며 질문한다.</td>
<td colspan="3">• 바른 자세로 앉아 교사의 설명을 듣는다.</td>
<td rowspan="2"></td>
<td rowspan="2"></td>
<td rowspan="2">★ 개인별 팻말
※ '깨끗하다'와 '오염되었다'라는 의미를 다양한 장면을 통해 반복적으로 전달한다.</td>
</tr>
<tr>
<td>• 교사의 질문에 '깨끗하다, 오염되다' 팻말을 올바르게 든다.</td>
<td>• 교사의 질문에 표정 팻말을 올바르게 든다.</td>
<td>• 신체적 도움을 받아 표정 팻말을 든다.</td>
</tr>
<tr>
<td rowspan="5"></td>
<td rowspan="5">활동3</td>
<td colspan="4">활동3 → 꾸며 보자! 깨끗한 동네</td>
<td rowspan="5">'하'그룹 학생이 살펴보는 활동에 참여하도록 돕는다.</td>
<td rowspan="5">10'</td>
<td rowspan="5">★ 오염된 동네 모형, 깨끗한 물·흙·공기, 오염된 물·흙·공기

※ '하'그룹 학생이 재료를 감각적으로 느껴볼 수 있도록 안내한다.</td>
</tr>
<tr>
<td rowspan="2">⊙ 꾸미는 방법 설명하기
- 오염된 동네 모형을 제시하며 활동방법을 설명한다.</td>
<td colspan="3">• 사진과 영상물로 깨끗한 동네와 오염된 동네의 모습을 살펴본다.</td>
</tr>
<tr>
<td>• 교사의 설명을 듣고, '깨끗하다, 오염되다'라고 따라 말한다.</td>
<td colspan="2">• 교사의 시범을 주의 깊게 살펴본다.</td>
</tr>
<tr>
<td rowspan="2">⊙ 오염된 동네를 깨끗한 동네로 바꾸는 활동 돕기
- 피드백을 제공하며 꾸미기 활동을 돕는다.</td>
<td rowspan="2">• 오염된 동네에 있는 물과 흙을 덜어 내고, 깨끗한 물·흙·공기를 찾아 깨끗한 동네로 꾸민다.</td>
<td colspan="2" rowspan="2">• 다양한 재료를 만지거나 냄새를 맡아 보면서 꾸미기 활동을 한다.</td>
</tr>
<tr></tr>
</table>

<table>
<tr><th rowspan="3">학습 단계</th><th rowspan="3">학습 과정</th><th colspan="5">교수 · 학습활동</th><th rowspan="3">시량 (분)</th><th rowspan="3">자료(★) 및 유의점(※)</th></tr>
<tr><th rowspan="2">교사활동</th><th colspan="3">학생활동</th><th rowspan="2">보조인력</th></tr>
<tr><th>상</th><th>중</th><th>하</th></tr>
<tr><td rowspan="6">정리 및 확인</td><td rowspan="2">정리 및 평가</td><td rowspan="2">⊙ 학습내용 정리 및 확인하기
- 학습한 내용을 질문하고, 개인별 학습지를 제시한다.</td><td colspan="2">• 각 학습내용에 대한 교사의 질문에 대답한다.</td><td>• 학습활동 내용을 상기한다.</td><td rowspan="4">'하'그룹 학생이 학습과제를 완성할 수 있도록 돕는다.</td><td rowspan="6">5'</td><td>★ 개인별 학습지, 깨끗한 환경과 오염된 환경 스티커

※ 학생들이 서로 아낌없이 칭찬할 수 있도록 유도한다.</td></tr>
<tr><td>• 단어와 문장으로 마인드맵 학습지를 완성한다.</td><td>• 사진 자료를 이용하여 학습지를 완성한다.</td><td>• 똑같은 환경사진을 찾아 붙인다.</td><td rowspan="5">★ 차시 예고 자료

※ 수업이 끝날 때까지 집중할 수 있도록 유도한다.</td></tr>
<tr><td rowspan="2">강화하기</td><td rowspan="2">⊙ 학습활동에 대해 칭찬하기
- 완성한 개인별 학습지에 대해 피드백하고, 칭찬해 준다.</td><td colspan="3">• 교사의 피드백을 받고, 잘못된 부분을 다시 찾아 완성한다.</td></tr>
<tr><td colspan="3">• 친구들이 완성한 학습지를 보고 서로 칭찬한다.</td></tr>
<tr><td rowspan="2">차시 예고 및 수업 정리</td><td rowspan="2">⊙ 차시 예고
- 다음 시간에 배울 내용을 안내한다.
⊙ 인사하기</td><td colspan="3">• 다음 시간에 배울 내용을 듣는다.</td><td rowspan="2">학생들이 수업을 마칠 때까지 자리에 착석할 수 있도록 돕는다.</td></tr>
<tr><td colspan="3">• 바른 자세로 앉아 큰 소리로 인사한다.</td></tr>
</table>

<table>
<tr><th rowspan="2">평가영역</th><th rowspan="2" colspan="2">평가내용</th><th colspan="3">평가척도</th><th rowspan="2">평가시기</th><th rowspan="2">평가방법</th></tr>
<tr><th>잘함</th><th>보통</th><th>노력</th></tr>
<tr><td rowspan="3">과학지식</td><td>상</td><td>• 깨끗한 환경과 오염된 환경을 구별할 수 있는가?</td><td></td><td></td><td></td><td rowspan="9">수업
전
과정</td><td rowspan="6">관찰평가,
구두질문법,
개별평가</td></tr>
<tr><td>중</td><td>• 물, 흙, 공기를 깨끗한 것과 오염된 것으로 구별할 수 있는가?</td><td></td><td></td><td></td></tr>
<tr><td>하</td><td>• 깨끗한 물 · 흙 · 공기와 오염된 물 · 흙 · 공기를 살펴본 느낌을 표정으로 표현할 수 있는가?</td><td></td><td></td><td></td></tr>
<tr><td rowspan="3">탐구능력</td><td>상</td><td>• 깨끗한 환경과 오염된 환경을 비교하여 관찰할 수 있는가?</td><td></td><td></td><td></td></tr>
<tr><td>중</td><td>• 깨끗한 물 · 흙 · 공기와 오염된 물 · 흙 · 공기를 비교하여 관찰할 수 있는가?</td><td></td><td></td><td></td></tr>
<tr><td>하</td><td>• 깨끗한 물 · 흙 · 공기와 오염된 물 · 흙 · 공기를 오감을 통해 관찰할 수 있는가?</td><td></td><td></td><td></td></tr>
<tr><td rowspan="3">과학적
태도</td><td>상</td><td>• 깨끗한 환경과 오염된 환경에 관심을 가지고 수업에 적극적으로 참여하는가?</td><td></td><td></td><td></td><td rowspan="3">관찰평가,
수행평가</td></tr>
<tr><td>중</td><td>• 교사의 지시에 따라 주어진 과제를 잘 수행하는가?</td><td></td><td></td><td></td></tr>
<tr><td>하</td><td>• 관찰한 결과를 실생활에 활용하려는 태도를 가지는가?</td><td></td><td></td><td></td></tr>
</table>

참고문헌

경상남도교육청(2016). 특수교육실습 길라잡이.

저자 소개

서중현(Seo Joonghyun)
부산대학교 특수교육과 학사
부산대학교 대학원 석사
미국 오하이오주립대학교 대학원 박사 수료
인제대학교 대학원 박사(청각장애아 전공)

김두희(Kim Duhee)
대구대학교 대학원 박사(정서행동장애학생 교육 전공)
현 인제대학교 교수

유은정(Yoo Eunjung)
대구대학교 대학원 박사(언어 · 청각장애학생 교육 전공)
현 인제대학교 교수

유종열(Yu Jongyeal)
대구대학교 대학원 박사(특수교육리더십 전공)
현 경상남도교육청 특수교육담당 장학관

특수교육 교직실무(2판)

On-Site Practice Based Special Education (2nd ed.)

2022년 8월 30일 1판 1쇄 발행
2025년 9월 20일 2판 1쇄 발행

지은이 • 서중현 · 김두희 · 유은정 · 유종열
펴낸이 • 김진환
펴낸곳 • (주) 학지사

04031 서울특별시 마포구 양화로 15길 20 마인드월드빌딩
대표전화 • 02)330-5114 팩스 • 02)324-2345
등록번호 • 제313-2006-000265호

홈페이지 • http://www.hakjisa.co.kr
인스타그램 • https://www.instagram.com/hakjisabook

ISBN 978-89-997-3515-8 93370

정가 23,000원